翻開泰國新篇章：
穩中求新、變中求創、順中求昇

宋鎮照　陳珉瀚主編

序

　　泰國觀光局於2019年1月28日發布新聞稿，統計2018全年泰國入境觀光客高達3,827萬人次，比2017年上升7.5%，國際旅遊收入占泰國生產總值的12%。泰國官方同時也預估，2019年入境觀光旅客可能會再向上提升約8%，來到4,110萬人次，也同時預計會帶來約2兆2,100億泰銖的觀光收入。

　　2019年，由於中美貿易戰緣故，中國廠商為了迴避，紛紛將產線轉移到東南亞，當中也包含了泰國，受到轉單效應影響，也讓泰國經濟持續上揚，帶動泰銖走強，對泰國來說，在貿易戰當中也是受益國之一，因為中美貿易戰具有轉單效應。泰銖兌美元自2019年7月以來，在過去一年來已經升值逾了8%，位居全球之冠，與近10年中的低點，2015年10月的匯率泰銖相較，更是升值15.61%。在2019年初以來，因為熱錢轉入泰國，讓泰銖貨幣升值不少，出現比台幣兌換美元還來得大的現象。

　　泰國作為東南亞的心臟，近年來隨著東協的崛起，逐漸成為東南亞的新核心首都，因此「泰國研究」似乎成為前進東南亞的基礎，也讓前進泰國經貿投資成為首要任務。臺灣與泰國的交流從早期的泰北孤軍後裔、泰國皇室來台拜訪、參與泰國北部農業合作計畫、南向政策下臺商投資，到近期泰國勞工來臺工作，以及快速成長雙邊的觀光人數等，都保持著穩定且緊密的發展關係。

　　近年來，東南亞在各方面局勢變化驚人，特別是整個東協地區在發展「大湄公河共同開發計畫」(GMS)、「東協經濟共同體」（AEC)，另一方面與中國「一帶一路」(OBOR)、「亞洲基礎建設投資銀行」(AIIB)等對外擴張計劃，泰國都將扮演著重要的中間

角色。

　　對於台灣而言，受限於國際因素無法積極與泰國官方的交流，但是若要配合政府前進東南亞的「新南向政策」，理解泰國政府對外政策、泰國產業和經貿發展、推動臺泰民間交流、培養泰語人才，都有助於台灣對外經貿外交與文化的推動，有其必要性與重要性。

　　此外，在新南向政策的推動下，讓臺泰雙邊的交流關係（如投資、教育、觀光、合作等）更為密切。根據臺灣駐泰國代表處資料顯示，在投資上，臺灣於2018年投資泰國2.3億美元，比2017年成長了56.6%，而在2019年上半年，投資金額更高達1.5億美元，成長約211%。相對地，泰國投資臺灣在2018年達6,999萬美元，成長942%，在2019年上半年達5,487萬美元，成長約88.8%。其次在教育上，在2018年泰國學生到臺灣留學的人數為3,236人，成長了52.3%。在觀光上，2018年臺灣民眾赴泰國觀光人數超過68萬人次，約成長23%。相對地，泰國民眾赴臺灣觀光人數超過 32萬人次，成長9.4%。最後，台泰雙邊在農業、醫學、工業等領域的官方交流也增加，雙邊在智慧城市合作也很積極，期待走向智能經濟全方位的發展夥伴關係。

　　2019年台灣第三屆「2019臺灣的泰國研究國際研討會」：『翻轉中的泰國：御風而起、俯視東南亞』，以前兩屆研討會作為基礎之下，掌握泰國發展趨勢與政經文化內涵，第三屆研討會所秉持的精神便是希望透過學術研究的視角，再深入了解臺灣泰國雙邊的政治經濟、商業投資、語言文化等各項議題與交流，為臺灣、泰國雙邊之「產官學」三方提供一個對話溝通平臺。

　　有鑑於台灣長期累積的東南亞與泰國研究成果有限，在各界

的鼓勵下已經連續三年舉辦泰國研究研討會，除了配合呼應政府的「新南向政策」外，更期許可以建立一個臺泰民間社團溝通的重要平臺，強調雙向、實質互惠的發展與結合，更讓台灣可以知己知彼，提高對泰國政經、社會文化、教育和語言發展的了解，轉而成為台灣的競爭力，進而達成互聯互通、互信互信、分享雙贏的臺泰文化交流的目標。

　　本書收錄的論文是以第三屆研討會的眾多論文中所篩選出來，主要以泰國「泰國民主化與軟實力發展趨勢」、「泰國國家安全策略與對外合作」以及「泰國政治經濟、貿易與發展」等三個不同的面向，進行整體的內容建構，著重於全方位對泰國的發展視野有更全面的掌握。

　　第一部分探悉泰國在國家發展上的脈動，自蒲美蓬時代下泰國的發展，進一步說明泰國王室身為國內的精神指標，王室與國家政治穩定的關係何在；同時，在泰國政治中，軍人勢力又是扮演著甚麼樣的角色，對於泰國民主與皇室之間是否有密切關連性，都可於在本部份一窺究竟。

　　第二部分解析泰國在國家安全策略方面如何實踐與未來的展望，在東協中泰國所位居的地位，可說是領頭羊的角色，泰國的一舉一動皆牽動著區域安全與發展，並且泰國與區域外的合作也是相當重要的部分，由此可得知泰國未來發展的動向，勢必受到重視。

　　第三部分著重於泰國的經濟與貿易方面，一國之強大可由經濟發展情況略知一二；而由對外貿易的熱絡程度，亦可得知該國在區域甚至國際之間的重要性，泰國近幾年在軟實力上的發展不容小覷，希望藉由這樣的發展脈絡下，可讓讀者對於泰國國內、

外有更全方位的瞭解與認識。

　　在此，本專書能夠順利出版，絕對要先感謝用心撰寫論文的作者們，他們在泰國研究中投入許多的時間與努力，所花費的精力不僅為臺灣的泰國研究帶來許多學術動力與貢獻，也提升這本泰國專書出版的品質與閱讀價值。在此要對專書作者李淑貞、林君燁、張建挺、王雅萍、吳珮綺、蔡育岱、陸文浩、李俊毅、林欽明、陳建中、趙文志、孫國祥以及梁明華等教授及學術界先進，致上十二萬分的謝意。

　　最後，更要感謝贊助與支持第三屆台灣泰國國際研討會舉辦及專書出版的政府部門、學術單位、企業與個人，包括有僑務委員會、國立成功大學國際事務處、臺灣民主基金會、科技部、以及就諦學堂等，對於他們的大力支持，在此表達最高的謝意。此外，更要感謝溫馨月子中心楊文瑞先生的贊助出版，讓本書得以順利出版。

　　本書出版的最大期許和用意，希望各界能對於台灣在泰國研究領域更加重視，學術研究需要各界先進前輩們用各種角度去看泰國這個國家，泰國不論在政治治理、經濟市場、社會發展、文化歷史、國際關係、軍事安全、區域合作等面向，皆有相當多元的發展可細細探究，期待往後透過各界的共襄盛舉，讓臺灣的泰國研究成果可以逐步累積，終至為臺灣產、官、學都帶來新氣象，為臺灣雙邊的經濟發展、學術成就做出最大的貢獻。

宋鎮照　陳珉瀚

謹誌於成功大學社科大樓政治系

2019年8月31日

目錄

第三部分　泰國社媒與教育文創發展：「求順」則昌

緒　論

緒論：
泰國御風而起展現新紀元－求創求昇

宋鎮照

國立成功大學政治系　特聘教授
台灣泰國交流協會　理事長

陳珉瀚

國立成功大學東南亞研究中心　助理研究員

壹、前言：泰國皇室的嶄新面貌

　　對於泰國來說，2019 年是相當變化多端的一年，自 1949 年 5 月 11 日，暹羅正式更名為「泰王國」後，至今已正式邁入第七十周年。2019 年 3 月 24 日泰國舉行了自 2014 年泰國軍事政變後，睽違五年的 2019 年泰國眾議院選舉，2014 年時任泰國皇家陸軍（RTA）總司令的帕拉育（Prayuth Chan-ocha）將軍發動政變，宣布根據《1914 年泰國戒嚴法》戒嚴，軍方單方面宣布中止《泰王國 2007 年憲法》並先後強行解散泰國眾議院以及參議院。2019 年大選後，直至 5 月 28 日才公布當選名單，眾議院並於 6 月 5 日召開會議，並與參議院議員共同投票，選出帕拉育擔任總理。

　　另一方面，2019 年的泰國皇室也是熱鬧非凡，在睽違 69 年

之後，泰國於 2019 年再度舉行泰王加冕典禮。先王蒲美蓬
（Bhumibol Adulyadej）於 2016 年 10 月 13 日駕崩後，理應由瓦
吉拉隆功（King Maha Vajiralongkorn）繼承王位，不過總理帕拉
育引述瓦吉拉隆功的話表示，他將與民眾一起悼念先王，希望推
遲即位時間，等待合適時機再繼位，暫時以「假王」的身份監國，
當時身在德國的瓦吉拉隆功以政治代理履行國王的職務。

　　先王的哀悼期結束後，泰國王室於 2019 年 1 月 1 日宣布在
同年 5 月 4 至 6 日一連三日進行正式加冕及登基儀式，在除了瓦
吉拉隆功加冕儀式外，泰王也正式宣布正式迎娶皇家護衛隊副司
令素提達女將軍為第四任妻子，同時並冊封她為王后素提達
（Queen Suthida）。

　　目前泰國是「節基王朝」，或稱「恰克里（Chakri）王朝」抑
或稱「曼谷王朝」。該王朝始自 1782 年拉瑪一世（Rama I,
1737-1809）昭披耶恰克里，而瓦吉拉隆功（King Maha
Vajiralongkorn）現為拉瑪十世（Rama X），自此意味著 237 年後，
曼谷王朝又進入了拉馬十世的歷史發展新紀元。

　　瓦吉拉隆功國王生於 1952 年 7 月 28 日，作為已故先皇蒲美
蓬和如今抱病在床的前皇后詩麗吉唯一的兒子，他早在 1972 年
12 月 28 日就享有了第一王位繼承人的身份。瓦吉拉隆功國王年
輕時期曾在英國、美國以及澳大利亞等國家接受過專業的軍事訓
練，其個人擁有多種類型的飛機駕駛證。泰國堅定的保皇派思想
家索西瓦拉也對外公開表示[1]：在他 85 年的人生閱歷中，曾經親

---

[1] 參閱〈拉瑪十世皇加冕　泰國進入新紀元〉，
http://trad.cn.rfi.fr/20190505-%E6%8B%89%E7%91%AA%E5%8D%81%E4%B
8%96%E7%9A%87%E5%8A%A0%E5%86%95-%E6%B3%B0%E5%9C%8B

眼見證過四次皇家加冕儀式，拉瑪十世皇瓦吉拉隆功陛下是一名
具有實幹精神，將為國家和人民默默付出和奉獻的君王。

　　泰國民間普遍將國家、宗教和王室視為國家穩定的三大基
石。曼谷王朝第十世國王瓦吉拉隆功陛下於佛曆 2562 年 5 月 4
日正式加冕登基，這一盛典在時隔 69 年後又一次被載入泰國史
冊。[2] 上一次泰國國王加冕儀式舉行於 1950 年 5 月 5 日。瓦吉拉
隆功國王已故的父皇蒲美蓬深受國民愛戴，他以統治泰國七十年
創下當代全球在位最久君王紀錄。

　　為期三天的國王加冕儀式依照泰國皇家禮俗在莊重肅穆的
氛圍中順利進行，各項綜合了婆羅門教和佛教文化的禮俗儀式，
分別具有祈禱「國泰民安」的吉祥寓意。泰國王室為了籌備相關
流程而進行了長期而繁雜的準備工作，加冕禮儀全程總計耗資大
約 10 億泰銖。

　　過程中，瓦吉拉隆功國王在加冕前接受了八方聖水沐浴，然
後前往拜索達信皇殿接受聖油洗禮，隨即登上了象徵至高皇權的
九層白幡華蓋下的泰王位，依序接受了國王皇冠、禮服、勳帶、
王劍、權杖、王扇和王履等皇家聖物，最後以泰王身份頒布了第
一道諭旨以示禮畢。隨即以國王身份接受樞密院大臣、王室成員、
內閣和政府官員禮拜。隨後，瓦吉拉隆功國王偕同素提達皇后共
同主持皇家授勳儀式，包括兩名公主和一名皇子在內的系列王室
至親成員獲得了重新冊封的爵位，其中包括享有第二王位繼承人

%E9%80%B2%E5%85%A5%E6%96%B0%E7%B4%80%E5%85%83，法
廣，參閱日期：2019 年 07 月 18 日。

[2] 佛曆算法為西元年份加上 543 年，西元 2019 年換成佛曆便是 2562 年。西元前
543 年便是佛主誕生的年份。一般以西元前 544 年當作佛涅槃元年。

身份的前公主詩琳通在內。

加冕儀式最後一日，瓦吉拉隆功國王與皇后在皇宮前接受人民禮拜，隨即接見前來祝賀的外國使節。在此之前，各政府機關或辦公大廈已懸掛出新國王的巨幅肖像，泰國中央銀行陸續推出印有瓦吉拉隆功國王肖像的新鈔票，逐步取代已故泰王蒲美蓬時代的舊鈔，雖然目前新舊鈔票共同流通，但預示著蒲美蓬時代逐步消退的必然趨勢。

瓦吉拉隆功國王透過其頒布的第一道諭旨表示其將秉承和發揚公正治國，永遠維護國家利益與人民幸福，為了如同其父親蒲美蓬親民的形象，瓦吉拉隆功國王在加冕儀式前一天宣布大赦[3]，大約有四至五萬名正在服刑的犯人獲得了改過自新的機會，其中包括幾名曾經發表攻擊王室言論的年輕人。

泰國是全球現存「冒犯君主罪」執行最為嚴格的國家之一，自從軍政府 2014 年發動政變，至今該條法律仍被外界批評為軍政府用以打壓特定人士的工具。依據泰國《刑法》112 條明定，針對王室私密和尊嚴訂有嚴苛的法律給予保護，詆毀皇室以及行為不敬或言論褻瀆的冒犯者將面臨 3 至 15 年的刑期。

貳、煥然一新的泰國政局

2019 年對於泰國全國來說，另外一件重要的大事莫過於泰國大選，此次大選為自 2014 年泰國軍事政變後，睽違 5 年的選舉。

---

[3] 參閱〈泰王今補辦登基大典　王權大擴張〉，
https://udn.com/news/story/11314/3792453，《聯合報》，參閱日期：2019 年 07 月 15 日。

本次大選共有 77 個政黨競選選舉，包括兩個傳統政黨，為泰黨（支持前總理塔克辛・欽那瓦，在政變前佔多數席位）以及民主黨（政變前的主要反對黨）。另外有支持帕拉育（Prayut Chan-ocha）的人民國家力量黨（Palang Pracharath Party or Power of People's State Party），和新成立的「未來前進黨」（Future Forward Party），以及幾個其他泰國黨派。

由於泰國 2017 年新憲法規定，在上下議院 750 席中，軍方僅需要掌控 250 席的上議院，即可和下議院共同選出新總理，如此一來，以公民力量黨及總理帕拉育為首的保守派，有軍方控制的三分之一上議院做後盾，另外只需 126 席支持就能組閣。而反軍方的民主派需在 500 席選出 376 席才能組閣，困難程度極高。因此這項被外界及學者批評為「半民主」的選制，讓現任總理帕拉育以勝之不武的方式連任。

結果軍方陣營雖贏得最多席次和票數，但仍未過半，由於異軍突起的新政黨「未來前進黨」，表現令人眼睛為之一亮，將會形成強而有力的反軍方陣營。泰國政治局勢將正式進入支持軍方的「保守派」對上反軍方的「民主派」，兩大派系呈現勢均力敵的局面。然而，在泰國最高精神領導象徵的新王拉瑪十世的態度也將成關鍵，未來軍方、民主派以及新國王的權力關係如何維持平衡，將會是一段不可預期的磨合期。

法政大學副校長普林亞（Prinya Thaewanarumitkul）對於泰國 2019 年大選做出分析[4]，其表示在 500 席只拿下 100 多席的親軍

---

[4] 林怡廷，〈泰國大選落幕、政壇男神崛起，軍方、泰王、民主派新三角關係？〉，《天下雜誌》，https://www.cw.com.tw/article/article.action?id=5094479，參閱日期：2019 年 6 月 22 日。

方「公民力量黨」，若沒在下議院得到夠多盟友支持，可以因為在上議院獲得支持，就得以順利組閣。不過這將會是個弱勢政府，許多法案會被反對陣營強力杯葛，泰國政治會進入動彈不得的死局，這屆政府可能還是無法生存太久。

帕拉育甫上任，就要面對眾多經濟議題，加上支持他的陣營在眾議院只有過半多一點席次，對帕拉育繼續執政的首年，將沒有蜜月期可言。雖然帕拉育得以繼續執政，代表著泰國政治局勢短時間之內不會有太多劇烈的變化，軍政府執政時期提出的政策將會延續執行，對國內、外投資者來說是較為可以預測的局面；但在眾議院，公民力量黨陣營只擁有過半多一些的席次，使得本屆國會未來的運作順暢度備受質疑，值得長期觀察。

2019 年 7 月 15 日，泰國總理帕拉育宣布正式辭去軍政府領袖一職，他表示泰國經過五年軍事統治後，將成為一個正常的民主國家。雖然在 2019 年的大選中，帕拉育在國會親軍方政黨和軍方指派的參議院支持下，繼續擔任總理。但不可否認的是，軍方當時一手制定的新憲法扼殺民主，等於讓軍人掌控政壇。

帕拉育雖然對外界表示，自他辭去軍政府領袖後，泰國目前還是君主立憲制的完全民主國家，國會也全數由民選議員組成，所有問題按慣例都將以民主體制解決，不使用特權，在辭去軍政府領袖前，也最後一次使用軍政府權力解除媒體多方限制，也將一般民眾的法律訴訟程序從軍事法庭交回一般法庭，但是帕拉育仍保留讓安全部隊逕行搜查和逮捕的權力。

但不論如何，泰國社會輿論認為，在經歷多年動盪不安的政壇風雲之後，泰國民眾眼下更關心的是，新政府能否帶領泰國盡快走出被政治不安定所牽累多年的經濟低迷。泰國於 2006 年和

2014 年兩次政變，使得國家經濟政策經歷多次變化，喧鬧多年的街頭政治，更是拖累泰國經濟依賴度極高的旅遊業和服務業。

2019 年，正好又遇上了中國與美國雙邊大打貿易戰，在美國宣布對中國價值 2,000 億美元商品加徵 25% 關稅後，中國方面隨即也採取了反制措施，對已加徵關稅的 600 億美元清單的部分美國商品，分別加徵 25%、20%、或是 10% 的關稅。而此前加徵 5% 關稅的稅目商品，則將繼續加徵 5% 的關稅。中國作為泰國最重要的出口貿易夥伴，在美國新關稅政策下勢必會減少進口需求，同時會導致泰國出口壓力的增加。那在這樣的情況下，以出口為主的泰國經濟勢必將面臨更大的壓力。

換個角度看，雖然在美中貿易緊張局勢下，新興市場貨幣多數因為此波問題受創，不過泰銖並不在其中。據《彭博》報導，在國外資金持續流入債券與股市之下，泰銖成為 2019 年上半年表現最好的全球新興市場貨幣。然而，中美貿易戰雖然讓東南亞受惠於供應鏈轉移，但總理帕拉育表示，貿易戰為全球經濟形勢帶來的更大不確定性和競爭，泰國正試圖加快「區域全面經濟夥伴關係協定」（RCEP）的談判。泰國正嚴正關切可能破壞全球業務的貿易戰，指出貿易戰導致全球經濟形勢不確定性和競爭擴大，而泰國必須緩解這種緊張局勢，並創造更大的平衡。

泰國經濟在未來的發展上已經有良好基礎，帕拉育政府將繼續關注基礎設施建設，投資主要著眼於工業區，並支持農業相關產業。由於出口、投資和旅遊業成績不佳，泰國政府正面臨 2014 年以來最疲軟的經濟增長，而帕拉育已將基礎建設和技術升級做為優先考量，並減化行政流程，以鞏固泰國做為東南亞第 2 大經濟體的前景。

參、泰國政經策略發展契機－東部經濟走廊

　　泰國經濟受到強勁國內需求的推動，近兩年雖然出口增長受到美中貿易戰的影響，但國際貨幣基金組織（IMF）已敦促該國將重點放在經濟增長政策上，並從過度依賴其電子和汽車行業轉向其他產業，泰國政府於 2018 年便由泰國副總理頌奇（Somkid Jatusripitak）提出目前泰國政推動經濟轉型改革，此次的改革行動有三大策略：1. 大型基礎建設、2. 東部經濟走廊（Eastern Economic Corridor, EEC）與 3. 數位發展。希望這三大策略能夠為泰國在近年來在經濟發展上，注入發展新動能，進而成為東南亞經濟成長的重要引擎。

　　泰國打造東部經濟走廊，主要目的是希望讓泰國經濟進升到下一個發展層次。同時，泰國政府建構勞工行政中心，提供一站式（OSOS）的工作證申請服務以及工作機會媒合平台，便民措施盼吸引更多外資。在 2019 年世界銀行的經商投資報告中，泰國在經商便利性（Doing Business）指標中獲得了 78.45 分（滿分 100 分），泰國在全球 190 個經濟體中排名第 27 位，在東協國家中排名第二，而且泰國是一個中上收入國家，國際貧窮線（IPL）指標也顯示出泰國的極端貧窮水平相當低。[5]

　　東部經濟走廊（EEC）是泰國政府為「泰國工業 4.0」發展計畫下的旗艦型計畫項目，最早係於 2016 年由泰國總理帕拉育提出，此計畫將會為期 20 年，主要為國家發展計畫。而泰國工業 4.0（Thailand 4.0），是以每五年作為一個發展階段，以分四階段

---

[5] Doing Business Data, http://www.doingbusiness.org/en/data, accessed on 2019/04/15.

執行，專注在知識經濟和智慧產業，透過價值基礎和創新驅動的經濟，並強調科技、創新與研發，讓泰國從過往的生產基地逐漸轉型至創新研發與服務業導向型經濟。該計劃旨在強化過去 30 多年來一直是區域製造業和貿易中心的原東部海岸的發展。除了產業升級與轉型，此計畫希望藉由優越的地理位置，串接北東協五國對投資貿易的需求，大力引進外資、基礎建設、到工業園區的投入，效仿雁行理論（The flying-geese model），把泰國打造成東南亞經濟成長的領導者，進而再與中國的一帶一路倡議相呼應，打造成為人流、物流、金流的新東協區域中心。

根據泰國國家經濟和社會發展委員會（NESDB）的數據，泰國 2019 年的 GDP 增長率為 3.3%，通貨膨脹率為 1.5%，仍在泰國政府 1%至 4%的目標範圍內。另一方面，泰國投資委員會在其 2018 年貨幣政策報告中指出，泰國的私人投資增長了 3.9%，佔泰國年增長率的 17.6%。此外，私人消費佔泰國國內生產總值的 50.8%，從 2018 年第三季的 4.5%，在第四季增加到 5.0%。[6]

就基礎設施而言，東部經濟走廊具有各種產業優勢，能夠做為泰國經濟領域的關鍵產業地區，成為泰國的「矽谷」。光是在這個區域當中，就設有 29 個工業區，目前已開發的工業區共有 21 個，約有 2,345 公頃土地，以及 6 個正在開發工業區，約有 2,431 公頃土地，總投資金額超過 5,000 億美元，製造業相關工廠達 3,768 個，同時這裡也是汽車和航空工業中心，投資金額達 125 億美元。

---

[6] 參閱 Thailand's Investment Outlook for 2019,
https://www.aseanbriefing.com/news/2019/02/07/thailands-investment-outlook-for-2019.html, accessed on 2019/04/27.

並且也位居亞洲前五大石化工業，投資約達 130 億美元。[7]泰國對於中國、印度以及東南亞地區來說，有著相當顯著的市場規模和購買力，也是旅遊業和製造業最佳的目的地。

東部經濟走廊的發展持續進行，以創造泰國工業 4.0 的下一波競爭力，泰國政府也正式將 EEC 地區（這個「現有東部沿海」區域）打造成為世界級經濟區，在 2017 年到 2021 年這五年間，若將泰國公共投資以及私人投資金額加起來，預估將達 15 兆泰銖。[8]

東部經濟走廊計畫案也在泰國政府大力推動之下，在 2016 年中通過，特別是希望在石化、能源和汽車產業上，能達到預估生產值達泰國近兩年 GDP 的五分之一。東部經濟走廊規劃於曼谷東部打造從北柳府（Chachoengsao）、春武里府（Chonburi）到羅勇府（Rayong）這樣一條產業群聚廊帶，也預計在三府分別設立「經濟特區」，加起後總面積達 1.3 萬多平方公里，大約臺灣面積的三分之一強，大部分的地區已經具備相當的基礎設施與工業基礎。若是再加上中資所注入目前正在興建中的泰國縱貫高鐵，以及與日本洽談合作中的橫貫鐵路網，東部三府必定將會成為繼曼谷之後，進一步成為重要的工業與商業地區，也將成為泰國產業的矽谷。

泰國政府在東部經濟走廊建設的初期規劃中，為了強化各府

---

[7] 參閱 Economic Outlook Report 2018, Deloitte Thailand, https://www2.deloitte.com/content/dam/Deloitte/th/Documents/about-deloitte/th-about-economic-outlook-q2-2018.pdf, accessed on 2019/04/22.

[8] 參閱 Economic Outlook Report 2018, Deloitte Thailand, https://www2.deloitte.com/content/dam/Deloitte/th/Documents/about-deloitte/th-about-economic-outlook-q2-2018.pdf, accessed on 2019/04/22.

及各地區的基礎建設，特別規劃了包括機場（如：U-Tapao International Airport）、深水港（如蘭查邦 Laem Chabang）、鐵路、造鎮（智慧城市）、目標產業聚落等五個優先開發的領域，並且全力投入資源並大力招攬各國投資，以盼引導外資投入。

　　泰國長期以來便屬於出口導向的國家，其出口份額佔國內生產總值超過 60%，除了國際貿易之外，國內部份便是來自工業和服務業的成長，特別是旅遊人次逐年上升，以及政府致力推出產業振興方案、外資優惠措施，將是吸引資金與人才進駐泰國的政策利多。

　　在 2018 年 2 月，泰國國會已經順利立法通過此項投資金額高達 450 億美元的「東部經濟走廊」（EEC）計畫，透過將位於曼谷東邊的三個府打造成貿易與產業群聚重鎮，透過許多外資優惠措施，例如免徵企業所得稅達 13 年、允許投資者得租用土地高達 99 年、針對外國專業人員放寬簽證措施，給予五年期工作簽證、要求行政部門協助快速審核，並通過投資案等便捷化措施。[9]

　　根據泰國投資局統計，東部經濟走廊於 2017 年共吸引 93 億美元的外資[10]，投入的國際企業包括有日本富士集團、PTT 全球化工、阿里巴巴、鈴木汽車、上汽以及賓士等外資。

　　泰國政府已經公布《東部經濟走廊法案》，也提供相關基金，鼓勵跨境投資。未來，泰國東部經濟走廊將發展成為：世界級經

---

[9]　參閱 Investment Benefits on EEC, EEC,
　　https://www.eeco.or.th/en/investment/investment-privileges/investment-benefits-on-ee
　　c, accessed on 2019/04/01.

[10]　參閱 Eastern Economic Corridor (EEC), The Board of Investment of Thailand,
　　https://www.boi.go.th/index.php?page=guides, accessed on 2019/03/22.

濟中心、貿易和投資中心、交通和物流中心、世界級旅遊勝地及東南亞大門。根據泰國 BOI 在 2017 年的官方統計數據顯示，共有 1,227 個項目獲准在泰國投資，總產值高達 6,250.8 億泰銖。然而在東部經濟走廊地區的直接投資（FDI）共有 259 個項目，產值高達 3,103.37 億泰銖，各府的金額約：春武里府有 133 個項目，金額達 1,173.11 億泰銖、羅勇有 93 個項目，金額達 1,627.51 億泰銖，以北柳府有 33 個項目，金額達 302.75 億泰銖。[11]

　　目前在東部經濟走廊最大投資國分別為日本、新加坡以及中國，占外國投資的比例分別為52%、8%以及6.56%。首先，日本前三大投資的產業分別是汽車零組件、輪胎及內胎和鋁製產品，投資金額分別為 763 億、317 億和 270 億泰銖。再來是新加坡，前三大投資產業為石化產品、輪胎及內胎和家用設備，投資金額分別為 185 億、70 億和 36 億泰銖。最後則為中國，前三大投資產業為汽車零組件、輪胎及內胎和鋼製品，投資金額分別為 77 億、27 億和 18 億泰銖。[12]

肆、泰國與區域發展動向

　　2019 年 4 月 25 日至 27 日在北京舉行第二屆「一帶一路國際合作高峰論壇」（The Second Belt and Road Forum for International Cooperation），泰國總理帕拉育也率團帶領副總理頌奇（Somkid

---

[11]　參閱 Investment Statistics, from
　　https://www.eeco.or.th/en/content/investment-statistics, accessed on 2019/04/10.
[12]　呂欣憓，〈泰國盼吸引外資 東部經濟走廊提供便民誘因〉，《中央社》，
　　https://www.cna.com.tw/news/afe/201902090116.aspx，參閱日期：2019 年 02 月
　　10 日。

Jatusiptak）、外交部長董恩（Don Pramudwinai）和交通部長阿克宏（Arkhom Termphitthayaphaisit）等人前往北京，參加本屆一帶一路國際合作高峰論壇，根據泰國總理府發布的新聞稿，帕拉育先在一帶一路論壇高階官員會議中發表演講，他在演說時表示一帶一路倡議對未來全球發展是重要戰略，也符合東南亞國家協會（ASEAN）各國的目標和原則[13]。東協國家都很清楚知道「連結」是永續發展核心，泰國和東協國家都明白其重要性，可以透過一帶一路連結到全世界的市場。對此，帕拉育在演說中也強調說要打造泰國的東部經濟走廊（Eastern Economic Corridor, EEC）成為泰國連結區域與周邊國家的重要產業基地。

帕拉育力推泰國的東部經濟走廊，希望加強和中國的連結，也和中國國家主席習近平會面，雙方就東南亞和中國討論如何進一步合作，當中更包括「2025 東協連結總體計畫」（MPAC 2025）以及「伊洛瓦底江、昭披耶河、湄公河經濟合作策略總體計畫」（ACMECS Master Plan），希望讓這兩個計畫連結一帶一路，也能夠促進泰國東部經濟走廊成為區域的供應鏈和運輸中心。雙方都同意要持續促進泰國與中國雙方的合作和戰略夥伴關係，特別是泰國工業 4.0 計畫和一帶一路倡議必須緊扣發展，雙方一致認為緊密的泰中經濟合作關係，可以成為東南亞的成長動力，並期待泰中雙邊貿易額可以在 2021 年達到 1,400 億美元，依最新數據統計顯示，泰中雙邊貿易額在 2018 年約為 800 億美元，很快將可以超過 1,000 億美元的貿易量。

---

[13] 呂欣憓，〈泰總理參加一帶一路論壇 盼泰中貿易大幅成長〉，《中央社》，https://www.cna.com.tw/news/aopl/201904260320.aspx，參閱日期：2019 年 05 月 03 日。

伍、台商於泰國近來的動態與發展

　　台灣目前為泰國第三大的投資國，是僅次於日本以及美國，泰國總理室部長戈沙（Kobsak Pootrakool）曾提出看法，認為台灣企業在泰國的投入以及生產等活動，對於泰國各產業來說是相當重要的轉型力量之一，特別是在農業以及製造業上面，台灣有許多產業發展的技術是相當值得泰國去取經學習的，對泰國的經濟發展貢獻很多。泰國政府現階段推出的國家發展計劃，是引導未來泰國 20 年在各種建設發展上的重要藍圖,他期待各國企業能看到泰國的經濟發展前景，並多對投資泰國，不僅是對泰國的期待，更能夠享受到多元的便利。泰國投資促進委員會（BOI）秘書長馬碧雲（Duangjai Asawachintachit）也表示泰國無論投資、旅遊、商業等，都希望可以成為東南亞的區域發展中心。

　　在近年中國與美國雙方的貿易戰之下，在與各國貿易或投資上所面對全球競爭挑戰瞬息萬變，各國政府紛紛推動本國與鄰近國家或他國的新經濟政策，包括美國與中國也各自推出自己的計畫，包括「A Nation of Maker」以及「Made in China 2025」。另外更有新加坡的「Smart Nation」，以及泰國的「Thailand 4.0」，在台灣也有「5+2 產業創新計畫」[14]等，以作為促進下個產業世代成長的新動能。

　　2017 年 7 月就任駐泰國台北經濟文化辦事處代表的童振源認為，台灣的 5+2 產業創新計劃與泰國 4.0 政策有很多相互鏈結

---

[14] 許淑珮，〈用力招商 泰國盼飛躍經濟高點〉，《工研院》，https://www.itri.org.tw/chi/Content/Publications/contents.aspx?SiteID=1&MmmID=2000&MSid=1000606113166525204，參閱日期：2019 年 5 月 16 日。

的產業，加上台商在泰國有良好的基礎及實力，除了能夠加速臺灣在新南向政策的推動，台泰雙方更能夠發展進一步的夥伴關係，共同推動產業的創新與轉型，推升產業經濟發展。

　　由於泰國工業近年迅速發展，工業用地也逐漸吃緊，勞工也出現不足現象。由於基礎建設及最大商港都集中在曼谷附近，所以外資多往曼谷集中。曼谷周圍的六個工業區目前已人滿為患，地價節節高漲。不少泰國人將地價高漲歸咎於外資湧入太多，需求激增，特別有些外商，主要矛頭針對日本、台灣、韓國和中國大陸，趁機炒作哄抬。也由於地價高漲，反過來也造成基礎建設發展的困難，形成惡性循環，為紓解曼谷的擁擠，以及發展東部經濟走廊，泰國政府也修改獎勵投資條件，能得到較長的免稅年限。

　　以目前泰國致力發展的重點項目之一的汽車產業來看，在台灣 1998 年代左右，汽車產量一年可以到 39.9 萬輛，當時是泰國的 2.8 倍，而如今泰國一年的汽車產量已經來到了 140 萬輛。[15]主因就是因為泰國政府積極鼓勵外資來設廠，提供各項措施，當中包括土地以及關稅優惠補助，使得泰國如今成為東南亞國家中的汽車大國，泰國政府趁勢加碼投入 300 億美元，沿著這些汽車製造工業區打造東部經濟走廊，甚至享有東方底特律汽車城的美譽。

　　在春武里府的 Eastern Seaboard Industrial Estate 工業區中，有

15　〈狠甩台灣！泰成「東南亞底特律」　汽車產值占 GDP10%〉，三立新聞，https://www.rjire.com/%E3%80%90%E4%B8%89%E7%AB%8B%E6%96%B0%E8%81%9E%E7%B6%B2%E3%80%91%E7%8B%A0%E7%94%A9%E5%8F%B0%E7%81%A3%EF%BC%81%E6%B3%B0%E6%88%90%E3%80%8C%E6%9D%B1%E5%8D%97%E4%BA%9E%E5%BA%95%E7%89%B9%E5%BE%8B%E3%80%8D/，參閱日期：2019 年 5 月 13 日。

著本田、豐田以及各大車廠製造廠，離該工業區不遠之處的 Amata 工業區有 BMW 以及賓士泰國總部。一年產值高達 1 兆泰銖，而該府居民平均收入比曼谷高 20%到 50%，其中汽車工業的產值就占了泰國 GDP 的 12%。

　　臺灣對泰國直接投資也相當投入不少，對泰國經濟發展也扮演著重要角色。根據經濟部投審會統計，2010 年至 2017 年，臺灣對泰國投資累計達 16.31 億美元。而根據泰國投資促進委員會（Board of Investment of Thailand, BOI）的統計資料，2010 年至 2017 年，臺灣對泰國投資每年都均超過 1 億美元，累計投資金額為 19.72 億美元，數據較台灣經濟部投審會高出許多（如表 1 所示）。

表 1：臺商在泰國投資之核准金額（2010 年至 2017 年）

年份	台灣政府核准之在泰國投資		泰國政府核准之台灣在泰國投資	
	件數（件）	金額（億美元）	件數（件）	金額（億美元）
2010 年	5	0.09	40	1.40
2011 年	3	0.12	41	1.98
2012 年	14	0.61	58	3.76
2013 年	9	0.78	41	2.30
2014 年	22	0.83	42	1.01
2015 年	15	7.75	52	4.32
2016 年	16	0.55	46	2.28
2017 年	21	5.58	35	2.67
累計	105	16.31	355	19.72

資料來源：泰國投資促進委員會、經濟部投資業務處

　　另外，根據泰國臺商聯誼會的調查，台商於泰國約有 5,000 家以上，累計投資金額已超過 130 億美元，投資核准件數超過 2,000 件。但由於許多臺商公司或工廠係以泰籍合夥人的名義登記，或股權低於 50%，而未以臺商身分列入。故臺灣經濟部投審會及泰國 BOI 數據皆有低估臺商在泰國經濟影響力之傾向。[16]

　　目前從統計項目來看，臺商在泰國投資除了電子、橡膠、鋼鐵及石化等投資金額較大之產業外，其他大部分均為傳統中小企業之製造業，投資項目相當廣泛，當中包括：魚蝦養殖、紡織、機械、進出口、珠寶、農產品加工、運動器材、家具、陶瓷、建材、人力仲介、房地產開發、證券、保全、珍珠奶茶以及旅行社等。[17]

　　以臺灣知名企業之一的台達電來看，其在北柳府以及北欖府皆有投資，同樣以電子零件製造業為主，以泰國為主要生產基地，目的為考量美中貿易大戰等地緣政治因素為產業帶來種種不確定性，台達電子公司 Delta Electronics International (Singapore) Pte. Ltd. (DEISG) 以有條件式自願要收購泰國上市公司泰達電 Delta Electronics (Thailand) Public Company Limited（DET）流通在外股權，透過取得 DET 實質控制權，除可強化泰國製造能力，也能減少國際貿易戰帶來的風險。

　　另外，由泰國的台商第二代經營的 BDI 集團 Bangkok Diecasting and Injection Co.,Ltd（BDI，盤谷鑄造股份有限公司），

---

[16] 參閱　泰國台灣商會聯合總會，http://ttba.or.th/。

[17] 參閱　僑務委員會，〈泰國台商〉，
https://www.ocac.gov.tw/dep3new/yearbook/106/images/pdf/4.pdf，參閱日期：2019 年 5 月 13 日。

1978 年 1 月 17 日登記註冊，成立迄今已近 40 年，以汽機車部分零件之鋁合金壓鑄及塑膠成型產品為主，主要營業對象以日本 Honda、Yamaha、Kawasaki 以及 Suzuki 等汽機車企業為主。他們的鋁合金壓鑄廠，就設立於泰國東部經濟走廊的北柳府，40年前就已前往泰國設廠，堪稱是台灣南向發展的急先鋒。[18] 40 年下來，工廠規模不斷擴張，他們雇用泰國員工，接日本客人的訂單，但是公司大部分的供應商，幾乎都還是台灣公司，使用的機器設備有部份也是台灣生產的，而模具百分之百都是台灣供應。

在 1988 年前後時期，泰國經濟正快速起飛，許多台商赴泰國投資設廠，但當時最常碰到的問題之一，就是缺乏中階優秀幹部，常導致生產管理出現問題。雖然泰國多數工商學生也都是從高工或大學畢業，卻也往往無法學以致用，BDI 集團創辦人張聚麟董事長與泰國台灣會館永遠名譽主席連光明先生共同認為有必要建立一所能學以致用的科技學院，因而由連光明主席與其母校台北科技大學協調聯繫商討進一步的合作機會。遂後，以「成立台北技術管理學院股份有限公司」名義向各界募款興辦泰國—台灣（BDI）科技學院。張董事長本人則獻巨資 1 億泰銖及 BDI 廠房後方約 20 萊土地，用以興建教室及實習工廠，獲得許多旅泰台商出錢出力支持，並獲得泰國教育部常務副次長針叻奴瑪博士大力讚許。截至 2018 年 10 月，二專部學生 53 名、高職部學生

---

[18] 許臺軒、王華麟，〈瞄準東南亞心臟！台商南向科技、人才是優勢〉，https://tw.news.yahoo.com/%E7%9E%84%E6%BA%96%E6%9D%B1%E5%8D%97%E4%BA%9E%E5%BF%83%E8%87%9F-%E5%8F%B0%E5%95%86%E5%8D%97%E5%90%91%E7%A7%91%E6%8A%80-%E4%BA%BA%E6%89%8D%E6%98%AF%E5%84%AA%E5%8B%A2-150025758.html，參閱日期：2019 年 5 月 13 日。

50 名，合計全建教合作學生 100 餘人，而另有假日補修學分班學生約 200 名。

另配合泰國大學要求及台灣政府新南向政策，BDI 集團接受學生泰國與台灣實習經驗豐富，除泰國皇家蘭納科技大學及 KMUTT 大學部及碩士班學生每年定期於集團 BDI 及 BAE 兩家公司實習；同時亦接受台灣大專院校大學部及研究生於企業及學校內部教學實習。

台商在泰國各地也成立台商組織，目前統計共有北柳、北欖、拉加邦、春武里、吞武里、曼谷、萬磅、亞速、北區、柯叻、泰南、泰北、羅勇及普吉等 15 個臺商聯誼會，以及 40 各地區聯誼會。多年來台商在泰國的苦心經營，已經落地生根，融入泰國當地社會，對泰國經濟發展貢獻良多。

陸、本書架構說明

當今的泰國，年年皆有不同的面貌，呈現於世人面前，如此的變化也讓人不禁讚嘆，究竟泰國驅動進步的力量從何而來，積極的建構改善經濟投資環境，不斷地加強更新基礎建設，也是泰國不斷在變動中站穩腳步的最大方針。

而國家政治運作要能夠順利穩定，都是需要依靠政治文化與民主的政治結構相互一致配合，才得以長期穩健發展，而國家係由政府、市場與社會三個元素所構成，彼此關係也環環相扣，如圖 1 所示，將個別說明如下。

首先，以政府來說，其必須達到「穩定」的作用。政府穩定則意謂著政治穩定，具體說來，它是指沒有大規模的政治動盪、

示威或抗議等社會騷亂，政權也穩定掌握在政治菁英手中，並依國家政體不同而出現有政權輪替的現象，在此情況下，比較不會發生突發性質的變動，公民不會透過非法手段來參與政治或奪取權力，政府也不採用暴力或強制手段壓制公民政治行為，以此維護社會秩序。其內涵通常應包括有：1. 國家政治制度和國家政治權力主體的相對穩定；2. 國家政治生活的穩定；3. 國家政策、法律與法規的相對穩定；以及 4. 社會秩序的穩定。

再者，在政府的方面，政治普遍來說是一種規範制度的問題，對於國家來說政府所扮演的角色是在所被賦予的權限內作為自主行動者（Actor），而非只是社會偏好的被動反應而已，此即為政府自主性。民主國家的作為與不作為依靠的是國家偏好，以及公民社會偏好，國家偏好所指的是那些具有公職地位的個體，其以作成及運用權威決策的方式約束社會的所有部門；而自主性則是國家官員轉變其權威偏好形成權威活動的能力。

因此，政府在國家運作過程中，「求穩」是重要目標，於此安定之後，則將能有效施展國家機器的功能，不論在國內政策制定上，抑或是對外貿易上，都能有效發揮其作用。透過安定整體社會及民心，其不論在經濟發展上抑或是人民對於政府信心與支持，求穩能夠達到能「安」能「定」的效果。

第二，市場是經濟發展的舞台，其必須達到變通的作用。正所謂「窮則變，變則通」，在市場中發展經濟需要具備很相當的變通思維，必須能夠審時度勢，隨勢而變，順應市場發展規律，不斷地對市場進行深入的研究、推斷和分析。這樣的概念不僅是需要具備動態式的思維，另一層的意思也是需要檢視國家政策發展脈絡下，該如何配合國際情勢與發展。

　　在不損及國家主權與安全情況下，訂定出與時俱進的經濟發展策略，讓國家當中的企業能夠有所循，達到拼經濟的目的。經濟的發展雖然不能保證民主也隨之發展，然而經濟的發展可以做為國家發展的一個「良性氣栓」，即它能夠在民主化甚至是整個政治體制權利分配之間，做為隨時可調整的壓力栓。然而，市場的功能也是藉由穩定發展的經濟社會所維持著，經濟發展會導致社會經濟功能的分化和專業化，在經濟的領域中，因為各國國民經濟的相互依賴，國家逐漸必須放棄總體經濟的規則與制度，同時越來越限縮經濟政策上的運作空間，這些都是使得國家功能及角色發生重大質變的現象。

　　以全球化的角度來看，國家不再是作為社會公共性領域的所在，而社會將形成新興的權力與競爭關係，整個社會的行動、生活過程、乃至觀察空間，皆已脫逸出國家的空間與權限範圍之外。

　　因此，市場在國家中應追「求變」，時時刻刻保持變通的敏銳神經，讓國家發展達成經濟繁榮的盛況。市場除了在追求經濟發展以及獲利最大化之外，其所扮演的角色仍需要追求的路線機制是「求變」，求變則能「通」能「達」，通達所指的不僅僅是通曉、洞達之意，更有「暢通」的意涵。市場經濟在全球化瞬息萬變的情況下，能夠保持有彈性以及即時的變動，才能夠因應現今不安的市場脈動。

　　第三，若將國家比喻為一個金字塔，社會則會是最底層的基礎，支持著市場和政府機制，其必須達到順暢的作用。市民社會（Civil Society）乃是「人之需求的體系」，也是人們經營其生活，如追求物質利益、創業、從事貨物交換之商業行為或結社等的私人領域。市民社會可以四項條件來界定之：1. 雙重自主性；2. 集

體行動；3. 非潛占性；以及 4. 公民性。

　　公民社會係各種自我組織的中介團體的組合或系統，其相對上是獨立於公共權威的單位，在組織中可以擬定以及從事保護其利益或是熱情的集體行動，但在當中又不企圖取代既有的國家機關（State），也不試圖承擔支配整個政治制度的責任，成員中也同意保有在公民性質進行任何活動。

　　而公民社會帶來的正面影響也相當重要，除了能夠讓各種團體成員在互動過程中表達自我及認同之外，也能夠穩定社會團體內部期望，在擁有集體認同的前提之下，形成無形的規制而減輕公共權威機構（如政府）在治理上的負擔。

　　最後，市民社會也能夠做為潛在的能量儲存庫，進而確保了民主政治在存續過程中的社會安全。市民社會的活動中，可以積極地自由發展與表現自己，也能夠落實個人主體追求利益滿足的目的，因此在政治體制運作不失靈的情況下，國家與社會兩者間的對話管道應該是順暢的，在付予社會充分且足夠的發聲機會，適時表達意見與訴求，能使人民有宣洩的管道，以避免在長期遭受壓抑的情況下，造成一次性大規模的動盪。

　　因此，市民社會在國家中應力求順，在順暢的表達情況下，感受到市民社會的聲音有被聽見，並且不是遭受打壓的，則能安穩人心，使得個人在社會中扮演好各自的角色，服從於政府領導，也能夠追求財富與經濟發展。藉此，社會在發展的過程中除了保有自主性外，其所要追求的機制無非是「求順」，求順則能「昌」能「榮」，能夠為社會帶來光明以及繁榮，富有生命力的象徵以及國家發展的光明動向指標作用。

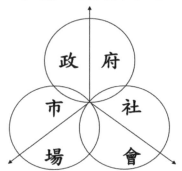

求穩：則安則定

政　府

市　社

場　會

求變：則通則達　　　求順：則昌則榮

圖1：政府－市場－社會於政治體系中重要機制和動力

資料來源：作者自繪

　　政府、市場以及社會三者間的關係密切，環環相扣的狀態下若有一部份出差池，則將會引發連鎖效應進而影響他部分。對於許多的民主國家來說，這樣三面一體的架構套用在個別的國家都能夠審視該國的國內政治狀況及其發展態勢。

　　綜上所述，利用上面的研究框架應用到泰國這個國家發展上，便成為本書的主要結構安排。在本書的框架結構上，主要以三個不同的面向來探究泰國發展的多元面向，透過圖1所表達的三要素：「求穩」、「求變」以及「求順」的機制，進一步來探討泰國的發展面向，分別就說明如下。

　　第一部分則收錄了「論泰國國家發展規劃之演變：理想與現實的脈絡」、「一帶一路是否泰難」、「東協建構韌性城市的計畫與泰國經驗」以及「泰國對外經濟的態度、立場與作法」等四篇文

章來探討在發展經濟之下，如何透過區域合作以及本身國內發展策略，進一步規劃發展動向，結構如圖 2 所示。

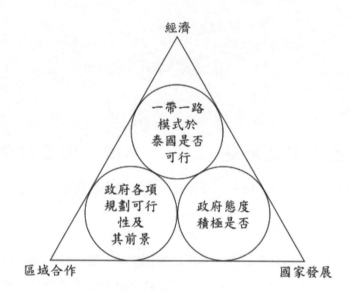

圖 2：泰國國家發展與區域合作下的經濟關係架構（求變）

資料來源：作者自繪

　　在這部份上，將從一個國家中發展最重要的元素─經濟面向切入。對國家領導者來說，國家發展策略最直接影響人民感受，政府一舉一動的態度以及對外立場，都將左右著吸引外資投資或對外貿易的策略。加上區域間，與周遭鄰國的區域合作，也將牽動著泰國未來發展脈動的神經。

　　因而從此部份，將從泰國政府所規劃的政經政策來看，國家發展前景與政策是否能夠與區域合作等機制相呼應，進而達到將

國家發展策略與區域合作整合的目標，並進而共創雙贏的局面。然而背後除了有完善的配套機制之外，也需檢視政府在態度上的積極度，才能夠有所成就。

　　在第二部分，則收錄了「台泰合作阻遏毒品運送的契機」、「泰國在中泰、美泰軍事演習合作中角色之研究」、「泰國軍隊權力的結構性基礎」、以及「人類安全在泰國：實踐、回顧與展望」等四篇文章來探討泰國國內安全、對外合作以及國內本身自我控制機制的關係，結構如圖3所示。

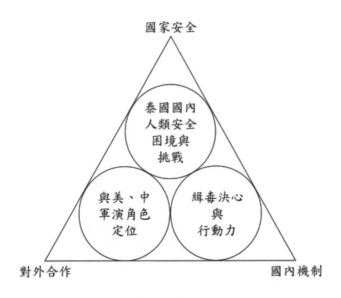

圖3：泰國國家安全和國內外機制與策略之架構（求穩）

資料來源：作者自繪

　　當中是以國家安全角度來探悉，安全的議題永遠是國家穩定持續發展的重要關鍵要素之一，泰國在東南亞區域穩定中又是扮演著何種的角色，由第二部分的文章中可略知一二，泰國在區域安全上秉持著穩中求安的態度與策略，不過度地去干涉區域政治，並強調東南亞的安穩有利於泰國在區域上的發展。

　　最後，在第三部分裡本書收錄了「織布文創產業與體驗經濟──台泰兩國的一鄉村一產品（OTOP）推動之比較」、「蒲美蓬時代泰國高等教育國際化的發展」、以及「泰國媒介體制中的王室崇拜與其國家政治穩定之關係」等三篇文章來探討泰國王室、人民以及政府之間的關係，結構如圖4所示。

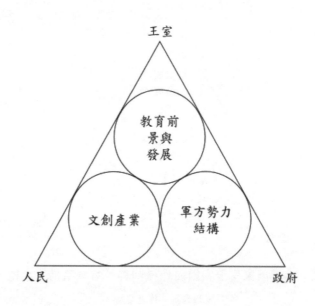

圖4：泰國王室、人民、政府三者關係架構（求順）

資料來源：作者自繪

　　當中是以泰國國內政治及王室的角度來做初步的瞭解，從早期的軍方勢力對於泰國政治局面的滲透，為泰國政局帶來多少的不安與變動。而後，接續著由泰國王室的面向來瞭解，與泰國民眾生活密不可分的泰國王室，背後對於人民所支撐的力量及行動怎麼讓泰國民眾達到心理安全感受的地步；另一方面，也能夠藉由王室的脈動，探討王室與政治局勢穩定的關係何在，在軍方勢力出身的總理帕拉育帶領之下，民主化是否會在泰國政治中落實，而王室是否能夠持續與政治抗衡，抑或是做為泰國政局背後最穩定的靠山，也值得透過長久時間來細細觀察。

　　最後，則回到與人民日常生活最切身相關的教育及文化部分，藉由探討泰國高等教育以及文化產業發展，瞭解社會活動的動向及未來發展前景，人民在政治與經濟發展穩定的情況之下，才有足夠額外的心思專注於教育培養及文化投入的活動，在此部份裡，希望能透過這些論文討論和分析，來瞭解和掌握當前泰國社會發展和人民期待。

第一部分

泰國政治經濟與貿易策略：
「求變」則通

論泰國國家發展規劃之演變：

理想與現實的脈絡

孫國祥

南華大學國際事務與企業學系副教授

【摘要】

　　泰國經濟與社會國家發展規劃（以下簡稱國家發展規劃），是第二次世界大戰後泰國政府為獲得西方經濟援助所制定的國家發展總體規劃。長期以來，泰國僅將國家發展規劃視為獲得西方援助的工具，而忽視國家發展規劃對國家發展的指導功能。《泰王國 2017 年憲法》首次以憲法的形式規定國家「二十年國家戰略」（2017-2036）、國家發展規劃為泰國國家總體發展規劃，政府政策和預算必須依照國家發展規劃制定。此似乎顯示第十二份國家發展規劃真正成為泰國國家發展的藍圖，同時也是泰國政府未來 5 年推動國家發展的重要指引。

關鍵字：**泰國經濟、社會、國家發展規劃、憲法**

壹、前言：國家發展的意義

國家發展（National Development）一詞非常全面，它包括個人和國家生活的方方面面，它在途徑上是整體的，此乃一國和個人發展各個方面的重建和發展過程，它包括國家在工業、農業、教育、社會、宗教和文化制度的全面發展和擴展。此外，國家發展也意味著國家作為一個整體的發展規劃。它可以最佳地定義為國家不同方面和面向的全面與均衡發展，即政治、經濟、社會、文化、科學和物質。著名經濟學家維濟（John Vaizey）認為，「國家發展是所有公民力量的總體影響，也是物質、人力資源、知識和技能的儲備加成。」[1]

聯合國十年報告（United Nations Decade Report）表示，「國家發展是增長加上變化。變化反過來的是社會和文化以及經濟和定性以及定量的影響」。就廣義而言，國家的發展包含了以下策略參數：透過有計劃的國家經濟來發展；透過現代技術知識的應用來增加農業生產；利用工業生產；人力資源的發展；在生產部門科學和技術的應用；大眾教育的提供，以及各種設施的提供，以滿足人口中處境不利、剝奪、最貧困和貧困部分的需求和願望。[2] 國家發展遭遇的問題，可以歸納為：在國民生產總值（Gross National Product, GNP）和生活水準方面緩慢的經濟增長。大規模失業和就業不足、大量文盲、人口的迅速增長、民族和情感整合的挑戰、改變過程的慣性、現代化的進程緩慢、發展民主、社會

---

[1] John Vaizey, *The Economics of Education* (New York: Macmillan, 1962).
[2] A/RES/2626(XXV): International Development Strategy for the Second United Nations Development Decade.

主義和世俗秩序的問題、貧困和低生活水準的發生率、城市化及
其相關的不適現象、人們對工作核心價值的昏沉和不願承擔責任
的態度、道德和科學價值觀之間的不匹配、人才流失現象的升高、
高等院校的無用和低質量產品。

自1961年泰國第一個社會和經濟發展計劃以來，泰國在國家
發展方面便採取了相當大的發展步驟規劃。然而，該國依賴進口
生產項目和工業技術的發展，導致其對外貿易逆差高。此外，在
農業方面，現代技術使用的增加通常不能彌補生產的高成本，結
果導致泰國的農業人口陷入經濟惡性循環中。[3]

貳、泰國國家發展規劃的源起

第二次世界大戰後世界銀行成立，並向受到戰爭破壞的國家
和不發達國家提供經濟援助，以幫助全球經濟復甦。冷戰時期，
以美國為首的西方資本主義國家主動向不發達國家提供軍事援助
和技術支持，並透過世界銀行向這些國家提供貸款，促使不發達
國家透過發展實現資本主義，抵禦國際共產主義的擴張。

1950年，美國與泰國簽訂《泰國和美國軍事援助協定》和《泰
國和美國經濟技術合作協定》。根據協定，美國為泰國提供經濟援
助，並為泰國提供技術支援和人員培訓。同年，世界銀行（World
Bank, WB）開始向泰國提供經濟援助。但與此同時，美國和世界
銀行提出附帶條件，要求泰國制定政府長期規劃和國家經濟和社

---

[3] Saneh Chamarik and Susantha Goonatilake, Technological independence - The Asian experience, Hong Kong: The United Nations University, 1994.

會發展規劃。[4]

　　泰國當時正處於披汶‧頌堪（Plaek Phibunsongkhram）軍人政府統治時期，披汶希望儘快獲得世界銀行和美國的經濟、軍事援助，因此組建成立「國家經濟委員會」（National Economic Council, NEC）。1950 年 2 月 14 日，泰國國家經濟委員會正式成立，負責向政府提供國家經濟發展的建議和計畫，泰國總理披汶擔任國家經濟委員會主席。1951 年，泰國政府在國家經濟委員會的基礎上，建立海外經濟與技術合作委員會，國家經濟委員會秘書長擔任海外經濟與技術合作委員會主席，其主要職責是配合國家經濟委員會，根據《泰美經濟技術援助協定》，協調泰國各政府部門向美國及其他國際組織申請經濟、技術援助計畫。

　　披汶（Phibul Songkhram）政府時期為儘快實現泰國經濟增長，推行「民族主義經濟」，並對泰國進行一系列的現代化改造。披汶鼓勵民族企業發展，並提出「泰國製造、泰國消費、泰國繁榮」的口號，倡議民眾消費泰國產品。在披汶政府時期，泰國出口得到極大的發展，同時泰國本土銀行業興起，泰國商業銀行（Siam Commercial Bank）、盤谷銀行（Bangkok Bank）、大城銀行（Bank of Ayudhya）和泰華農民銀行（Kasikorn Bank/Thai Farmer Bank）[5]先後成立。

　　泰國政府當時向國際機構申請的貸款主要來自世界銀行，而為了向世界銀行貸款，泰國必須先確定需要發展的專案，然後再

---

[4] 溫習‧安威塔亞蓬，《經濟發展中的外交關係：相互依靠還是依賴—第一份國家發展規劃（1961~1966 年）案例分析》，曼谷：泰國法政大學，1987 年版。（泰國）

[5] 泰華農民銀行於 2012 年將中文名更名為「開泰銀行」。

根據這些專案向世界銀行申請貸款。世界銀行對每個專案進行審查，並結合貸款國經濟發展形勢進行總體評估。這也就意味著泰國不僅要制定大大小小的發展專案，而且為了得到貸款，還必須向世界銀行提交國家發展規劃。[6]

泰國政府當時並沒有能力制定國家發展規劃，甚至由於第二次世界大戰結束後沒有進行經濟普查，導致政府對於國家總體經濟情況掌握程度較低。泰國政府因此成立專門的「國家經濟規劃制定委員會」，並制定階段性的國家發展規劃調研和起草規劃草案。

根據泰國國家經濟規劃制定委員會的階段計劃，第一階段，由國家經濟規劃制定委員會使用 4 年時間（1953 年至 1956 年）對泰國國家預算進行跟蹤調查，並掌握大量真實資料，培養相關專業人員。第二階段，由國家經濟規劃制定委員會聯合世界銀行對泰國經濟進行調研，並制定國家發展規劃。

於 1957 年，在泰國政府的邀請下，世界銀行向泰國派出以美國威斯康辛大學教授埃爾斯沃思（Paul T. Ellsworth）作為團長的專家代表團，對泰國經濟進行全面調研。世界銀行代表團在 1957 年 7 月至 1958 年 6 月期間，對泰國自然資源、人力資源、經濟制度和現狀進行詳細調研後，完成「泰國公共發展計畫」（A Public Development Program for Thailand）的報告，[7]並將報告提交泰國政

---

[6] "70 Years in Thailand: From Traditional Development to Innovative Knowledge Partners," The World Bank, MAY 7, 2019. < https://www.worldbank.org/en/news/feature/2019/05/07/70-years-in-thailand-from-traditional-development-to-innovative-knowledge-partners>.

[7] Paul T. Ellsworth, et al., A Public Development Program for Thailand; report of a mission organized by the International Bank for Reconstruction and Development

府。泰國政府隨即將報告翻譯成為《泰國公共發展計畫》，並以這份報告為基礎著手制定泰國第一份國家發展規劃。

1959 年 2 月 9 日，沙立·他那叻（Sarit Thanarat）擔任泰國第11 屆總理，並確立泰國以經濟發展為中心的國家發展思想。沙立政府提出「水流—燈亮—路通—有工作」的發展口號，並頒布《泰王國 1959 年國家經濟發展議會法》，將國家經濟議會正式更名為「國家經濟發展議會辦公室」，並成為一個獨立機構。國家經濟發展委員會的主要職能包括，明確泰國發展目標和制定國家中長期發展計畫。1961 年 1 月 1 日，《第一份國家經濟與社會發展規劃》（Fisrt National Economic and Social Development Plan）正式頒布使用，第一份國家發展規劃時間跨度為 6 年，1961 年至 1963 年為發展第一階段，1964 年至 1966 年為發展第二階段。[8]

1970 年，世界銀行提出社會發展促進經濟發展的理念，1972年泰國隨即將社會發展作為國家整體發展戰略的一部分，並將「國家經濟發展議會辦公室」（Office of the National Economic Development Board, NEDB）更名為「國家經濟與社會發展委員會辦公室」（Office of the National Economic and Social Development Board, NESDB），並隸屬於國務院由總理直接管理。

泰國制定國家發展規劃最初的目的是獲得西方國家和國際組織的經濟援助，泰國首份國家發展規劃也是在世界銀行專家團隊

(The Work Bank) at the request of the Government of Thailand, (Baltimore, MD: John Hopikins University Press, 1959).
<http://documents.worldbank.org/curated/en/338951468777615392/pdf/9990-Repl-PUBLIC.pdf>.

[8] E. B. 阿耶爾（泰國）著，張乃堅譯，《泰國六年國民經濟發展計畫》，《東南亞研究資料》1962 年 8 月 29 日。

報告的基礎上進行修改和補充的,因此,國家發展規劃從制定之初就缺乏與泰國本土政治體制、發展理念的融合,也導致國家發展規劃缺乏必要的行政和立法支持。

沙立政府在初期對國家發展規劃給予高度重視,並將其作為政府推動國家發展的指引。但此後,由於泰國政治局勢動盪和政府頻繁更迭,國家發展規劃僅作為政府宏觀發展的參考,導致泰國國家發展難以實現持續性和穩定性。

直到 1997 年,泰國經濟遭受亞洲金融危機重創,泰國在第八份國家發展規劃中引入拉瑪九世王蒲美蓬·阿杜德(Phumiphon Adunyadet)國王的「適足經濟理念」(Sufficiency Economy Philosophy)後,國家發展規劃開始從泰國獲得西方國家和國際機構經濟援助的工具,逐漸向適應本國國情的國家發展中期計畫轉變。此後,國家發展規劃也更加貼近泰國經濟、社會實際情況,引導泰國走出亞洲金融危機。與此同時,泰國的政治形勢也發生了重大變化。自從被譽為「和平憲法」的《1997 年泰國憲法》頒布後,泰國政治發展環境更為寬鬆,政黨也因此得以迅速發展起來。

2001 年 1 月 6 日,以塔信·西那瓦(Thaksin Chinnawat)為首的泰愛泰黨(Thai Rak Thai Party, TRT)贏得大選,並獲得了 500 個下議院席位中的 248 席。而在塔信 4 年任滿後,塔信政府於 2005 年 2 月 6 日舉行了新一屆大選。由於泰愛泰黨在大選前對中、小型政黨進行了整合,因而得以在大選中再次獲勝,並獲得了 375 個下議院席位。自泰國 1932 年革命以來,此乃首次有單一政黨獲得半數以上下議院席位與單獨組閣權的大選。有論者認為,泰國大型政黨雖然發展迅速,但在政治利益的驅動下,這些政黨也會

只顧向民眾許諾「民粹政策」以換取選票支持，卻忽視更為重要的國家發展規劃。[9]

2014 年，泰國陸軍總司令帕拉育·占奧差（Prayuth Chan-ocha）發動政變，宣佈廢除 2007 年憲法，並重新成立憲法起草委員會以修訂新憲法。2017 年 4 月 6 日，泰國軍政府頒布實施新憲法——《泰王國 2017 年憲法》，其對政府的政策制定行為進行了約束，明確規定了政府必須按照二十年國家戰略與國家發展規劃的要求來制定政策，同時也規定了在預算審批國家專案的過程中，必須審查其是否符合國家發展規劃的發展方針和精神。政府政策、國家發展規劃和二十年國家戰略分別是泰國短期、中期和長期的發展規劃，[10]而 2017 年憲法的公布也正代表著泰國國家發展規劃的逐漸完善。

參、泰國國家發展規劃的歷史階段

第二次世界大戰結束後，泰國政府受到西方發展經濟學的影響，採取優先發展工業化的經濟發展戰略。在歷經經濟恢復與經濟過渡時期（1945 年至 1954 年）及發展進口替代時期（1954 年至 1971 年）的經濟和工業穩定發展與成長之後，進口替代工業的發展很快就受到國內市場飽和的侷限。從 1968 年起，泰國的國際收支乃趨向惡化。同時期，因美國陸續自越南撤軍，美軍關閉在

---

[9] Kirk Hawkins and Joel Selway, "Thaksin the Populist?" *Chinese Political Science Review*, Vol.2, No. 3 (September 2017), pp 372–394.

[10] Constitution of the Kingdom of Thailand, 2017.
<https://www.constituteproject.org/constitution/Thailand_2017.pdf?lang=en>.

泰國的軍事基地，結束泰國依賴軍援來發展經濟的機會。當時，泰國因失去越戰期間作為「前線國家」享有的鉅額低息貸款，而導致外匯收入與開發援助資金急遽下降。加上 1970 年代的兩次石油危機，更導致泰國面臨貿易赤字上漲、經濟下滑的壓力。

1979 年第二次石油危機過後，以出產農產品為主的泰國西部地區適逢行情下跌而損失產重，為獲得世界銀行的貸款，泰國政府乃採取調整經濟結構，轉以強調出口導向製造業為基礎的經濟成長策略來取代進口替代導向的發展策略。之後，泰國的經濟發展就進入高速發展的時期。1980 年代中期以來，泰國更因其經濟迅速成長以及國內政治趨於穩定，儼然成為東亞第五條小龍。相較於其他的陸地東南亞國家，泰國的東亞新興經濟體化（NICness）使其在物質、組織、貧窮管理等方面均優於其周邊鄰國，進而成為印支半島的次區域經濟核心，而這也成為泰國總理察猜（Chatchai Chunhawan）提出次區域經濟統一，以互利共榮帶來和平願景的政策推動基礎。

1980 年代末期以來，泰國強調以面向出口作為單一目標的外向型經濟發展戰略，開始遭遇挑戰。之前，所有的政策措施都是為促進工業產品的出口而制訂；但隨著國際貿易體制因關稅暨貿易總協定（General Agreement on Tariffs and Trade, GATT）談判結束而導致保護主義的興起，加上世界經濟集團化的趨勢日漸明顯，而泰國的國內經濟發展又面臨基礎設施不足、金融法令不健全、人力資源低落、地區發展不均衡等因素，而逐漸喪失競爭優勢。為因應國際及國內經濟環境的轉變，泰國勢必要調整其國家經濟發展戰略。為此，泰國政府乃實施了範圍涵蓋金融、稅制、外資政策及產業政策的綜合性經濟改革措施。

　　然而，在泰國採取面向出口的外向型經濟發展戰略後，雖然有效地促進經濟高速成長，但也造成國民經濟嚴重依賴對外貿易，而外貿又嚴重依賴先進的西方資本主義國家；同時，隨著面向出口的工業發展，材料、中間產品、生產設備的進口額迅速成長，而初級產品及其加工產品和勞動密集型工業製品的出口成長又趕不上進口的成長，促使國際收支狀況惡化加劇。

　　此外，泰國因長期將資源集中投注於曼谷地區，乃產生工業佈局過度集中的不平衡現象，不僅未能充分帶動全國國民經濟的發展，亦導致各地區因發展差距過大而影響社會安定，進而成為政治不穩定的主要根源之一。[11]在此情形下，經濟分散化（Decentralization）發展乃成為泰國政府在制訂社會經濟發展政策時的基本主軸。

　　自第四期五年國家發展計畫（1977 年至 1981 年）開始，泰國政府就依據「區域城市中心」（Regional Urban Center）的概念，指定主要城市作為「區域城市成長中心」（Regional Urban Growth Centers）。之後，為開發偏遠和落後地區，泰國政府在第五期五年國家發展計畫（1982 年至 1986 年）中，乃制訂農村開發計畫，利用財政撥款和外國貸款來進行農村開發。在此期間，也提了東海岸開發計畫（Eastern Seaboard Development Plan），藉以替代曼谷大都會並與東北地區共同合作發展。[12]在第六期五年國家發展

---

[11] Bhumibol Adulyadej, The Fifth National Economic and Social Development Plan (B.E. 2525-2529).
<https://www.nesdb.go.th/nesdb_en/ewt_w3c/ewt_dl_link.php?filename=develop_issue&nid=3780>.

[12] Fumiharu Mieno, The Eastern Seaboard Development Plan and Industrial Cluster in Thailand: A Quantitative Overview, in Machiko Nissanke and Yasutami Shimomura,

計畫（1987 年至 1991 年）中，泰國政府更進一步以散居於北部、東北部、南部等地區的城市中心（諸如清邁、孔敬、呵叻、宋卡、合艾、春武里等）為對象，希望透過加強其基礎設施建設，使之成為工業中心，達到帶動附近農村開發，促進中小型工業發展的目標。[13]

直到 2016 年 12 月 30 日，泰國《第十二份國家經濟與社會發展規劃》（Twelfth National Economic and Social Development Plan）正式頒布。[14]至此，在泰國 56 年的時間中，共制定了 12 份國家發展規劃，經歷 41 屆政府。[15]基本上，對於泰國國家發展規劃根據發展指導思想，可以分為四個重要的歷史階段：

（一）經濟基礎設施建設和自然資源開發時期

這個階段，包括泰國第一份至第四份國家發展規劃，時間上跨越 1961 年至 1981 年。泰國主要以「經濟增長式發展理論」作為國家發展的主導思想。

1961 年前，泰國仍是一個傳統的農業國家，農產品是國家的

---

eds., Aid as Handmaiden for the Development of Institutions : A New Comparative Perspective, Basingstoke, United Kingdom; Palgrave Macmillan, 2013), pp.81-105.

[13] National Economic and Social Development Board, Office of Prime Minister, The Sixth National Economic and Social Development Plan (1987-1991). <https://www.nesdb.go.th/nesdb_en/ewt_w3c/ewt_dl_link.php?filename=develop_is sue&nid=3781>.

[14] Office of National Economic and Social Development Board, Office of Prime Minister, The Sixth National Economic and Social Development Plan (2017-2021). <http://www.nesdb.go.th/nesdb_en/ewt_w3c/ewt_dl_link.php?filename=develop_iss ue&nid=4345>.

[15] 李國棟、李仁良、劉琪、陳松松、常翔合著，《泰國政治體制與政治現狀》，蘇州：蘇州大學出版社，2016 年版。

主要經濟支柱。第一階段，泰國國家發展規劃以建設國家經濟基礎設施、促進經濟增長為主要發展目標。經濟方面，自然資源出口份額迅速上升，貿易收入受全球化影響進一步增加；社會方面，自然資源枯竭、收入分配不平衡導致社會矛盾增加，最終影響經濟發展和國家穩定。

泰國在這一時期內經濟基礎設施得到極大的發展，國道和城際公路里程數增加，修建了湄南河大壩和蒲美蓬大壩。泰國在第一份國家規劃期間，農產品出口總量首次排名全球第五。但隨著1973年第四次中東戰爭爆發、國際油價大幅飆升、泰國通貨膨脹率暴增，導致這一階段後期泰國出口減少，經濟增長衰退。同時，泰國中部地區發展增速明顯，地區發展不平衡導致社會矛盾加劇，最終引發嚴重的思想、政治衝突。

（二）國家工業化、城市化與經濟騰飛時期

這個階段，包括泰國第五份至第七份國家發展規劃，時間上跨越1982年至1996年。泰國主要以「經濟社會平衡發展」作為國家發展的主導思想。

這一階段，泰國國家發展規劃以工業化、城市化、現代化為特徵。經濟方面，泰國正由傳統農業國家轉型成為新興輕工業國家，工業在國家經濟中的比重大幅增加；社會方面，國民收入增加，城鄉二元經濟結構基本形成。但由於教育等方面的限制，泰國缺乏人力資本積累，導致經濟多元化發展受到限制。

泰國雖然已經意識到區域不平衡發展引發的社會問題，但城市和農村地區的收入差距進一步拉大。另一方面，工業化推動下泰國城市化進程發展迅速，導致農業傳統社會關係遭到破壞，農

村勞動力湧入城市，泰國新的社會矛盾出現。第五份國家規劃中，政府提出「東部沿海地區發展規劃」以發展農村解決貧困，這一規劃使羅勇府（Rayong）、春武里府（Chonburi）等地區得到發展，並成為泰國重要的工業基地。但由於缺乏國家總體發展規劃和合理的分配制度，導致泰國大多數地區仍未獲得發展的機會。

（三）經濟衰退工業化倒退和發展思維轉型期

這個階段，包括泰國第八份至第十一份國家發展規劃，時間上跨越1997年至2016年。泰國主要以「適足經濟理念」作為國家發展的主導思想。

這一階段，泰國自然資源消耗過度，難以再依靠消耗自然資源推動國家發展。與此同時，泰國遭遇 1997 年亞洲金融危機衝擊、經濟衰落、工業化進程全面倒退。以經濟增長推動國家發展的發展理論在泰國失敗，泰國社會面臨崩潰邊緣。因此泰國在這一階段提出「適足經濟理念」，提倡「因地制宜」和永續發展。與此同時，由於泰國缺乏發展工業的資本和技術，最終未能進入「新型輕工業國家」行列，農業和第三產業再次成為支柱產業，國家同時陷入中等收入陷阱。

社會方面，地區發展不平衡、城鄉二元經濟結構的定型以及城市化進程突然停止，導致中產階級和農民階級矛盾增加。最終社會矛盾引發泰國2006年至2016年政治動盪，直到2017年泰國新憲法公布，泰國社會方大致趨於穩定。

（四）安定、富強和永續發展方向

2017年至今，以第十二份國家發展規劃為主要標誌，其主要

內容包括：1. 人力資源發展：泰國資源消耗型經濟發展，面臨資源枯竭的困境，泰國希望提高人口素質為產業轉型打造人力資本；2. 綠色增長：因地制宜、合理分配資源實現可持續發展；3. 提高競爭力：推動泰國產業機構調整，通過高科技創新升級泰國工業產業競爭力；4. 社會平等：實現社會和經濟平衡發展，降低經濟發展過程中的不平衡、不平等問題，使社會發展促進國家總體發展。[16]

肆、泰國新憲法與第十二份國家發展規劃

《泰王國 2017 年憲法》中，包括序言部分，共有 6 條憲法條款涉及國家戰略：序言、第 65 條、第 142 條、第 162 條、第 270 條和第 275 條；1 條憲法條款涉及國家發展規劃：第 142 條。泰國 2017 年憲法的頒布確定了 20 年國家戰略和國家發展規劃及其在國家發展中的地位，明確了其對政府政策和政府預算的約束作用。

泰國 2017 年憲法涉及國家戰略和國家發展規劃的內容包括：首先，憲法明確了國家戰略的定義。憲法序言部分提出：「…根據泰國 2014 年臨時憲法規定，（憲法）作為國家發展中政府政策和國家戰略的架構，使執政者能夠出臺適合的政策和行為規

---

[16] 第十二份國家與社會發展規劃共 224 頁，包含 8 個主要章節部分：1.前言；2. 目錄；3.第一部分：第十二份國家經濟與社會發展規劃概況；4.第二部分：國家發展環境的評估；5.第三部分：第十二份國家經濟與社會發展規劃的宗旨與目標；6.第四部分：國家發展策略；7.推動第十二份國家經濟與社會發展規劃；8.附錄。

則。」序言部分指出，憲法是國家戰略、政府政策的架構，再次明確了憲法——國家戰略——國家發展規劃——政府政策的關係，同時也表明，國家戰略是政府政策的架構。憲法序言確定了國家戰略在國家發展中的地位，為國家戰略、國家發展規劃在未來出臺和實施提供了司法依據。

其次，憲法明確國家戰略的起草過程與基本架構。憲法第 65 條第二段規定，政府必須根據法律規定的規則和方法制定國家戰略，並確定（國家戰略的）目標、目標完成時間和相關內容。這些法律條款必須有公民參與，並符合各行業民眾聽證相關的條款。憲法第 65 條第三段規定，國家戰略在政府公報宣佈後就擁有法律效力。憲法第 275 條過渡條款部分規定，內閣按照憲法第 65 條第二段的規定，在從本憲法公佈的 120 天內制定（法律規定），並在法律生效後的 1 年時間內制定國家戰略。

根據 2017 年憲法，政府是國家戰略的主要負責機構，國家戰略起草委員會負責國家戰略具體的起草工作。2017 年憲法公佈後的 5 年時間是憲法過渡時期，在此期間，帕拉育政府內閣必須在 2018 年 4 月 6 日前依照憲法完成對正式版國家戰略的修訂。早在 2017 年憲法公佈前的 2015 年 6 月 30 日，帕拉育政府內閣依據《泰王國 2014 年臨時憲法》（Constitution of the Kingdom of Thailand (Interim) 2014）批准建立國家戰略起草委員會。[17]帕拉育政府賦予國家戰略起草委員會的任務包括 2 個階段：首先，起草 2015 年至 2016 年的國家戰略；其次，起草從 2017 年開始的二十年國家戰

---

[17] Thailand's Constitution of 2014.
  <https://www.constituteproject.org/constitution/Thailand_2014.pdf?lang=en>.

略。[18]

最後，憲法明確國家戰略和國家發展規劃的適用範圍和法律效力。2017 年憲法第 65 條第 1 段規定，政府應該根據善治制定國家戰略，作為永續發展的目標，以及作為制定各類計畫的架構，使（計畫）能夠關聯和符合目標，並推動共同實現目標。憲法第 162 條規定，執政的內閣必須在 15 天內向國會宣佈執政綱領，執政綱領必須依據政府職責、政府政策指引和國家戰略制定。第 142 條規定，提出國家年度預算法案時，根據國家財政法的規定，必須明確提出財政收入來源、預計收入狀況、財政預算撥付後獲得的業績和收益以及與國家戰略和發展計劃的相關程度。

憲法明確規定國家戰略和國家發展規劃是政府政策的綱領，同時規定政府執政綱領必須依照國家戰略架構，同時政府涉及國家預算的政策，必須評估與國家戰略的相關程度。

泰國 2017 年憲法的公布，從立法上明確了國家戰略和國家發展規劃的地位，說明了國家戰略、國家發展規劃和政府政策之間的關係，同時強調了國家發展規劃對政府政策的約束力。2017 年憲法使國家發展規劃與政府間的關係發生改變，從原本有名無實的國家發展建議性內容，升格為實際約束政府政策、政府財政預算的發展架構。同時，憲法明確國家發展規劃作為憲法、國家戰略的延伸，以及政府制定執政綱領、政府政策的架構，也彰顯國家發展規劃從原本申請外援的工具，全面轉化為泰國國家發展的綱領。

泰國第十二份國家發展規劃的另一重大改變，則是與「二十

---

[18] 《泰國工業 4.0 二十年戰略（2017~2036 年）》，泰國工業部，2016 年 10 月。

年國家戰略」（20-Year National Strategy, 2017-2036）相連接,此亦為首份以國家戰略為架構制定的國家發展規劃。[19]此前的國家發展規劃內容相對獨立,制定過程中主要參考泰國實際情況和聽取民間意見,並沒有架構和方向上的限制。

　　2015 年 6 月 30 日,帕拉育政府依據《泰王國 2014 年臨時憲法》批准建立國家戰略起草委員會,主要負責起草泰國國家戰略。根據國家戰略架構,國家經濟與社會發展委員會辦公室起草第十二份國家發展規劃的執行時間是從 2016 年 10 月 1 日開始至 2021 年 9 月 30 日終止。[20] 2016 年 12 月 29 日,第十二份國家發展規劃正式頒布實施。實際上在正式頒布前,帕拉育政府已經從 2016 年 10 月 1 日起使用國家發展規劃草案作為國家發展方針。

　　第十二份國家發展規劃的序言部分也再次說明,第十二份國家發展規劃是根據二十年國家發展規劃制定的。第十二份國家發展規劃的一個重大改變與二十年國家戰略相連接,將長期戰略轉化為實踐行動。國家發展規劃中的所有策略規定了發展的主題、發展計畫/專案,這些專案將推動實現國家戰略前 5 年的目標。[21]國家發展規劃將以實現國家戰略為目標,在第十五份國家發展規劃時完全實現二十年國家戰略。

---

[19] National Economic and Social Development Council, (Draft) 20-year National Strategy (2017-2036) [Thai], 2017.
<https://planipolis.iiep.unesco.org/sites/planipolis/files/ressources/thailand_20_years_national_strategy.pdf>.

[20] 國家發展規劃時間是按照泰國財政預算年度計算,從 10 月 1 日起始。

[21] 《第十二份國家經濟與社會發展規劃（2017~2021 年)》,泰國國家經濟與社會發展委員會辦公室,2016 年 12 月 14 日。

伍、泰國第十二份國家發展規劃的主要內容和解讀

　　二十年國家戰略是泰國根據 2017 年憲法提出的首份國家長期發展戰略規劃，主要從經濟、社會兩個方面提出泰國未來 20 年的國家發展理念和發展目標，並提出「安定、富強和永續發展」的發展思想。

　　第十二份國家發展規劃總體思路沿用適足經濟理念和「以人為本」的思想，但總體發展思路與國家二十年戰略提出的「泰國 4.0」（Thailand 4.0 Policy）接軌，以科技創新推動國家發展。經濟方面，泰國正在加緊新一回合的經濟基礎設施建設，並促進高新科技企業入駐「東部經濟走廊」（Eastern Economic Corridor, EEC）。社會方面，泰國以建立和諧社會為發展目標，建立公平社會和維護社會穩定。

（一）第十二份國家發展規劃的指導思想

　　經濟方面，藉由「泰國 4.0」戰略方針在東部經濟走廊率先發起產業結構轉型，淘汰老舊產能，發展高科技和高技術行業產業，從而使泰國擺脫「中等收入陷阱」（Middle Income Trap）。[22]社會

---

[22] Somchai Jitsuchon, Aspirations and challenges for economic and social development in Thailand towards 2030. A country paper for the project ASEAN 2030: Growing Together for Shared Prosperity, supported by ADBI. Manuscript, 2011; Somchai Jitsuchon, How can Thailand escape the populist policy trap? A short article to be presented at Sasin Bangkok Forum, "Asia in Transition," July 2012; Somchai Jitsuchon, Jiraporn Plangprapan, Yos Vajagupta, and Nuntaporn Methakunavut, Social Investment under the Changing Social Conditions and Adjustment toward Knowledgebased Society. A research paper supported by the Office of the National Economic and Social Development Board. December 2009 (in Thai); Somchai Jitsuchon, Nonarit Bisonyabut, and Nuntaporn Methakunavut, Financing Research

方面，是透過「以人為本的發展思想」促進教育改革，使泰國能夠積累充足的人力資本。同時，致力於推動政治體制改革和打造公平機制，實現國家「穩定、安定和永續發展」，以達到經濟與社會平衡發展的目標。具體的指導思想包括：

首先是「適足經濟」理念。「適足經濟」理念是泰國九世王蒲美蓬提出的重要國家發展思想，為泰國走出 1997 年亞洲金融危機和實現永續發展提出的想法。「適足經濟」理念經歷金融危機實踐檢驗，讓泰國重新審視國家發展道路，並引領泰國走出金融危機，開始新的國家發展方向。因此從第九份國家發展規劃（2002 年至 2006 年）起，[23]「適足經濟」理念就成為泰國國家發展規劃的中心指導思想，第十份、第十一份和第十二份國家發展規劃中都沿用了此一思想。

「適足經濟」理念包括三方面的內容和兩個條件，三個內容是：「適度、理智和免疫力」，兩個條件是：「知識和道德」。「適足經濟」並非只強調個人的自力更生、節約和忍耐，而忽視社會、國家的繁榮富裕；並非只重視農業的發展而忽視工業、貿易和投資的發展，更重要的是強調經濟、社會、環境、文化的一種綜合、穩定、適度、永續的發展。[24]

and Development in Thailand. Research report submitted to the Knowledge Network Institute of Thailand, September 2011 (in Thai); Somchai Jitsuchon, Nonarit Bisonyabut, Nuntaporn Methakunavut, and Yos Vajragupta, Public policy to escape middle-income-trap: a study of growth factors. Manuscript. 2012 (in Thai).

[23] National Economic and Social Development Board, Office of Prime Minister, The Ninth National Economic and Social Development Plan (2002-2006). <https://www.nesdb.go.th/nesdb_en/ewt_w3c/ewt_dl_link.php?filename=develop_is sue&nid=3784>.

[24] 常翔、李仁良，〈泰國國王「適度經濟」哲理對世人的啟示〉，《曼谷國際

　　其次，「以人為本」思想。泰國國家發展初期以「經濟增長為主」的國家發展模式，在導致泰國經濟高速增長的同時，社會問題和矛盾不斷增加。相對落後和不公平的教育體制導致泰國人力資本缺失。自然資源過度消耗面臨枯竭後，泰國依靠自然資源實現經濟增長的模式難以為繼，同時人力資本的缺失導致泰國面臨長期發展乏力的局面。因此，從第八份國家發展規劃（1997年至2001年）期間，泰國就將「以人為本」的思想納入國家發展重心。[25]

　　其三，二十年國家戰略願景。國家發展規劃是二十年國家戰略的中期規劃，因此沿用二十年國家戰略的願景：「根據『適足經濟』理念將泰國發展成為已開發國家，實現『穩定、安定和永續發展』。」此一願景也被簡稱為「穩定、安定和永續發展」的國家發展口號。其中包括6方面主要內容：穩定、建立競爭力、發展和培養人力資本、建立公平和公正的社會環境、生態友好的基礎上提高生活品質、以及調整和發展政府管理系統。

　　第十二份國家發展規劃的主要發展思想和原則展示了規劃制定過程中遵循的行為準則，其中包括泰國自身對於國家發展的探索和經驗，強調了國家發展過程中必須以經濟增長和社會發展共進的原則。同時，從第九份國家發展規劃延續而來的適足經濟理念為泰國提供了社會和經濟永續發展的模型，為泰國保持平穩的發展提供保障。同時國家發展規劃遵循的原則也再次說明了國家發展規劃和二十年國家戰略的關係，強調了國家發展規劃作為國

時報》，2016年9月第1期。

[25] 孔建勳，〈泰國第八個經濟與社會發展計畫〉，《東南亞》，1997年第1期。

家中期規劃和具體實踐方針的地位。

（二）第十二份國家發展規劃的國家發展策略與目標

　　第十二份國家規劃提出十大國家發展策略，該等策略是國家發展規劃的落實方案。其中包括 2017 年至 2021 年間泰國具體的發展計畫和專案以及相應的目標和具體指標。十大國家發展策略包括：一、建設和發展人力資本；二、建立公平社會，減少不平等現象；三、建立穩定的經濟和永續的競爭力；四、實現對環境友好的永續發展；五、維護國家穩定，以實現和平與永續發展；六、政府內部管理、預防貪污腐敗以及泰國社會的善治；七、發展基礎設施和物流系統；八、發展科學、科技、研究和創新；九、推動地區、城市和經濟特區的發展；十、推動國際合作的發展。

　　國家發展規劃同時也制定了泰國未來 5 年的具體發展目標，重點內容包括：1.國家發展規劃結束後年平均經濟增長不低於 5%，截至 2021 年國民人平均年收入達到 8,200 美元，國家債務不超過國內生產總值的 55%；2.政府投資每年增長不低於 10%，民間投資每年再增加不低於 9.5%，邊境經濟特區投資增加 20%，年平均出口增長不低於 4.0%；3.國家中期通貨膨脹率在百分之 2.5±1.5 之間，吉尼係數收入部分降低至 0.41，最貧困人口的 40% 每年收入增加 15%；4.旅遊收入不低於 3 萬億泰銖，電子支付使用次數達 2,000 次/年/人；5.灌溉農田達到 350,000 萊，[26]全國森林覆蓋率不少於 40%；6.消除社會不公平現象，民眾平等獲得政府服務；7.幼兒成長合格率達到 85%，80%兒童情商達到標準，基

---

[26] 「萊」，泰國計量單位，1 萊相當於 2.4 畝。

礎教育覆蓋率達到 90%，職業教育人數每年增加 30%，獲得職業教育資格證人數增加；8.道路交通事故死亡人數降低至十萬分之十八以下。

陸、泰國第十二份國家發展規劃的機會與願景

現階段，根據泰國二十年國家戰略和第十二份國家發展規劃的發展目標，泰國政府重點提出「泰國 4.0」經濟戰略和東部經濟走廊計畫。「泰國 4.0」戰略的主要指導思想是透過高新技術和創新技術應用，推動泰國產業轉型升級，跨越中等收入陷阱，增強泰國國家競爭力。東部經濟走廊計畫是利用泰國東部沿海地區優勢的工業基礎設施和產業鏈，打造一個全新的高新產業集群工業經濟區，從而推動科技進步和創新實現國家發展的目標。

帕拉育政府提出「泰國 4.0」戰略，主要包含 3 方面因素：首先，繼續未完成的工業化進程。20 世紀末，泰國工業高速發展，工業帶動經濟空前的增長，泰國也一躍成為「亞洲五小虎」之一。但 1997 年爆發的亞洲金融危機對泰國工業造成嚴重的打擊，泰國也從耀眼的亞洲新興輕工業國家倒退回傳統農業國。此後將近 20 年時間裡，泰國經濟雖然依靠旅遊業發展逐步走出亞洲金融危機的影響，但工業發展遲緩，泰國始終沒有邁入工業國家的門檻。

其次，產業轉型升級。泰國在 1995 年步入中等收入國家行列後，由於工業化進程被打斷和缺乏科技研發能力，泰國傳統優勢產業優勢逐漸縮小。近年來，緬甸、柬埔寨、越南、寮國等東南亞國家逐漸開放，低廉的勞動力成本、相對容易的投資環境和優惠的貿易稅率吸引大量投資資本進入，但泰國因為政治和社會動

溫，始終無法進行產業機構調整和升級，導致國家陷入「中等收入陷阱」。

最後，全球化和世界主流發展思想的影響。近年來世界製造業大國相繼提出本國的工業發展戰略，包括「德國工業 4.0」、「中國製造 2025」、「印度製造 2025」等，工業資訊化、智慧化升級已經成為主流發展思想，泰國因此加以借鑒並結合本國發展經驗，最終提出「泰國 4.0」戰略。

根據泰國發展戰略，「泰國 1.0」是農業時期，「泰國 2.0」是輕工業時期，「泰國 3.0」是重工業時期，而如今的「泰國 4.0」則是創新時期。「泰國 4.0」是指透過科技創新和人力資本，發展包括新一代汽車製造業、智慧電子產業、生物科技和農業高端產業鏈、高端旅遊和醫療旅遊業、食品深加工業等傳統優勢產業以及自動化和機器人、航空和物流、生物化工和生物能源產業、數位化產業、醫藥中心等未來產業。

「泰國 4.0」戰略確定後，泰國政府提出建設東部經濟走廊以建立高新產業超級集群工業經濟區，作為「泰國 4.0」戰略的支撐與保障。2016 年 10 月 4 日，《東部經濟特區法》（Eastern Special Development Zone Act B.E. 2561 (2018)）[27]正式獲准通過。2017 年 1 月 17 日，泰國總理帕拉育動用《泰國 2014 年臨時憲法》賦予國家維和委員會主席的特權，批准東部經濟走廊發展規劃。[28]東

---

[27] 參閱《東部經濟特區法》，泰國政府內閣，2015 年 10 月 4 日。
<https://www.eeco.or.th/sites/default/files/EEC%20Act%20English%20Ver%28unofficial%29.pdf>.
[28] 參閱《國家維持和平秩序委員會 2017 年第 2 號主席令：發展東部經濟特區》，泰國國家維持和平秩序委員會，2016 年 1 月 17 日。

部經濟走廊由泰國傳統的工業產業鏈基地春武里府、羅勇府和北柳府組成。

東部經濟走廊區域的劃定共包括 3 方面原因：1. 地理位置優勢，位於泰國重要的工業區內，包括汽車產業鏈基地和石油化工產業基地；2. 發展程度優勢，東部三府在 2014 年 GDP 約 1.9 萬億泰銖，其中工業總產值占 1.2 兆泰銖，工業化程度和產值較高；以及 3. 基礎設施優勢，擁有蘭查邦（Laem Chabang）和馬達普港口以及完整的鐵路、公路運輸網路，同時擁有前期規劃的大型工業園區、電站和水庫。

表 1：東部經濟走廊 2017 年至 2021 年項目及預算

項目類型	項目數量	項目預算（百萬泰銖）
發展優勢產業項目	11	24042.48
物流及交通基礎設施項目	100	594807.15
新城規劃及基礎設施建設項目	60	99663.90
東部經濟走廊管理項目	2	131.70
總計	173	712645.23

資料來源：泰國國家經濟與社會發展委員會辦公室。

泰國總理、投資促進委員會主席帕拉育於 2017 年 3 月 16 日簽發《投資促進委員會 2017 年第 4 號公告：東部經濟走廊投資促進標準》，為東部經濟走廊的招商引資奠定基礎。根據投資促進委員會公告，在 2017 年 12 月 29 日前提交的申請，企業法人不僅將享受一般性的投資促進優惠政策，而且在 8 年減免到期後的 5 年

內再減免投資者 50%的一般性法人稅。[29]

表 2：東部經濟走廊投資促進行業政策

投資促進行業	投資優惠政策
農業及農產品加工	一、8 年內減免法人所得稅 二、8 年減免到期後，此後 5 年 　　時間減免 50%的法人所得 　　稅 三、投資者必須在 2017 年 12 月 　　29 日前提交申請
礦業、陶瓷及基礎金屬工業	
輕工業	
金屬製品、機械設備和運輸設備製造	
電子與機械設備	
化工產品、化工和造紙	
服務業和公共事業	

資料來源：《投資促進委員會 2017 年第 4 號公告：東部經濟走廊投資促進標準》

柒、結語：軍人執政帶領國家發展？

　　泰國第十二份國家規劃是泰國國家發展的目標和方針，是泰國政府和政策的架構和指引，同時也是泰國社會發展的方向。

　　就發展思想而言，第十二份國家規劃吸取了前幾份國家發展規劃過分重視西方思想、過分重視經濟增長的經驗教訓，認清經濟增長無法根本解決社會問題，無法推動國家永續發展的現實。第十二份國家規劃延續第九份國家發展規劃以來「適足經濟」、「以人為本」的發展理念，平衡經濟增長與社會問題，並重視消除社會矛盾。同時，第十二份國家規劃引入二十年國家規劃中「穩定、

---

[29] 《投資促進委員會 2017 年第 4 號公告：東部經濟走廊地區投資促進標準》，泰國投資促進委員會，2017 年。

安定和永續發展」的目標，推動科技進步、人口素質提升和環境資源保護。

　　就泰國政治而言，第十二份國家規劃同時也是帕拉育軍人政府執政下的產物，是《泰王國 2017 年憲法》意志的延伸和二十年國家戰略的中期實踐規劃。軍人集團利用《憲法》將國家戰略、國家發展規劃與政府進行捆綁，要求政府政策和政府項目必須符合國家戰略、國家發展規劃設定的架構，從而達到長期控制民選政府和政黨的目的。此與《憲法》稀釋下議院權力、壓縮政黨生存空間，從而控制國會和政府的思想相吻合。

　　就經濟發展而言，第十二份國家發展規劃的發展策略提出具體的重點發展項目和計畫並明確發展指標，為泰國經濟發展設定目標。同時，作為二十年國家戰略的首份中期發展實踐規劃，第十二份國家發展規劃與二十年國家戰略的相互配合，將有助於泰國梳理國家發展重點，合理化配置資源，以達到最佳的發展效果。第十二份國家發展規劃與政府政策的捆綁似有助於泰國政府政策透明化，有助於提升國際投資者的信心。

　　就社會發展而言，第十二份國家發展規劃在一定程度上縮小了貧富差距，緩和了階級矛盾，有助於提高國民素質和生活品質，但忽視了泰國城鄉二元經濟結構、區域發展失衡和宗教危機等問題，可能使泰國出現新的社會矛盾。2016 年，在頌德帕摩訶穆尼翁（Amborn Prasatthapong）正式冊封為泰國第 20 任僧王以後，[30]「代理僧王任命事件」和「法身寺（Phra Dhammakaya Temple）

---

[30] 參閱〈御批任命第二十位「僧王」〉，（泰國）《泰叻報》2017 年 2 月 9 日。<http://www.chinanews.com/gj/2017/02-08/8143559.shtml>.

事件」所引發的泰國宗教危機雖暫告一段落,但法宗派和大宗派、挺法身寺派和倒法身寺派的矛盾依然存在並不斷被激化,宗教矛盾成為泰國繼宗教矛盾後社會安定所面臨的最大挑戰。

第十二份國家發展規劃從 2017 年開始到 2021 年結束,這 5 年時間也剛好是泰國憲法過渡時期。泰國終於在 2019 年迎來 2014 年軍事政變後的首次大選,為泰黨(Pheu Thai Party, PTP)在大選中獲得 136 席、公民力量黨(Palang Pracharath Party)115 席、未來前進黨(Future Forward Party)80 席、民主黨(Democrat Party)52 席、泰自豪黨(Bhumjaithai Party)51 席。同時,泰國根據新憲法迎來前所未有的改革,第十二份國家發展規劃在這場變革裡的影響力還有待觀察。

泰國 2017 年憲法的頒佈確立了國家發展規劃在泰國國家發展中的地位,同時通過二十年國家戰略、國家發展規劃和政府政策的搭配,組合形成泰國國家發展的藍圖。泰國國家發展規劃未來也將作為泰國國家發展的指導和目標,逐步推動泰國經濟和社會平衡、永續發展,打造屬於泰國的發展模式。

參考文獻

一、中文

〈御批任命第二十位「僧王」〉，（泰國）《泰叻報》2017 年 2 月 9
　　日。http://www.chinanews.com/gj/2017/02-08/8143559.shtml.

《投資促進委員會 2017 年第 4 號公告：東部經濟走廊地區投資促
　　進標準》，泰國投資促進委員會，2017 年。

《東部經濟特區法》，泰國政府內閣，2015 年 10 月 4 日。
　　<https://www.eeco.or.th/sites/default/files/EEC%20Act%20Engli
　　sh%20Ver%28unofficial%29.pdf>.

《泰國工業 4.0 二十年戰略（2017~2036 年）》，泰國工業部，2016
　　年 10 月。

《國家維持和平秩序委員會 2017 年第 2 號主席令：發展東部經濟
　　特區》，泰國國家維持和平秩序委員會，2016 年 1 月 17 日。

《第十二份國家經濟與社會發展規劃（2017~2021 年）》，泰國國
　　家經濟與社會發展委員會辦公室，2016 年 12 月 14 日。

E.B.阿耶爾（泰國）著，張乃堅譯，《泰國六年國民經濟發展計畫》，
　　《東南亞研究資料》1962 年 8 月 29 日。

孔建勳，〈泰國第八個經濟與社會發展計畫〉，《東南亞》，1997 年
　　第 1 期。

李國棟、李仁良、劉琪、陳松松、常翔，《泰國政治體制與政治現
　　狀》，蘇州：蘇州大學出版社，2016 年版。

常翔、李仁良，〈泰國國王「適度經濟」哲理對世人的啟示〉，《曼

谷國際時報》，2016 年 9 月第 1 期。

溫習·安威塔亞蓬，《經濟發展中的外交關係：相互依靠還是依賴——
第一份國家發展規劃（1961~1966 年）案例分析》，曼谷：泰
國法政大學，1987 年版。（泰國）

二、英文

"70 Years in Thailand: From Traditional Development to Innovative
    Knowledge Partners," The World Bank, May 7, 2019. <
    https://www.worldbank.org/en/news/feature/2019/05/07/70-years-
    in-thailand-from-traditional-development-to-innovative-knowledg
    e-partners>.

A/RES/2626(XXV): International Development Strategy for the
    Second United Nations Development Decade.

Adulyadej, Bhumibol, The Fifth National Economic and Social
    Development Plan (B.E. 2525-2529).
    <https://www.nesdb.go.th/nesdb_en/ewt_w3c/ewt_dl_link.php?fil
    ename=develop_issue&nid=3780>.

Chamarik, Saneh and Susantha Goonatilake, Technological
    independence - The Asian experience, Hong Kong: The United
    Nations University, 1994.

Constitution of the Kingdom of Thailand, 2017.
    <https://www.constituteproject.org/constitution/Thailand_2017.pd
    f?lang=en>.

Ellsworth, Paul T., et al., A Public Development Program for Thailand;

report of a mission organized by the International Bank for Reconstruction and Development (The Work Bank) at the request of the Government of Thailand, Baltimore, MD: John Hopikins University Press, 1959). <http://documents.worldbank.org/curated/en/3389514687776153 92/pdf/9990-Repl-PUBLIC.pdf>.

Hawkins, Kirk and Joel Selway, "Thaksin the Populist?" *Chinese Political Science Review*, Vol.2, No. 3 (September 2017), pp.372-394.

Jitsuchon, Somchai, Aspirations and challenges for economic and social development in Thailand towards 2030. A country paper for the project ASEAN 2030: Growing Together for Shared Prosperity, supported by ADBI. Manuscript, 2011.

Jitsuchon, Somchai, How can Thailand escape the populist policy trap? A short article to be presented at Sasin Bangkok Forum, "Asia in Transition," July 2012.

Jitsuchon, Somchai, Jiraporn Plangprapan, Yos Vajagupta, and Nuntaporn Methakunavut, Social Investment under the Changing Social Conditions and Adjustment toward Knowledgebased Society. A research paper supported by the Office of the National Economic and Social Development Board. December 2009 (in Thai).

Jitsuchon, Somchai, Nonarit Bisonyabut, and Nuntaporn Methakunavut, Financing Research and Development in Thailand. Research report submitted to the Knowledge Network Institute of

Thailand, September 2011 (in Thai).

Jitsuchon, Somchai, Nonarit Bisonyabut, Nuntaporn Methakunavut, and Yos Vajragupta, Public policy to escape middle-income-trap: a study of growth factors. Manuscript. 2012 (in Thai).

Mieno, Fumiharu, The Eastern Seaboard Development Plan and Industrial Cluster in Thailand: A Quantitative Overview, in Machiko Nissanke and Yasutami Shimomura, eds., Aid as Handmaiden for the Development of Institutions: A New Comparative Perspective (Basingstoke, United Kingdom: Palgrave Macmillan, 2013), pp.81-105.

National Economic and Social Development Board, Office of Prime Minister, The Sixth National Economic and Social Development Plan (1987-1991).
<https://www.nesdb.go.th/nesdb_en/ewt_w3c/ewt_dl_link.php?fil ename=develop_issue&nid=3781>.

National Economic and Social Development Board, Office of Prime Minister, The Ninth National Economic and Social Development Plan (2002-2006).
<https://www.nesdb.go.th/nesdb_en/ewt_w3c/ewt_dl_link.php?fil ename=develop_issue&nid=3784>.

National Economic and Social Development Council, (Draft) 20-year National Strategy (2017-2036) [Thai], 2017.
<https://planipolis.iiep.unesco.org/sites/planipolis/files/ressources/t hailand_20_years_national_strategy.pdf>.

Office of National Economic and Social Development Board, Office of

Prime Minister, The Sixth National Economic and Social
Development Plan (2017-2021).
<http://www.nesdb.go.th/nesdb_en/ewt_w3c/ewt_dl_link.php?file
name=develop_issue&nid=4345>.
Thailand's Constitution of 2014.
<https://www.constituteproject.org/constitution/Thailand_2014.pd
f?lang=en>.
Vaizey, John, The Economics of Education (New York: Macmillan,
1962).

「一帶一路」是否「泰」難？

梁銘華

高雄市立空中大學兼任助理教授
大陸閩南師範大學法學與公共管理學院博士教師

【摘要】

　　儘管中國政府積極地認為「一帶一路」倡議是中國統籌國內經濟發展與深化對外開放的重要戰略。特別是東協國家更是中國周邊外交的優先發展區域，也是「一帶一路」涵蓋的重要區域之一。而泰國地處「一帶一路」交匯點，在陸上是中國經中南半島進入印度洋的「絲綢之路經濟帶」的交通要道；在海上是中國經南海進入印度洋的「21 世紀海上絲綢之路」的重要節點，具有連通「一帶」與「一路」的重要地緣價值。

　　近期，中國推動「一帶一路」，將在中南半島鋪設直通鐵路，計畫將經過寮國、泰國和馬來西亞，未來昆明可直通新加坡。泰中鐵路計畫在 2014 年 11 月獲得內閣會議通過，同年 12 月獲得國民立法議會通過合作備忘錄。而這項計畫，泰國的反對黨卻不支持，批評政府會走上「中國模式」帶來民主化的倒退；而另一反

對黨則是從經濟利益的角度考慮，反對現在的軍政府傾中，與中國合作進行的一些大型投資項目。

2016 年泰國政府出了「泰國 4.0」戰略，將包含北柳府、羅勇府、春武里府的「東部經濟走廊」作為泰國最大的工業、製造業聚集地，其目標是想在 2036 年將泰國從中等收入國轉進成一個以高科技、高附價值與高創造力為主的已開發國家。從這角度來看，前述的中國投資理應是泰國政府與人民所樂見，為何泰國民間社會和輿論界卻出現了一股厭中情緒，且有愈演愈烈的趨勢。

本文擬從國際關係觀點出發，探討中國「一帶一路」倡議在泰國是否如中國所說：中泰互利共贏，共同發展，還是對接「一帶一路」後，中國和泰國都要面臨許多挑戰。特別是泰國真的能如願利用「一帶一路」倡議強化它自身「東部經濟走廊」（EEC）的建設作為嗎？

關鍵字：一帶一路、泰國 4.0、東部經濟走廊（EEC）

壹、緒論

中國向東南亞國家推銷「一帶一路」倡議（The Belt and Road Initiative），所謂「一帶一路」是指「絲綢之路經濟帶」（Silk Road Economic Belt）和「二十一世紀海上絲綢之路」（21st-Century Maritime Silk Road），在「一帶一路」倡議下，中國向泰國、馬來西亞、柬埔寨等國提供資金援助，在當地建造機場、高速公路等基礎建設。現在的泰國外資勢力與以前有很大的不同，過去 30 年泰國沒有吸引外商直接投資（FDI）好的策略，因此錯失技術當地語系化的機會。現在，泰國在世界經濟論壇（WEF）2018 年全球競爭力指數排名中，輸給第 2 名新加坡、第 13 名臺灣、第 25 名馬來西亞、第 28 名中國，泰國排名在 140 個受評比國家及地區中第 38 名，雖成績算排名在中上，但近年來卻逐漸受到國際投資的關注。

泰國自 1932 年以來，發生過 19 次軍事政變，政府頻繁變動導致重大基礎設施項目遭到推遲和取消，投資政策不穩定也是外資擔憂之處。現在正進行中的「東部經濟走廊」（Eastern. Economic Corridor, EEC）為「泰國 4.0」發展計畫下的旗艦項目，在中國「一帶一路」倡議下，對泰國的投資越來越多，泰國也希望讓「東部經濟走廊」對接中國「一帶一路」商機，將 EEC 生產的產品與中國南方區域共用市場，且能夠與柬埔寨、寮國、緬甸和越南的經濟特區聯合起來，共創區域的經濟榮景。而中國「一帶一路」倡議能否真的順利的在泰國實踐？泰國是否真的有能力負擔「一帶一路」的基礎建設資金？國際間對「一帶一路」的推動又是抱著什麼態度？這些因素都會影響泰國依賴「一帶一路」推動基礎建

設成功與否的關鍵。

貳、「一帶一路」在泰國的實踐

泰國地處中南半島中心位置，既是「絲綢之路經濟帶」的重要地區，也是「海上絲綢之路」的必經之地，成為共建「一帶一路」的重要夥伴。而中國積極將「一帶一路」倡議與泰國「東部經濟走廊」實現發展戰略的對接，為中泰務實合作增添新的動力。

此外，泰國政府提出「泰國4.0」經濟戰略，透過創新和技術手段發展高附加值產業，促進泰國產業轉型升級和新經濟模式發展，增強國家競爭力。2017年中泰簽署《共同推進「一帶一路」合作諒解備忘錄》和未來5年《戰略性合作共同行動計畫》，中泰雙方在「一帶一路」倡議和「泰國4.0」戰略基礎上，將基礎設施、產業集群、電子資訊通信技術、數位經濟、科技和能源列為未來雙方經貿合作的五大重點領域。

一、泰國4.0的旗艦項目——東部經濟走廊

依泰國規劃，將在5年內為「東部經濟走廊」投入1.5兆泰銖，「東部經濟走廊」的基礎設施項目包括：曼谷至羅勇府(Rayong)的高速鐵路、烏塔堡(U-Tapao)國際機場擴建和蘭查邦港(Laem Chabang)深水港擴建等。而「東部經濟走廊」處於非常優良的戰略位置，不僅與柬、寮、緬和越等四國相鄰，輻射整個東協，還能連接中國、日本、韓國和印度，甚至美國、大洋洲等更遠的市場。而平衡經濟發展模式、發展高附加值經濟、加強基礎設施建設、建設「東部經濟走廊」產業新城等都是泰國政府的政策著力

點，泰國將「一帶一路」倡議和「東部經濟走廊」鐵路與中泰鐵路合作專案對接，讓「東部經濟走廊」成為本地區的物流中心。（如圖 1 所示）

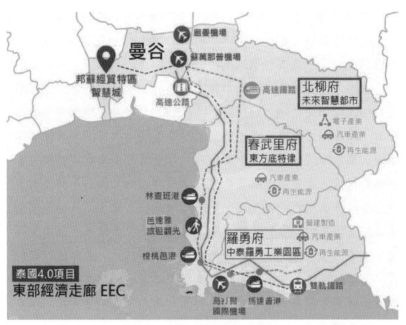

圖 1：泰國東部經濟走廊

資料來源：網路照片。https://rogerchiu510.pixnet.net/blog/category/3420396

泰國國會於 2018 年 2 月立法通過 450 億美元的「東部經濟走廊」計畫，欲將曼谷東部三府北柳府(Chachoengsao)、春武里府(Chonburi)和羅勇府(Rayong)）打造成貿易與產業群聚重鎮，透過許多外資優惠措施，以振興泰國經濟，例如允許投資者得租用土地高達 99 年、針對外國專業人員放寬簽證措施、要求行政部門協

助快速審核並通過投資案等便捷化措施。根據泰國投資局統計，東部經濟走廊於 2017 年共吸引 93 億美元的外資。

二、中泰鐵路

2017 年 12 月 21 日，中泰鐵路合作項目一期工程開工。一期工程將連接泰國首都曼谷與呵叻府（Khorat），全長 253 公里，由中國負責設計、施工和監造。待全線貫通後，未來民眾將可從雲南昆明搭火車直達曼谷。而二期工程則將把這條鐵路延伸至與寮國首都永珍一河之隔的廊開府（Nong Khai），並實現與中寮鐵路磨丁（Boten）（位於寮國，與雲南西雙版納傣族自治州磨憨口岸接壤）至永珍段的連接。中泰鐵路曼谷至廊開全線建成並與中寮鐵路對接後，從曼谷到永珍的旅行時間將縮短至四個小時左右，進一步提升泰國在中南半島的交通樞紐地位。換言之，從昆明出發，若干條正在規畫和建設中的鐵路經越南、柬埔寨、緬甸、泰國、馬來西亞，形成東、中、西三大國際鐵路線，最終抵達新加坡。這些鐵路線將中國與整個東南亞國家緊密聯繫在一起，其最終目的將為中國和中南半島乃至整個東南亞，實現更大範圍和更便捷的互聯互通。（如圖 2 所示）

圖 2：中泰鐵路路線圖

資料來源：網路照片。https://www.hk01.com/中國/60773/中泰鐵路明年初開建三
年內完工-首段線路竟只建 3-5 公里

三、中國搭「東部經濟走廊」計畫便車

　　泰國軍政府推動「東部經濟走廊」，不僅將加速此地區的開發，為當地發展注入新動能，也可能是為了拉攏民心與企業，以因應於 2019 年 3 月 24 日的國會大選，泰國政局長年在紅派與黃派中擺盪，政局相對不穩定。紅派多為泰國北部與東北部地區的農民或工人階級，黃派則多為泰國中部與南部以及都會區的中產階級菁英。東部經濟走廊鄰近曼谷都會區，在 2011 年大選中，除羅勇府為黃派占上風外，其餘春武裡府與北柳府均由紅黃以外的第三勢力所獲得。因此，軍政府很可能欲透過「東部經濟走廊」來鞏固羅勇府的票倉，並拉攏另兩府的選票。

表 1：泰國「東部經濟走廊」15 大重點專案

項目類型	項目名稱
交通網絡改造建設	烏塔堡國際機場和維護項目、棱桃邑商業海港專案、林查班港口三期工程項目、瑪塔蒲三期工程項目、高速鐵路東部沿線項目、雙軌鐵路項目、城鄉公路和高速公路。
工業園區發展	下一代汽車（電動汽車/無人駕駛汽車）專案、航空業、機器人和智慧電子專案、領先石油化學和生物經濟專案。
城市建設	醫療中心項目、旅遊業、全球商業中心/自由經濟區項目、新城市和包容發展項目、公共基礎設施項目。

資料來源：鄭憩、郭建民，2018，〈泰國 4.0 戰略對接"一帶一路"〉，《中國產經》，6 期：頁 50。

近年泰國與中國關係熱絡,泰國政府近日表示欲將「東部經濟走廊」整合至中國的「一帶一路」計畫,中泰雙方一致同意在「一帶一路」與「泰國 4.0」的基礎上,將基礎建設、產業群聚、資通訊科技、數位經濟、科技與能源列為未來五年雙方合作的五大重點領域,兩國在發展戰略與政策理念上全面對接。在基礎設施建設領域,泰國正在加快建設的軌道交通、港口和機場等專案,例如計畫 5 年內在「東部經濟走廊」興建 15 個重大專案(如表 1),主要包括水、陸、空三維交通網絡改造建設、工業園區及城市建設等。[1]

四、紓解中國產能過剩和彌補泰國產業發展不足

中國「一帶一路」還有一個目的,就是讓中國企業「走出去」戰略,曼谷東南方的羅勇府是泰國重要的工業基地,處於「東部經濟走廊」的核心區域,位於羅勇府的「泰中羅勇工業園」是中國首批境外經濟貿易合作區之一,也是第一家在泰國開發建設的中國境外工業園區,目前園區已經吸引了 100 多家中國企業前來投資,投資總額超過 25 億美元,累計銷售額超過 80 億美元。在總體規劃面積 12 平方公里,已開發 4 平方公里的羅勇工業園區裡,已經有汽車零件、摩托車、新能源新材料、電子機械以及其他中國傳統優勢產業企業進駐,中國技術、材料企業入駐園區,在很多領域彌補了泰國產業發展的不足。

---

[1] 鄭憩、郭建民,2018,〈泰國 4.0 戰略對接"一帶一路"〉,《中國產經》,6期,頁 50。

五、中泰簽署合作備忘錄

中國國務委員王勇率中國官方代表團及 504 名企業家，於 2018 年 8 月訪泰期間與泰簽署 17 份官方與民間合作備忘錄，中方企業及投資商將在泰尋求多方的合作，以推動中國製造 2025 政策與泰國五大集群產業的合作對接，特別是在三方面的合作，即（1）農產品加工、生物科技、健康醫療、電動汽車與機器人、航空產業；（2）在人力與科技發展方面尋求與「泰國 4.0」戰略實現互聯互通；以及（3）在基礎設施方面實現中國「一帶一路」倡議與東部經濟走廊開發項目無縫銜接。

另外，2016 年中國的「阿里巴巴」集團與泰國簽訂合作意向書，就泰國創業者拓展新市場機遇及推動數位化創新開展多項合作，2018 年 4 月，「阿里巴巴」集團及泰國政府再次宣佈開展戰略合作，推動泰國數位經濟轉型，以及發展「泰國 4.0」政策下的「東部經濟走廊」。透過這次合作，泰國政府各部門將與「阿里巴巴」的業務部門於電子商務、數位化物流、旅遊及人才培訓等方面緊密合作。將泰國中小企和「一鄉一品」(One Tambon, One Product，OTOP)產品、農產品，與中國及全球市場連接起來，天貓平臺協助泰國的農產品在中國上架銷售。

六、中國是第一大貿易夥伴和第三大投資國

2017 年泰國與中國雙邊貨物進出口額為 741.4 億美元，其中，泰國對中國出口 294.1 億美元，占泰國出口總額的 12.5%；自中國進口 447.3 億美元，占泰國進口總額的 19.9%。泰方貿易逆差 153.3 億美元，2018 年 1~7 月，泰國與中國雙邊貨物進出口額為 456.3 億美元，其中，泰國對中國出口 171.4 億美元，占泰國

出口總額的 11.9%；自中國進口 284.9 億美元，占泰國進口總額的 19.8%。泰方貿易逆差達 113.5 億美元。

以雙邊貿易來看，中國為泰國第一大出口市場和第一大進口來源地，是泰國的第一大貿易夥伴，但若以對泰國投資來看，中國是僅次於日本和新加坡的泰國第三大投資國，2017 年中國在泰國的總投資額為 275 億泰銖，約 8.38 億美元。

參、「一帶一路」倡議真的順遂嗎？

泰國前外長卡席特(Kasit Piromya)接受臺灣自由時報專訪時表示，「中國向泰國、馬來西亞、柬埔寨等國提供資金援助，在當地建造機場、高速公路等基礎建設，多半不利於當地人民，僅是為了讓中國公司能到當地投資，且會對後代帶來負債」。他表示，中國在泰國建造「不知道要通往哪裡的高速公路」，不僅花費高昂、泰國也不需要。他並提到，中國也將觀光客當經濟武器，只要有國家做了不利中國的事，就藉故降低中國觀光客人數加以報復。

一、造成許多國家債務陷阱

其實，許多國家都暫停或取消和中國合作的「一帶一路」倡議。馬來西亞總理馬哈迪（Mahathir Mohamad）在 2018 年 8 月結束五天的中國訪問行程後，宣佈並正式與北京當局達成協議，確認無限期凍結兩國合作開發、總價超過 230 億美金的「東海岸鐵路計畫」（ECRL）與沙巴天然氣管線開發案。馬哈迪在中國記者面前正式宣佈，是為了止血國債與投資無底洞。另一個國家，西

非國家獅子山（原獅子山共和國）2018 年 10 月也宣佈，取消一項由中國資助的 3.18 億美元新機場建築計劃，該國總統比奧(Jabbe-Bio)表示：「新的機場是前任政府計劃的，不僅不必要，而且所要付出的代價對獅子山人民來說並不公平」。另外，斯里蘭卡也因無力償還中國 14 億美元的基礎建設貸款，而在 2017 年將位於世界最繁忙航道之一的漢班托達港(Hambantota)租給中國 99 年，漢港管理權的移轉，是中國藉貸款與援助以便在全球獲取影響力的典型案例之一。因此，「一帶一路」的全球投資與貸款計畫，等於是全球弱國的「債務陷阱外交」（Debt-Trap Diplomacy）。

　　美國智庫全球發展中心（Center for Global Development）於 2018 年 3 月發布一份名為《從政策角度考察「一帶一路」的債務影響》(*Examining the Debt Implications of the Belt and Road Initiative from a Policy Perspective*)[2]的報告指出，中國「一帶一路」的貸款將顯著增加，包括巴基斯坦（Pakistan）、蒙特內哥羅（Montenegro）、吉布地共和國（Republic of Djibouti）在內的 8 個國家的債務危機風險。報告指出，巴基斯坦是「目前面臨高危險的最大國家」，中國向巴基斯坦提供大約 500 億美元建設基礎設施和能源項目，該報告還稱，截至 2016 年底，非洲的吉布地有 82% 的國家外債債主是中國。另外，根據「一帶一路」項目在吉爾吉斯共和國（Kyrgyz Republic）建設的輸油管道項目估算，中國擁有的吉爾吉斯債務份額可能從 2016 年底的 37% 在未來幾年攀升到 71%。報告也指出寮國、馬爾代夫、蒙古和塔吉克（Tajikistan）也面臨相似風險。

---

[2] Full text at https://www.cgdev.org/sites/default/files/examining-debt-implications-belt-and-road-initiative-policy-perspective.pdf. (accessed on 2018/12/9).

二、泰國在野黨不支持

泰國商業大亨塔納通(Thanathorn Juangroongruangkit)於2018年3月成立一個新的政黨──「未來前進黨」(Future Forward Party)。塔納通在接受美國之音(VOA)訪問時表示:「軍政府投向了中國。他們認為,為了經濟繁榮,我們不必尊重民主和人權,不必維護言論自由,我們可以像中國那樣行事嗎」。他表示,「如果我們是一個民主社會,我們應該向所有的利益相關者打開大門,無論是國內的還是國際的,只有這樣,我們才能贏得資源,贏得民心」。塔納通在2018年5月舉行的一項民意調查中,他以10.08%的支持率,排在泰國選民期望的下屆總理候選人第4位。[3]另一個,泰國的「自豪泰黨」(Bhumjaithai Party)領袖參威拉恭(Anutin Charnvirakul)則認為,泰國政府應推遲參與任何昂貴的高鐵專案,包括將曼谷的兩個國際機場與芭堤雅(Pattaya)附近的另一個國際機場連接起來的高鐵,以及通向中國的中泰高鐵。他不相信東部經濟走廊計畫能為泰國帶來真正的效益。[4]有趣的是,2019年3月24日投票選舉,結果卻等到5月9日才會正式公布,而根據媒體的相關報導,塔納通率領未來前進黨首次參選,就在全國各地拿下超過600萬票,成為泰國第三大黨,這也顯示,未來中國在參與泰國的「東部經濟走廊」計畫項目時可能或受到

---

[3] 塔納通與同黨的2名黨員,於同(2018)年9月,被泰國政府以違反電腦犯罪法起訴。理由是指控塔納通於6月29日在臉書(FB)散佈軍政府的假消息。他們最高可能被判處5年徒刑,或10萬泰銖(約3,063美元)罰款,或者兩者都罰。恐影響他們可能無法參選國會議員。

[4] 參閱美國之音,〈泰國反對黨批評政府走上"中國模式"〉,https://www.voacantonese.com/a/cantonese-juno-thai-politician-20180906-ry/4560335.html. (參閱日期:2018/12/7)。

的阻礙。

三、中泰鐵路進度大幅落後

2014 年規劃興建中泰鐵路，路線必經呵叻府，曼谷投資客當時嗅到商機集資購地，每人至少準備 1 億泰銖（約新臺幣 9,589 萬元）參與。媒體報導，曼谷臺商表示，4 年來當地土地價格飛漲，百貨公司也於 2016 年底在呵叻市開幕。中泰鐵路計畫在 2014 年獲內閣會議通過後，同年 12 月獲得國家立法議會（國會）通過合作備忘錄。在 2015 年 6 月，泰國當局放棄高速鐵路設計，改為中速，時速設為每小時 160 到 180 公里。2017 年 7 月，內閣批准曼谷至呵叻段的第一期計畫經費預算 52 億美元（約新臺幣 1,600 億元），同年 12 月 21 日在呵叻省舉行 3.5 公里的試驗路段動土典禮。[5]

但據泰國媒體報導，試驗路段的路基工程截至 2018 年 3 月底僅完成 7%。主要原因是在保護主義下，泰國法令對外國人在國內工作有諸多限制，還對專業人士在泰國執業設下高門檻，泰國總理帕拉育（Prayuth Chan-ocha）甚至動用憲法 44 條排除禁令，特許中國工程師可以在泰國執行業務。此外，泰國充滿保護主義的法令與各司其政的政府機關有很大關係，雖鐵路試驗路段不需環境影響評估和拆遷即可徵收，但徵收土地同樣會面臨抗爭，公共部門協調耗時費日，現場會勘常會有新問題出現，總會遇到難以想像的阻力。

---

[5] 參閱 中央通訊社，〈一帶一路泰國卡關 泰中鐵路進度緩〉，
https://www.cna.com.tw/news/aopl/201807150096.aspx.，參閱日期：2018 年 12 月 7 日。

四、中國受到區域大國的競爭

在美國的亞太戰略下,日本和印度也都積極的想與泰國有合作關係,來抗衡中國推動的「一帶一路」戰略,但從中、泰雙邊關係來看,兩國確有長足實質發展。2017 年全年赴泰觀光旅遊外國旅客計有 3,500 萬人次;其中,中國赴泰旅遊人次超過 980 萬人次,所占比例最高。觀光客數量更比 2016 年成長 12%,為泰國帶來超過 5,200 億泰銖的觀光收入。而中國也是泰國第 1 大貿易夥伴和第 2 大投資國,中國因握有為數眾多的國營企業,政府很容易增加在泰國投資,甚至帶動私人投資參與,2018 年 4 月泰國政府與阿里巴巴集團簽署戰略合作協定,在「泰國 4.0」政策下共同推動泰國數位經濟及「東部經濟走廊」發展。遠見雜誌更報導,總理帕拉育告訴馬雲,泰國不僅想與阿里巴巴集團展開業務合作,更希望借助阿里巴巴集團的力量幫助泰國各地區的發展,而馬雲也給予正面回應。[6]因此,阿里巴巴不僅投資商務,更將助泰國地區發展,回顧以往,中國在泰國的投資大幅增加,依據中國《對外直接投資統計公報》顯示[7],在 2006 年中國投資泰國僅 2.33 億美元(存量),到了 2017 年就增加到 53.58 億美元。雖然,中國努力經營與泰國的關係,但嚴峻的挑戰卻來自四面八方。

(一)美國

美國總統川普(Donald Trump)上臺後提出「印太戰略」(Free

---

[6] 參閱 遠見雜誌,〈馬雲會泰國總理巴育 助「泰國 4.0」一臂之力〉,
https://www.gvm.com.tw/article.html?id=43953,參閱日期:2018 年 12 月 7 日。
[7] 參閱 中華人民共和國商務部,對外投資和經濟合作司網站,
http://fec.mofcom.gov.cn/article/tjsj/tjgb/,參閱日期:2018 年 12 月 8 日。

and Open Indo-Pacific Strategy）。這個戰略很明顯是針對中國「一帶一路倡議」的反應，美軍印太司令部在 2018 年 5 月正式掛牌後，象徵美國的重返亞太戰略較歐巴馬（Barack Obama）時代更上一層樓。在美國與泰國部分，2014 年泰國軍事政變後，美國撤回對泰國軍政府的支持，兩國關係急速降溫；川普上臺退出《跨太平洋夥伴協定》（TPP），讓泰國在經濟與戰略上靠向中國。不過，2017 年 10 月，川普和泰總理帕拉育在白宮的會面，提出「希望降低美國對泰國的貿易逆差」，並且在記者會提到，美泰貿易關係越來越重要，泰國是很棒的貿易夥伴，「如果可能的話」我想我們將試著多外銷一些東西到泰國。[8]

另外，2018 年 2 月，由美軍太平洋司令部和泰國聯合軍司令部共同舉辦、共有 29 個國家、多達 1 萬 1,075 名軍人參與的金色眼鏡蛇（Cobra Gold）軍演在泰國東部春武里府梭桃邑（Sattahip）的皇家海軍陸戰隊基地舉行，這是美國在四年前因泰國軍事政變而缺席的亞太地區最大型聯合演習，而這次演習主要是因為朝鮮半島情勢緊張，美國再次和南韓聯手，重回這場東南亞最大規模的軍演，美國也派出多達 6,800 名士兵參加。

此外，美國也在 2017 年發表的《國家安全戰略報告》（National Security Strategy）[9]中特別點出許多東南亞國家，提到「菲律賓與泰國將持續是美國的重要盟友與美國人民的重要市場；越南、印

---

[8] 參閱 中時電子報，〈川普：要縮小美泰貿易赤字〉，https://www.chinatimes. com/realtimenews/20171003003521-260410，參閱日期：2018 年 12 月 7 日。

[9] US White House, "*National Security Strategy of the United States of America*", https://www.whitehouse.gov/wp-content/uploads/2017/12/NSS-Final-12-18-2017-09 05.pdf. p.4 (accessed on 2018/12/7).

尼、馬來西亞與新加坡是美國日漸重要的安全與經濟夥伴」。也很明顯看出，美國將泰國視為正式盟友（Allies）關係；越南、印尼、馬來西亞和新加坡等視為「增強安全和經濟的夥伴關係」（Growing Security and Economic Partners）的不同義涵，可以預期川普政府未來希望加強和這些國家合作。

（二）日本

　　日本是泰國第 1 大投資國。根據泰國投資促進委員會（BOI）的資料，2017 年泰國直接投資（FDI）中，日本投資累積達 1,360.30 億美元；中國第 2 名，投資約 272.82 億美元。[10]依據日本貿易振興機構（ジェトロ，JETRO）泰國辦事處最新統計顯示，2017 年至 2018 年 3 月外人在東部經濟走廊(EEC)投資金額排名依序：日本（974 億泰銖，占 49%）；歐盟（236 億泰銖，占 12%）；新加坡（203 億泰銖，占 11%）；中國（189 億泰銖，占 10%）；美國（占 9%）；臺灣（60 億泰銖，占 3%）。[11]日本雖為投資最大國，但其投資的增長速度卻無法與中國相比。

　　2018 年 10 月，泰國東部經濟走廊辦公室（EECO）與日本貿易振興機構(JETRO)簽署合作意向備忘錄，雙方將合作共同促進日本企業對北柳府、春武里府和羅勇府等 3 個 EEC 省的投資。[12]

---

[10] https://www.boi.go.th/upload/content/20181119FDI_5bf27e8ba8bfe.pdf. (accessed on 2018/12/8).

[11] 轉引自：中華民國駐泰國代表處經濟組資料，《2018 年 10 月泰國經濟動態月報》，https://www.taiwanembassy.org/uploads/sites/89/2018/10/201810%E6%B3%B0%E5%9C%8B%E7%B6%93%E6%BF%9F%E5%8B%95%E6%85%8B%E5%A0%B1%E5%91%8A_MOEA.pdf.，參閱日期：2018 年 12 月 8 日。

[12] EEC 將重點關注 11 個目標產業：汽車、智慧電子、醫療和健康旅遊、農業

日本特定產業如「飛機零組件」和「醫療設備業」都將在 EEC 投資。為實現 EEC 的開發計畫，泰國政府預計未來五年內將斥資 430 億美元（1.5 萬億泰銖）。[13] 截至 2018 年 10 月，EEC 登記註冊的法人中，一半以上為服務業，外資持股的法人單位元占全部法人 37.65%，其中以日本最多，高達 52.07%，新加坡占 8.02%，而中國占 6.56%。[14]

此外，日本與湄公河流域五國（柬埔寨、寮國、緬甸、泰國及越南）也於 2018 年 10 月在東京召開三年一度的「日本與湄公河流域國家高峰會」，2018 年是第 10 次舉行，並簽署「東京戰略 2018」。該文件將彼此定位為「戰略性夥伴關係」，內容除了打造以人為中心的社會、實現綠色湄公河地區等原則，在具體作法上，將進行高品質的基礎設施的修建等。[15] 由於湄公河區域位處印度與中國兩大強權間且濱臨南海重要航道，東京認為該區在地緣政治上舉足輕重。

從日本對泰國的動作頻頻，不難看出日本也想和中國做競爭，特別是，把湄公河流域定位為亞洲巨大新興市場的中心、推進日本政府提出的「高質量基礎設施」建設等，各方還將就強化

和生技、餐飲、工業用機器人、物流與航空、生質燃料和生物化學品、數位、醫療服務及國防；日本公司則傾向著重於汽車、電子、醫療設備、航太和食品業。

[13] 以上資料引自：中華民國駐泰國代表處經濟組資料，〈2018 年 10 月泰國經濟動態月報〉。

[14] 參閱 BKK Property，〈日本領跑 EEC 投資，半數公司有日本投資者身影〉，http://www.thproperty.net/news/eec3757920，參閱日期：2018 年 12 月 8 日。

[15] 參閱 中央通訊社，〈日與湄公河 5 國會議 通過東京戰略 2018〉，https://www.cna.com.tw/news/aopl/201810090108.aspx.，參閱日期：2018 年 12 月 8 日。

在資訊通信技術（ICT）等軟件層面的聯繫展開合作。此舉有意突出日本與中國間的不同，中國在湄公河流域持續提供被指稱廉價但質量不佳的基礎設施援助。

　　最後，值得一提的是日、中兩國政府在第三國推進基礎設施的合作方面開始有所動作。2018 年 10 月 26 日日本首相安倍晉三與中國國務院總理李克強共同出席日中經濟合作論壇，雙方企業及政府機關在 52 項合作計畫交換檔，[16]包括同意設立基金，協助雙方企業跨境投資。感覺安倍對於中國的「一帶一路」倡議顯示出合作姿態，希望加快關係改善的趨勢。

　　根據日本媒體報導，日、中雙方首先將就投資泰國國內推進的高速鐵路項目展開合作。泰國提出了以連接 3 個主要機場（如下頁圖 3 所示）的高速鐵路建設項目為支柱的「東部經濟走廊（EEC）發展計劃」。預計將成為一個投資總額超過 5 兆日元的大項目。[17]中國提倡「一帶一路」的大型經濟圈構想，在鄰近國家進行基礎設施投資可謂首要目標，就日本來說，希望透過推動對第三國有利，並依照國際標準進行相關合作計畫，強化中日兩國在經濟層面的關係。

---

[16] 52 項合作清單請參照：新浪財經網，〈中日 180 億美元第三國合作協定清單來了〉，https://finance.sina.com.cn/stock/usstock/c/2018-10-26/doc-ifxeuwws
8484244.shtml，參閱日期：2018 年 12 月 8 日。

[17] 參閱 日經中文網，〈中日第三國合作首指泰國高鐵〉，
https://zh.cn.nikkei.com/politicsaeconomy/politicsasociety/32091-2018-09-05-05-00-
00.html，參閱日期：2018 年 12 月 8 日。

圖 3：泰國東部經濟走廊高鐵連結三個機場計畫

資料來源：取自 Google Map

（三）印度

印度認為「一帶一路」沿線國家包含巴基斯坦、孟加拉、緬甸等國，中國將之串聯起形成「珍珠鏈」戰略，是想圍堵印度，因而十分不滿，也不願參與「一帶一路」計畫，[18]轉而和日本聯

---

[18] 「一帶一路」中最大的項目之一是中國與巴基斯坦合作的「中巴經濟走廊(China-Pakistan Economic Corridor, CPEC)」。從印度的角度來看，形同中國與印度最大的敵人合作，讓印度對中國的「一帶一路」更加充滿疑慮。印度也缺

手，以為反制，印度政府在 2017 年花了 47 億美元在建設邊境道路。這其中包括從印東北部曼尼普爾邦的莫雷經緬甸的達木，最終到達泰國湄索的高速路。[19]可觀察到的是，中國的「一帶一路」倡議正大力推進南北經濟走廊建設，印度則要建起與其東部鄰邦的陸路連接，在印度莫迪政府「東進」政策引導下，印度投資東北部的公路及鐵路建設成為重點。實際上印緬泰高速公路計畫的前身是 2001 年就開始的「印緬友誼公路」專案，目前新的東向聯通計畫不僅要將高速公路通向泰國，還要進一步連接柬埔寨、寮國和越南，並通過水上交通縮短湄公河流域國家貨物通往印度的時間。

中國在 2017 年 5 月 14 日高調舉辦「一帶一路」國際合作高峰論壇後，印度與日本隨即推出「自由走廊」（Freedom Corridor）倡議，在非洲、伊朗及東南亞投資多項基礎建設。根據印度《經濟時報》（Economic Times）報導，印度與日本正倡議建設從亞太地區到非洲的「自由走廊」，以平衡中國在相關區域的影響力，這些地區被中國納入「一帶一路」計畫中，但部分國家對中國的作法並不滿意。而印、日此舉可被視為抵制中國「一帶一路」。[20]未來在中南半島的地盤爭奪中，日本與印度可能會靠在一起對付中國。

席的 2017 年首屆的「一帶一路國際合作高峰論壇」。

[19] 環球網，〈印度投鉅資將高速公路修到泰國 美媒：北京和新德里競爭進入新階段〉，http://world.huanqiu.com/exclusive/2017-08/11105003.html，參閱日期：2018 年 12 月 8 日。

[20] 轉引自：自由時報，〈印度日本合推「自由走廊」 抵制一帶一路〉，http://news.ltn.com.tw/news/world/breakingnews/2069424，參閱日期：2018 年 12 月 8 日。

肆、結語：泰國是否會陷入一帶一路的債務陷阱？

從前述的分析來看，中國在「一帶一路」戰略是以政策引導產業轉型，將國內過剩的產能和勞工，藉著向外擴張的基礎建設輸出，同時搭配推動「亞洲基礎設施投資銀行」（Asian Infrastructure Investment Bank, AIIB，亞投行）和「絲路基金」（Silk Road Fund, SRF）等措施活絡資金，協助這些國家的基礎建設。特別是 AIIB 和 SRF 更被稱為是推動「亞洲版」的馬歇爾計畫。

策略上具有穩定周邊外交環境、打通對外經濟新通道、統籌國內與國際之市場和資源、打造經濟成長、促進區域均衡發展。配合「走出去」戰略，讓「中國夢」也可透過「一帶一路」建構更大的區域經濟共同體。2013 年 9 月提出的「一帶一路」宏圖，覆蓋逾 65 個國家和地區共計 63%的世界人口，經濟總額達全球生產總值的 29%。近四年多以來，愈來愈多的項目從規劃進入落實期，而基礎建設發展以外的機遇也逐步浮現，例如「互聯網」就是「一帶一路」倡議的基礎。

此外，為何中國在全世界積極推動軌道建設（鐵路和高鐵）技術？全球約 60%已建成的高速鐵路都在中國境內，若「一帶一路」沿線國家採納中國的高鐵技術作為國家標準，中國高鐵便成為廣泛地區的技術指標。近來印尼同意在全長 142 公里、連接印尼首都和西爪哇萬隆的高鐵項目中採用中國的高鐵技術，意味著中國逐步在推動以他為標準化的規格、標準、技術、設備和工程系統等。

相反的，如前面的分析，「一帶一路」也有令人質疑的地方。**首先**，中國官方智庫國務院發展研究中心副主任王一鳴坦言，「一

帶一路」每年有高達 5,000 億美元（約 15 兆臺幣）的巨額融資缺口。中國財政部副部長余蔚平在 2018 年亞洲開發銀行(ADB)年會致詞時，公開呼籲亞銀應擴大參與「一帶一路」、亞洲基礎設施投資銀行、金磚國家新開發銀行（New Development Bank BRICS, NDB）等。[21]「一帶一路」目標是興建 8 兆美元基礎建設，作為中國連接歐、亞、非和中東的現代新絲路；這些基礎建設專案多由亞投行、國家發銀行（NDB）、中國建設銀行、中國進出口銀行和絲路基金提供融資。而接受中資基礎建設貸款的「一帶一路」國家產生依賴，陷入「債務陷阱」當中，如眾所皆知的斯里蘭卡和巴基斯坦等都向國際貨幣基金(IMF)求援。基於此，中國未來是否有能力繼續負擔「一帶一路」所需的建設費用值得觀察。相對地，對泰國而言，也將更加對債務陷阱問題的重視與警惕。

其次，中國一心想擴大國際政經軍影響力，美國心裡當然不是滋味。除了現在火熱的「美中貿易」戰打的如火如荼外，美國國務卿蓬佩奧（Michael Pompeo）在 2018 年 7 月 30 日宣佈，川普政府倡議「印太經濟願景」（Indo-Pacific Economic Vision），美、中在區域以不同方式交朋友。美國將投入 1.13 億美元聚焦數位經濟、能源及基礎設施三大領域，這是展現美國對區域的承諾。蓬佩奧提到「美國尋求夥伴關係是彰顯互信與互重，美國從未、也絕不會尋求成為印太地區霸權，更反對任何國家這麼做。」[22]儘

[21] 參閱 自由時報，〈中促亞銀出資一帶一路　日諷債務陷阱〉，
http://ec.ltn.com.tw/article/paper/1198509，參閱日期：2018 年 12 月 9 日。。
[22] 參閱 中央通訊社，〈美中搶盟友　印太倡議力拚一帶一路〉，
https://www.cna.com.tw/news/firstnews/201807310024.aspx.，參閱日期：2018 年 12 月 9 日。

管他未點名中國，理論上美國的「印太經濟願景」是針對中國「一帶一路」而來。美國此舉主要是減少美國在亞洲盟友的疑慮，而美泰在安全和經貿投資上的關係發展也會更加強。

第三，根據金融時報旗下研究部門「投資參考」（FT Confidential Research）分析，東南亞國家中，寮國所背負外部債務占國民所得毛額（Gross National Income，GNI）比率高達93.1%，遠遠超出所有開發中國家平均值 26%，其次則是馬來西亞為 69.6%和柬埔寨的 54.4%，越南、印尼、泰國也明顯高於整體平均。[23]而本文分析的泰國，也很能深陷「債務陷阱」中。以文中的中泰鐵路為例，2017 年 12 月動工的 3.5 公里鐵路試驗路段，據泰國交通部發布消息，預計將投入 540 億泰銖來購買中泰鐵路所需的列車、工具、電力系統等，這筆錢是向泰國國內金融機構貸款。直到 2018 年 7 月因資金問題，尚未完成原定半年就要完工的計畫。至於 2021 年是否能全線開通，變數還很大。

第四，雖然在 2017 年「一帶一路國際合作高峰論壇」上，中國與其他 26 個國家共同簽署了《一帶一路融資指導原則》，希望降低各國對「債務陷阱」的疑慮，但可以觀察到，馬來西亞、巴基斯坦、斯里蘭卡、馬爾地夫等這些國家也都是基於《融資指導原則》和中國合作，但這些國家仍不敵債務負擔，而紛紛停止或暫停與中國的合作計畫。因此，泰國面對這一些在「一帶一路」合作上的國家，泰國政府與社會也紛紛思考到自己國內財務狀況能否因應的問題，泰國似乎已經減速跟中國一帶一路的合作發展。

---

[23] 參閱 蘋果日報，〈「一帶一路」畫大餅惹危機　東南亞外債拉警報〉，https://tw.appledaily.com/new/realtime/20180717/1392562/，參閱日期：2018 年 12 月 9 日。

參考文獻

一、中文

鄭憩、郭建民，2018，〈泰國 4.0 戰略對接"一帶一路"〉，《中國產
　　經》，6 期：50-52。

〈泰國反對黨批評政府走上"中國模式"〉，美國之音：
　　https://www.voacantonese.com/a/cantonese-juno-thai-politician-2
　　0180906-ry/4560335.html.，參閱日期：2018 年 12 月 7 日。

〈一帶一路泰國卡關　泰中鐵路進度緩〉，中央通訊社：
　　https://www.cna.com.tw/news/aopl/201807150096.aspx.，參閱日
　　期：2018 年 12 月 9 日。

〈馬雲會泰國總理巴育　助「泰國 4.0」一臂之力〉，遠見雜誌：
　　https://www.gvm.com.tw/article.html?id=43953，參閱日期：2018
　　年 12 月 9 日。

〈對外直接投資統計公報〉，中華人民共和國商務部 對外投資和
　　經濟合作司網站：http://fec.mofcom.gov.cn/article/tjsj/tjgb/.，參
　　閱日期：2018 年 12 月 9 日。

〈《國際經濟》川普：要縮小美泰貿易赤字〉，中時電子報：
　　https://www.chinatimes.com/realtimenews/20171003003521-260
　　410，參閱日期：2018 年 12 月 7 日。。

泰國投資促進委員會(BOI)：
　　https://www.boi.go.th/upload/content/20181119FDI_5bf27e8ba8
　　bfe.pdf.，參閱日期：2018 年 12 月 8 日。。

〈2018 年 10 月泰國經濟動態月報〉，中華民國駐泰國代表處經濟
　　組網站資料：https://www.taiwanembassy.org/ ，參閱日期：2018
　　年 12 月 8 日。。

〈日本領跑 EEC 投資，半數公司有日本投資者身影〉，BKK
　　Property：http://www.thproperty.net/news/eec3757920. ，參閱
　　日期：2018 年 12 月 8 日。

〈日與湄公河 5 國會議　通過東京戰略 2018〉，中央通訊社：
　　https://www.cna.com.tw/news/aopl/201810090108.aspx. ，參閱
　　日期：2018 年 12 月 8 日。

〈中日 180 億美元第三國合作協定清單來了〉，新浪財經網：
　　https://finance.sina.com.cn/stock/usstock/c/2018-10-26/doc-ifxeu
　　wws8484244.shtml. ，參閱日期：2018 年 12 月 8 日。

〈中日第三國合作首指泰國高鐵〉，日經中文網：
　　https://zh.cn.nikkei.com/politicsaeconomy/politicsasociety/32091-
　　2018-09-05-05-00-00.html，參閱日期：2018 年 12 月 8 日。

〈印度投鉅資將高速公路修到泰國　美媒：北京和新德里競爭進入
　　新階段〉，環球網：
　　http://world.huanqiu.com/exclusive/2017-08/11105003.html. ，參
　　閱日期：2018 年 12 月 8 日。

〈印度日本合推「自由走廊」　抵制一帶一路〉，自由時報：
　　http://news.ltn.com.tw/news/world/breakingnews/2069424. ，參
　　閱日期：2018 年 12 月 8 日。

〈中促亞銀出資一帶一路　日諷債務陷阱〉，自由時報：
　　http://ec.ltn.com.tw/article/paper/1198509. ，參閱日期：2018 年
　　12 月 8 日。

〈美中搶盟友　印太倡議力拚一帶一路〉，中央通訊社：
　　https://www.cna.com.tw/news/firstnews/201807310024.aspx. ，
　　參閱日期：2018 年 12 月 9 日。

〈「一帶一路」畫大餅惹危機　東南亞外債拉警報〉，蘋果日報：
　　https://tw.appledaily.com/new/realtime/20180717/1392562/. ，參
　　閱日期：2018 年 12 月 9 日。

二、英文

Center for Global Development, "Examining the Debt Implications of the Belt and Road Initiative from a Policy Perspective," in https://www.cgdev.org/sites/default/files/examining-debt-implications-belt-and-road-initiative-policy-perspective.pdf. (accessed on 2018/12/9).

US White House, "National Security Strategy of the United States of America," in https://www.whitehouse.gov/wp-content/uploads/2017/12/NSS-Final-12-18-2017-0905.pdf. p.46 (accessed on 2018/12/7).

東協建構韌性城市的計畫與泰國經驗

李俊毅

國防安全研究院助理研究員
兼非傳統安全與軍事任務研究所所長

【摘要】

韌性作為東協的重要概念之一,已有相當悠久的歷史,可說是東協認同的一部分。在實踐上,東協多數國家面臨災害的威脅,因此近年來城市韌性(Urban Resilience)的概念受到相當大的重視。韌性意味從災變中能快速復甦,甚至提升調適的能力,是東協的核心價值。表面上看,具備韌性是個正面的價值,意味人或都市能從災害中快速復甦。然而,越是強調韌性的建構,國家在治理上就越不能僅憑「由上而下」的方式治理,也需要思考以「由下而上」的治理方式。換言之,韌性的建構也隱含責任的遞延或轉移,也會衝擊到既有的「國家—社會」關係。本文將爬梳此一概念的發展,並討論與評估城市韌性在東協與泰國的推動現況,可以提供城市復甦發展經驗的檢視。

關鍵詞:韌性、新自由主義、東南亞、泰國、自救

壹、前言

本文從韌性（Resilience 或復原力）一詞的概念與實踐，探討東南亞國家與泰國在因應氣候變遷等非傳統安全議題上，其「國家－社會」關係面臨的挑戰。韌性作為東協的重要概念之一，已有相當悠久的歷史，可說是東協認同的一部分。在實踐上，東協多數國家面臨災害的威脅，也因此近年來城市韌性（Urban Resilience）的概念受到相當大的重視。表面上看，具備韌性是個正面的價值，意味人或都市能從災害中快速復甦。然而，越是強調韌性的建構，國家在治理上就越不能僅憑「由上而下」的方式治理，也需要以「由下而上」的治理方式，從事對公民社會、私部門、民間團體、社區、乃至個人的教育、動員與組織。換言之，韌性的建構隱含責任的遞延或轉移，恐衝擊既有的「國家－社會」關係。本文將爬梳此一概念的發展，並討論與評估城市韌性在東協與泰國的推動現況。

貳、韌性在東協脈絡下的意涵

就東協本身的發展脈絡來看，韌性是東協安全政策的一環，並可追溯至 1976 年東協首次高峰會。面臨共產主義顛覆與滲透的威脅，韌性被視為確保國家與區域安全的重要途徑，具體做法則是經濟社會發展與國際合作。[1] 1997~1998 年亞洲金融風暴之後，

---

[1] "The Declaration of ASEAN Concord, Bali, Indonesia," ASEAN, February 24, 1976, http://asean.org/?static_post=declaration-of-asean-concord-indonesia-24-february-197 6.

韌性一詞亦被用以指涉金融體系的健全,並體現於東協在2008~2009 年全球金融危機裡相對穩健的表現。近年來隨著全球氣候變遷對生態、環境與經濟型態的影響日益受到重視,韌性亦涉及減少災難(Disaster Risk Reduction)與綠色成長等概念。

新加坡是 2018 年東協的輪值主席國,致力推動「韌性與創新」的議程。新加坡於 4 月 28 日之東協峰會主導通過〈領袖願景〉(ASEAN Leaders' Vision for A Resilient and Innovative ASEAN)。[2] 由〈領袖願景〉的論述來看,東協承認非傳統與跨國安全挑戰的複雜性。這些議題因為和各國切身相關,且其後果與防治往往具有跨境的特質,較易取得成員國間的共識。[3]〈領袖願景〉列舉恐怖主義與暴力極端主義、氣候變遷、網路安全、流行病與「非法、未報告、不受規範之捕魚行為」(Illegal, Unreported and Unregulated Fishing, IUUF)為主要考量。明確提及韌性者,則計有反恐、保護主義與全球動盪、新興科技、認同、跨國犯罪、海空安全、網路空間、災害回應、軍民合作、搜救、領事協助、與氣候變遷等事項。

2018 年 7 月 30 日至 8 月 4 日,東協於新加坡舉行第 51 屆外

---

[2] "ASEAN Leaders' Vision for a Resilient and Innovative ASEAN," ASEAN, April 27, 2018, http://asean.org/storage/2018/04/ASEAN-Leaders-Vision-for-a-Resilient-and-Innovative-ASEAN.pdf(accessed on 2019/09/10).

[3] 關於東協在非傳統安全領域的發展進程與重要議題,可參林正義 (2015),〈東協政治─安全共同體:內涵、機會與挑戰〉,收錄於徐遵慈編,《東協共同體與台灣─回顧與展望》,台北:中華經濟研究院台灣東南亞國家協會研究中心,頁 1-36;王冠雄 (2015),〈東協與海事安全:探索、理解與合作〉,收錄於徐遵慈編,《東協共同體與台灣─回顧與展望》,台北:中華經濟研究院台灣東南亞國家協會研究中心,頁 139-172。

長會議暨相關會議（The ASEAN Foreign Ministers' Meeting and Related Meetings, AMM），會後發布〈第 51 屆東協外長會議聯合公報〉（Joint Communiqué of the 51st ASEAN Foreign Ministers' Meeting）以盤點東協共同體之進程、討論重大區域議題，以及回顧東協與外部夥伴國的關係。[4]〈外長會議聯合公報〉則另外納入人道救援與減災、跨國犯罪、人口販運與毒品等議題，並回顧東協相應的各種倡議、行動計畫與國際合作現況。明確提及韌性者，則計有跨國犯罪、災害與網路。

　　〈領袖願景〉與〈部長會議聯合公報〉相對照，東協在推動策略上宣示以建構「預防的文化」，將從根源整治暴力極端主義；藉由與外部夥伴簽訂雙邊互惠協定，來因應日漸興起之保護主義與全球動盪；落實智慧與創新方案，增進數位連結，並關注科技潛在的負面效果；強化東協認同以建構人們的韌性；以「東協災害風險金融與保險倡議」（ASEAN Disaster Risk Financing and Insurance Initiative, ADRFII）增進對災害的應處；以資訊共享提升金融部門的網路韌性；並在諸如跨國犯罪、軍民協調、搜救、領事協助、東協各國軍隊之海空安全綱領等議題提及韌性的重要。

　　由這些發展來看，韌性在相當程度上是東協認同的一部分，並有三個意涵。首先，從歷史脈絡來看，韌性在東協具有高度的國際合作意涵，由於東協多數國家屬於「後殖民國家」，其政治、經濟與社會組織在第二次世界大戰結束之後方逐步建構，因此其國家能力（除新加坡之外）相對較弱。在此情況下，成員國各自

---

[4] See "Joint Communique of the 51st ASEAN Foreign Ministers' Meeting," ASEAN, August 2, 2018,
http://asean.org/storage/2018/08/51st-AMM-Joint-Communique-Final.pdf.

面臨的問題往往也是區域問題,需要區域內部的合作,並與此與區域外國家互動。其次,韌性的意涵是多元、歧義、甚至是空洞的,但也因為幾乎可「無所不包」,容易成為區域認同的建構基礎。第三,雖然韌性缺乏明確的意涵,但由於它大抵意味使人民從危險或傷害中能復原的意象,其政治敏感性也相對較低,並能具體化為種種在地化的社會與發展計畫,較有利於政策的形成,或至少也給予民眾在東協持續推進的印象。

參、韌性、新自由主義、與自救

儘管韌性是東協的重要概念之一,此一概念在全球(特別是歐美)的發展,卻可能衝擊東協國家既有的「國家─社會」關係。韌性(Resilience)一字源自 16-17 世紀之動詞 Resile,後者則源於拉丁文的動詞 Resilire,意指跳回或彈回(Jump Back, Recoil)。以此,韌性的核心意涵是「彈回」(Bouncing Back),亦即從不幸、逆境、不安、衝突、失敗、以及/或改變等之回復與調適的能力。在實務上,韌性被許多學科廣泛使用,而有相當不同的意涵與概念化。

Philippe Bourbeau 除追溯韌性一詞的字源,也整理該詞在社會科學中的演變,並大致有三個階段。首先,心理學、犯罪學與社會工作等領域的學者將韌性視為某種能幫助人們適應逆境的特質(Quality),如快樂、樂觀、智慧、創造力等。其後,由於此一看法將韌性視為某種個人擁有(或缺乏)之給定的性格特質,這些領域的部分學者轉而將韌性定義為某種過程,因而是受到時間與脈絡影響的建構。第三,政治地理學與環境科學則受到生態科

學的影響，以韌性探討共同演化的社會與自然（生態）體系如何適應干擾並從中發展。

在這類關注系統的韌性之文獻中，工程韌性（Engineering Resilience）強調「均衡」，探討系統在受到干擾之後，哪些條件可使之回復原有之均衡狀態；生態韌性（Ecological Resilience）則不強調均衡，而關切系統維繫其內部重要功能與關係的能力；社會生態韌性（Socio-Ecological Resilience）進一步主張，韌性除了涉及面對干擾仍能維持健全或茁壯的能力，也包含在干擾之下產生的機會，也就是系統的自我組織、重組、與新的發展軌跡。[5]

迄今，政治學與國際關係學界對韌性大致有兩種看法：其一強調「均衡」，亦即系統受到干擾後，回復至原有的均衡狀態；其二則著重系統面對干擾仍能維持健全或茁壯的能力，包含自我組織、重組、與新的發展軌跡等。就東協國家的發展脈絡來看，由於其基礎建設與國家能力相對較弱，對於韌性的強調較不可能著重於前者，亦即在衝擊或災難後回到原有的狀態；這些國家因此較可能偏重後者，亦即整體國家與社會的調適與發展。此間帶出的問題是：「如何調適？由誰來調適？」

在此議題上，若干論者主張當代對韌性的強調，反映的是在政治上，群體甚至個人（而非政府）日益承擔自救的責任。Johan Bergström 探討「社會韌性」（Societal Resilience）的興起，主張其反映的是國家將責任分散甚至轉移至社區、團體與個人。應用法國哲學家傅柯（Michel Foucault）的「知識考古學」途徑，他認

---

[5] Philippe Bourbeau, "Resilience, Security and World Politics," in David Chandler & Jon Coaffee, eds., The Routledge Handbook of International Resilience, Abingdon: Routledge, 2016, pp. 26-27.

為三種可能性條件的出現，導致此一發展趨勢。首先，關於韌性的語言與理論提供了學術面的可靠性，使韌性的相關主張有了科學的依據。其次，政治上的需要導致將社會安全（Societal Safety and Security）的倡議與成本由中央向地方行為者與網絡發散，亦即責任的去中心化。第三，關鍵事件如 911 恐怖攻擊與 2004 年的印尼海嘯，進一步正當化韌性的必要，蓋兩者皆凸顯危機或危險的不可預測性，為此而預做準備，於是成為科學論述的標的。[6]

Jonathan Joseph 分析英美關於韌性建構的官方文書，發現韌性的意涵由系統的運作朝向強調個人的責任，而主張此一變遷反映傅柯的新自由主義治理性（Neoliberal Governmentality）的分析。簡單來說，「治理性」（Gouvernementalité, Governmentality）意指「政府的理性」（Governmental Rationality）。易言之，廣義的「政府」並不單指具體行使權力的機構，而可被理解為涉及「行為的引導」（The Conduct of Conduct），是引導個人與集體的一系列複雜行為與實踐。[7]

把治理性的觀點歷史化，傅柯識別出西方自古希臘時期以來的四種治理性。其中，18 世紀起的治理性可以用自由主義（Liberalism）稱之。在此自由主義並不是指一套學說或意識形態，而是政府為促進人口的福利、壽命、健康與財富時的施政的

---

[6] Johan Bergström, "An Archaeology of Societal Resilience," *Safety Science*, Vol. 110, Part C (December 2018), pp. 31-38. See also Jeremy Walker & Melinda Cooper, "Genealogies of Resilience: From Systems Ecology to the Political Economy of Crisis Adaptation," *Security Dialogue*, Vol. 42, No. 2 (2011), pp. 143-160.

[7] Ulrich Bröckling, Susanne Krasmann and Thomas Lemke, "From Foucault's Lectures at the Collège de France to Studies of Governmentality: An Introduction," in Ulrich Bröckling, Susanne Krasmann and Thomas Lemke, eds., *Governmentality: Current Issues and Future Challenges* (New York: Routledge, 2011), p. 1.

　　方法或工具。自由主義最主要的特色是：國家政府藉由透過某些自由的活動，以及培養被治理的人們適當的自我管理習慣以盡可能的延伸其治理。

　　新自由主義在（全球）治理的應用方式之一，是國際合作與區域治理過程中相關知識的生產。國際組織的報告，一方面反映特定的意識形態，另一方面則扮演衡量各國表現、從而引領其政策作為的角色。[8] 換句話說，這些廣被大家接受，從而具有權威性的國際報告，透過指標的建立、衡量與分析，讓人們得以認識某一或某些國家在哪個方面有傑出表現、哪些方面則有不足與改善空間。對一般讀者來說，這些報告與知識構成了國際發展與合作的「事實」；對於各國來說，相關評析則構成相互比較、模仿、甚至自我改進的基礎。

　　以災防來說，當前聯合國體系最主要的機構為「聯合國國際減災策略組織」（United Nations Office for Disaster Risk Reduction, UNISDR）。[9] UNISDR 的主要工作是協調與推動相關的國際減災策略，如 2005 年第二屆世界減災會議提出之〈兵庫宣言〉（Hyogo Declaration）與〈2005-2015 年兵庫行動綱領〉（Words into Action: A Guide for Implementing the Hyogo Framework）、2015 年 3 月第三

---

[8] Tore Fougner, "Neoliberal Governance of States: The Role of Competitiveness Indexing and Country Benchmarking," *Millennium: Journal of International Studies*, Vol. 37, No. 2, December 2008, pp. 303-326; Ole Jacob Sending, The Politics of Expertise: Competing for Authority in Global Governance, Ann Arbor: University of Michigan Press, 2015.

[9] 聯合國大會於 1989 年提出「減少自然災害國際十年 1990-1999」（International Decade for Natural Disaster Reduction, 1990-1999），而於 1999 年決議以「國際減災策略」（International Strategy for Disaster Reduction, ISDR）延續之，並成立 UNISDR 為其秘書處，其後則擴展成聯合國體系在減災方面的主要平台。

屆世界減災會議通過時之〈2015-2030 仙台減災綱領〉等。整體來說，當前的減災趨勢已不僅止於災害發生後的救援與復甦，而朝向確立「降低災害風險」（Disaster Risk Reduction, DRR）——系統性的分析與降低災害的成因——的方向邁進，將焦點由災害管理轉為更全面之災害風險管理。

　　也因為如此，復有鑑於多數東南亞國家的治理能力猶待發展，國際減災的推動仍須以國際合作為之，其要旨則是透過對國家、地方政府、乃至社區的能力培養，增進其對災害的韌性。例如 UNISDR 於 2018 年 12 月 11-12 與 13-14 日在泰國曼谷分別舉辦「2018 年國際減災策略亞洲夥伴論壇」（ISDR Asia Partnership Forum 2018）以及「減少災害風險策略區域諮商工作坊」（Regional Consultative Workshop on Disaster Risk Reduction Strategies）。[10]

　　這兩場活動的主軸在於加速實現〈2015-2030 仙台減災綱領〉（Sendai Framework for Disaster Risk Reduction 2015-2030）的目標 E，亦即「至 2020 年前，大幅增加具有國家和地方減災策略的國家數目」，並特別關注相關策略在落實與金融上的問題。[11] 為使〈2015-2030 仙台減災綱領〉在地化，其具體的操作方式是藉由「最佳典範」（best practice）的揀選，形成同儕壓力而鼓勵與會成員相互學習。在 UNISDR 公布之〈建構城市韌性的十項要點摘要〉（The Ten Essentials for Making Cities Resilient Checklist Summary）

---

[10] Omar Amach, "Bringing DRR to the local-level in Asia and the Pacific," UNISDR, December 13, 2018, https://www.unisdr.org/archive/62615; Omar Amach, "Planning for a Resilient Future in Asia and the Pacific," UNISDR, December 18, 2018, https://www.unisdr.org/archive/62695, accessed on 2019-09-10.

[11] 中文版可參國家災害防救科技中心編譯，〈2015-2030 仙台減災綱領〉，2015 年 10 月 8 日，https://www.ncdr.nat.gov.tw/Files/News/20151008150054.pdf。

中，第一點提及「根據公民團體與公民社會的參與成立組織與協調機制以理解與減少災害風險」；第二點主張「分配預算以提供誘因予家戶、低所得家庭、社區、企業、與公部門」；第七點強調「在學校與當地社區設置關於降低災害風險的教育計畫與訓練」。日本透過其「政府開發援助」（Official Development Assistance, ODA）及日本國際協力機構（Japan International Cooperation Agency, JICA），以資金及政策指引深化與東協的關係。如在「建構東協災害與氣候韌性城市」（Building Disaster and Climate Resilient Cities in ASEAN）的項目中，提出〈城市韌性指南〉（Guidebook for Urban Resilience）與〈東協城市韌性清單〉（ASEAN Urban Resilience Checklist），透過具體的步驟，引領東協國家將 DRR 的精神融入其都市計畫與管理。

　　凡此皆反映新自由主義的政治理性。首先，隨著東協在全球政治經濟的重要性日漸提升，以及在諸如防災與減貧等議題上仍未有力殆，東協的發展與治理受到其他國家（如日本）與國際組織（如聯合國）的重視與影響，其建構韌性的方式也受到這些行為者的引導；在這方面最具體的例證之一，是許多關於泰國氣候變遷、韌性與都市化的文獻，往往是由泰國學者與國際組織、非政府組織或他國研究機構的人員合作撰擬。

　　其次，前述災防的案例顯示韌性的建構可由「幫助他人自救」（Help Others, Help Themselves）此一標語體現。在培養他人自救的能力時，無形中也強化其之韌性。換句話說，韌性除了強調發展與合作，另涵蓋了對個人與集體的能力之培養。此一對個人與群體的重視，與東協宣示的「以人民為導向、以人民為中心」之價值相呼應，也有利其和外部夥伴（如歐盟）深化關係。然而，

韌性城市的建構有賴國家政策的引導與支持，也涉及私部門與民間社會、甚至個人的投入並課以其一定的責任。然而，如何落實各項相關之願景、策略與行動計畫，是當前重要的挑戰。

肆、泰國建構韌性城市的現況與困境

　　東亞與東南亞普遍面臨河流氾濫、地震、海嘯、風災、暴潮等災害，而氣候變遷則加劇這些災害的影響。聯合國的報告指出，預計到 2050 年，全球有 68% 人口居住在都市。[12] 鉅型都市將構成全球經濟網絡的重要節點，但人口集中而土地和資源有限的客觀限制，使都市擴展到易致災的區域，並衝擊當地之生態、水文、與原有族群之生活方式。尤有甚者，在全球經濟呈現網絡化，亦即集中大都市的情況下，災害的發生也有蔓延至區域乃至全球的「外溢效果」。泰國於 2011 年 8-12 月遭逢 70 年來最大的水災，造成 680 人死亡與 467 億美元的損失。此一災害亦造成全球供應鏈在諸如硬碟與汽車供應鏈的干擾，同時對泰國、區域乃至全球的經濟造成嚴重衝擊。[13]

　　泰國都市化的興起，取決於幾個關鍵因素的變遷。一方面是從農業到工業的轉型，使農村剩餘的勞動力轉向大都市，其中二線城市的興起尤為快速。後者在吸納這些人口後，轉而創造更多

---

[12] "68% of the world population projected to live in urban areas by 2050, says UN," United Nations, May 16, 2018, https://www.un.org/development/desa/en/news/population/2018-revision-of-world-urbanization-prospects.html.

[13] Zuzana Stanto, "Bangkok post 2011 floods: how about the poor?," Reliefweb, July 22, 2013, https://reliefweb.int/report/thailand/bangkok-post-2011-floods-how-about-poor.

的內部需求與更大的市場。

　　另一方面，則是區域經濟的發展。泰國主要大都市都是泰國與鄰近國家的貿易與交通要道。這些網絡的發展也影響到都市化的進程，進一步改變既有的投資與土地使用的模式，也連帶影響對氣候與災害的適應程度/韌性。其中脆弱性（vulnerabilities）程度最高者，莫過於少子化趨勢下的高齡人口、受都市化吸引之移民/移工、以及傳統社會裡操持家務與養育之女性等。

　　為了因應氣候變遷對城市的影響，國際組織、NGO、研究機構與東南亞國家展開多項建構「城市韌性」的計畫。有鑑於各國、乃至於一國境內不同城市所處的情境迥異，此類計畫的運作、成效與困境難以一概而論，而僅能用個案研究的方式說明韌性建構對「國家─社會」關係的影響。2008 年，為了強化亞洲城市面對城市氣候變遷的韌性，洛克斐勒基金會（Rockefeller Foundation）提出了「亞洲城市氣候變遷韌性網絡」（Asian Cities Climate Change Resilience Network, ACCCRN）計畫，在 6 個國家 40 多個城市推廣、支持與促進城市韌性。[14] ACCCRN 在泰國係以清萊（Chiang Rai）與合艾（Hat Yai）為試點對象，相關研究則在洛克斐勒基金會的資助之下，由非營利與非政府組織泰國環境研究中心（Thailand Environment Institute Foundation, TEI）和社會與環境轉變研究中心（Institute for Social and Environmental Transition, ISET）領銜，旨在強化多元的利害關係者在城市氣候韌性方面的能力。

---

[14] "Asian Cities Climate Change Resilience Network," **Rockefeller Foundation**, n.d., https://www.rockefellerfoundation.org/our-work/initiatives/asian-cities-climate-change-resilience-network/. ACCCRN 涵蓋的國家起初包含印度、印尼、泰國、越南 4 國 10 個城市，其後則擴展至孟加拉與菲律賓。

具體的方式則是藉由財政與技術的協助,推動這些城市選出的團隊進行脆弱性評估、舉辦「共享的學習對話」(Shared Learning Dialogues, SLDs)、並落實領航計畫(Pilot Projects)。根據學者對該計畫在合艾的推動狀況與訪談,可一窺韌性建構的新自由主義特色,以及其在泰國面臨的問題。

　　合艾是泰國南部宋卡府(Songkla)的大城,是該國進入馬來西亞的門戶。該市以商業與旅遊為主要經濟活動,其周邊地區則是以農業為主,特別是橡膠。該地面臨的氣候風險主要是洪水與氣溫的提高,對沿著該地排水渠聚居的貧苦社區而言更是如此。亞洲城市氣候變遷韌性網絡(ACCCRN)於合艾的活動始於2009年,一開始係由該市的資深官員提出,目的是提升與防洪有關的知識與能力。在泰國環境研究中心(TEI)的協助下,該市組成參與亞洲城市氣候變遷韌性網絡(ACCCRN)的城市團隊,其後則展開「共享的學習對話」與脆弱性評估,並發展出聚焦於「強化城市利害關係者的能力以降低與管理洪水風險」的韌性建構策略。相應地,與之相關的領航計畫起先聚焦於社區層次的洪水風險降低,其成果則促成在其他地區與城市層次的其他較大規模計畫,以及增進商業部門對於洪水管理規劃的投入,因為後者暴露於洪水的威脅至鉅。[15]

　　亞洲城市氣候變遷韌性網絡(ACCCRN)的運作模式,體現了前述新自由主義的政治理性。首先,洛克斐勒基金會、泰國環境研究中心(TEI)、與 ISET 等機構固然是非政府機構,但它們

---

[15] Diane Archer & David Dodman, "Making Capacity Building Critical: Power and Justice in Building Urban Climate Resilience in Indonesia and Thailand," *Urban Climate*, Vol. 14, Part 1 (December 2014), p. 72.

可視為全球治理（Global Governance）的一環，以非國家行為者的身分，協助推動與落實與氣候變遷、善治（Good Governance）、永續發展等相關國際倡議與文件。

其次，此一治理的對象不是個別國家或政府，而是社區甚至個人，其主要運作方式是透過結合國際與在地專家的合作，將知識與技術傳遞到泰國地區，藉由增強當地政府、非政府組織、社區領袖、媒體等的能力，使其能更佳地調適氣候變遷帶來的水患問題而持續發展。

第三，這些專家提供的專業知能，主要反映歐美或西方世界在知識上的權威，例如相關的課程或工作坊往往以英語進行、風險或脆弱性的評估方式則主要源自西方的學術社群、相關計畫的有效性則（部分）由這些提供支持與協助的機構評估等。

第四、這些能力培養的計畫，其邏輯是先在社區層次訓練與培養在地的團隊，從而希望這些團隊一方面能將其所學「下載」或傳遞給地方群眾與其他社區，另一方面在結合專業知能與在地經驗後，能將觀念與建議「上傳」至市政府甚至更高層級的決策單位，從而促成系統性的改變。

依據參與合艾計畫的學者訪查的結果，此一城市韌性的建構過程確有成效。該城市團隊的成員透過定期討論與「共享的學習對話」，逐步消弭了彼此間因部門不同而來的差異，而漸有一股「我們都是 ACCCRN 的一份子」之認同感，進一步將建構韌性能力的活動視為在地的產物，也因為對彼此的信任而形塑共同的目標。儘管如此，ACCCRN 計畫在實踐過程中也面臨幾個限制。首先，就「過程」來說，參與該團隊的公職人員對氣候變遷的知識的確產生了改變，但其仍無法影響政策的制定，同時也因為相關

活動聚焦於洪水的風險降低,對於氣候變遷的全貌了解相對較少,也較難針對合艾市提出長期的願景。

其次,就能力建構的「內容」而言,參與者對有關氣候變遷的韌性之理解,有從風險「減輕」(Mitigation)轉向調適(Adaptation)的傾向,不過一開始因為成員對氣候變遷相關知識的不足,相關討論進行地並不順利;而合艾與清萊兩個城市團隊間的交流與相互學習,則往往受限於預算以及領導的推手。

第三,就該市團隊的「參與」而言,成員的挑選主要源自部分部門與人士的積極參與,復因為有感於非政府組織與媒體的重要性,而納入這兩個部門的代表。儘管如此,該市團隊的組成未納入足夠的女性代表與來自地方社區的代表,該市氣候變遷工作小組的成員亦沒有納入決策者,導致最低與最高層的參與不足。[16]

另一份與 ACCCRN 有關的報告,則認為泰國整體建構韌性社會的實踐,主要仍是「由上而下」的途徑,就「過程」而言有相當進展,亦即相關計畫的推動與執行的確促成部分制度、法規與計畫的變革或發展,且國際合作是此一過程的重要推力。但就「結果」而言,則泰國仍面臨若干不足之處。例如都市的發展常是未規劃的,反映「路徑依賴」的特質;地方與國家政府領導人仍欠缺韌性城市的願景;地方與社區的經驗仍待整合;私部門的資源亦待動員。[17]

這些限制往往來自於現實的考量,例如預算、語言、基本知

---

[16] Diane Archer & David Dodman, "Making Capacity Building Critical," pp. 72-76.

[17] Richard Friend et al., "Urbanizing Thailand: Implications for Climate Vulnerability Assessments," *Asian Cities Climate Resilience Working Paper Series,* No. 30 (2016), https://pubs.iied.org/pdfs/10770IIED.pdf.

能、在地社區代表如何兼顧其日常生活與活動參與等。然而由這些面向來看，能力的建構的建構因為涉及市民社會、私部門、社區甚至個人的「動員」並「轉型」，並非是容易的工作。韌性城市的打造也因此是個長期的任務與挑戰。

伍、小結

當前的災害治理強調納入不同部門及利害關係者。惟包括泰國在內的許多亞太地區國家之治理能力仍有不足，難以落實「全社會」的災害防救理想。治理能力的重要性不僅在於國家具有足夠的防救災準備與能量，更涉及在當代新自由主義的政治理性運作下，賦予社會、地區、群體乃至個人一定程度的能力，使之能「自救」而需之種種技術與知識的提供。例如就民眾災防意識的提升來說，UNISDR 的工作坊指出以簡潔易懂的語言傳遞相關知識的必要；而論者之所以需要強調此點，表示國家在基本的教育與溝通上面臨限制。在此脈絡下，諸如促進公、私部門的對話，以使在地的知識能被納入政府決策的主張，便可能顯得陳義過高。就此而言，韌性雖是東協（包含泰國）強調的價值與能力，但其理想與現實之間，仍有一段鴻溝。

參考文獻

一、中文

林正義 (2015)，〈東協政治－安全共同體：內涵、機會與挑戰〉，收錄於徐遵慈編，《東協共同體與台灣－回顧與展望》，台北：中華經濟研究院台灣東南亞國家協會研究中心，頁 1-36。

王冠雄 (2015)，〈東協與海事安全：探索、理解與合作〉，收錄於徐遵慈編，《東協共同體與台灣－回顧與展望》，台北：中華經濟研究院台灣東南亞國家協會研究中心，頁 139-172。

國家災害防救科技中心編譯，〈2015-2030 仙台減災綱領〉，2015年 10 月 8 日，https://www.ncdr.nat.gov.tw/Files/News/20151008150054.pdf。

二、英文

Philippe Bourbeau, "Resilience, Security and World Politics," in David Chandler & Jon Coaffee, eds., The Routledge Handbook of International Resilience, Abingdon: Routledge, 2016, pp. 26-27.

"The Declaration of ASEAN Concord, Bali, Indonesia," ASEAN, February 24, 1976, http://asean.org/?static_post=declaration-of-asean-concord-indonesia-24-february-1976.

"ASEAN Leaders' Vision for a Resilient and Innovative ASEAN,"

ASEAN, April 27, 2018,
http://asean.org/storage/2018/04/ASEAN-Leaders-Vision-for-a-R
esilient-and-Innovative-ASEAN.pdf.

"Joint Communique of the 51st ASEAN Foreign Ministers' Meeting,"
ASEAN, August 2, 2018,
http://asean.org/storage/2018/08/51st-AMM-Joint-Communique-
Final.pdf.

Johan Bergström, "An Archaeology of Societal Resilience," *Safety
Science*, Vol. 110, Part C (December 2018), pp. 31-38.

Jeremy Walker & Melinda Cooper, "Genealogies of Resilience: From
Systems Ecology to the Political Economy of Crisis Adaptation,"
Security Dialogue, Vol. 42, No. 2 (2011), pp. 143-160.

Ulrich Bröckling, Susanne Krasmann and Thomas Lemke, "From
Foucault's Lectures at the Collège de France to Studies of
Governmentality: An Introduction," in Ulrich Bröckling, Susanne
Krasmann and Thomas Lemke, eds., Governmentality: Current
Issues and Future Challenges, New York: Routledge, 2011, pp.
1-33.

Tore Fougner, "Neoliberal Governance of States: The Role of
Competitiveness Indexing and Country Benchmarking,"
Millennium: Journal of International Studies, Vol. 37, No. 2
(December 2008), pp. 303-326.

Ole Jacob Sending, The Politics of Expertise: Competing for Authority
in Global Governance, Ann Arbor: University of Michigan Press,
2015.

Omar Amach, "Bringing DRR to the local-level in Asia and the Pacific," UNISDR, December 13, 2018, https://www.unisdr.org/archive/62615.

Omar Amach, "Planning for a Resilient Future in Asia and the Pacific," UNISDR, December 18, 2018, https://www.unisdr.org/archive/62695.

Zuzana Stanto, "Bangkok post 2011 floods: how about the poor?," Reliefweb, July 22, 2013, https://reliefweb.int/report/thailand/bangkok-post-2011-floods-how-about-poor.

"68% of the world population projected to live in urban areas by 2050, says UN," United Nations, May 16, 2018, https://www.un.org/development/desa/en/news/population/2018-revision-of-world-urbanization-prospects.html.

"100 Resilient Cities," Rockefeller Foundation, n.d., https://www.rockefellerfoundation.org/our-work/initiatives/100-resilient-cities/.

Richard Friend et al., "Urbanizing Thailand: Implications for Climate Vulnerability Assessments," *Asian Cities Climate Resilience Working Paper Series*, No. 30 (2016), https://pubs.iied.org/pdfs/10770IIED.pdf.

泰國對外經濟的態度、立場與作法

陳建中

國立中正大學戰略暨國際事務研究所研究生

趙文志

國立中正大學戰略暨國際事務研究所教授

【摘要】

　　泰國經濟表現與重要性在東南亞國家協會當中,一直是優等生與重要的經濟體。泰國經濟發展的狀況與優劣,也牽動著東南亞國家經濟發展的表現。因此,對於泰國經濟發展的關注有其重要性與必要性。泰國經濟發展事實上經歷過不同時期,同時也採用不同政策,不過在大部分時期的經貿政策變化幅度不大,外資與出口一直都是泰國經濟的兩大支柱,泰國政府政策也是圍繞在吸引外資與擴大出口上,直到近期的泰國 4.0 計畫,除了原本外資與出口的兩大經濟核心外,為了在追求高度經濟增長的同時,避免再次發生類似 1997 年亞洲金融危機,政府政策開始加強基礎建設以及產業轉型,重視內部產業升級和高科技的發展。

關鍵字:泰國、經濟發展、東協、亞洲金融危機、泰國 4.0

壹、前言

泰國經濟表現與重要性在東南亞國家協會當中，一直是優等生與重要的經濟體。泰國經濟發展的狀況與優劣，也牽動著東南亞國家經濟發展的表現。因此，對於泰國經濟發展的關注有其重要性與必要性。

事實上，泰國經濟發展過程中，也經歷過跌宕起伏，尤其是亞洲金融危機就是從泰國最先開始，然後蔓延到亞洲其他國家，造成對亞洲經濟重大影響。對泰國來說，其經濟發展初始是以農業為主，這與泰國的氣候與天然條件有關。隨著泰國逐步走向現代國家體制，泰國也開始對其經濟發展進行轉型工作，歷經了經濟過渡發展期、進口替代工業化時期、出口發展期、出口導向期等階段。

本文透過歷史研究途徑，主要研究目的在於，分析與爬梳泰國對外經濟的立場、態度與政策（作法）之歷史演變，以期對泰國經濟有一全面性的認知與理解。泰國這個東南亞重要的經濟體發展歷史標示著東南亞經濟發展歷程的重要部份，對於了解東南亞過去歷史與現在有著重要意義。因此本文主要著重以下幾個部分：首先第二節爬梳泰國過去經濟發展歷程，其次第三節分析泰國政府對於對外經貿的態度與立場，第四節則是著重在於泰國政府採取了哪些經貿政策，來回應內部經濟發展與外部國際經貿局勢轉變的需求。最後則為本文結論。

貳、泰國經濟發展的歷史

　　歷史上泰國是一個傳統的農業國家，自古國內八成之平民，皆以農業為主，在農業之中又屬種植大米為主。從 19 世紀中葉到 20 世紀中葉，西方列強對全世界進行新帝國主義式的侵略，使得泰國逐漸形成了單一作物的出口，農產品的出口占了 80% 以上，其中生產稻米更是泰國社會與經濟發展的基礎。[1]19 世紀中葉，西方國家通過許多不平等條約，尤其是英國的《鮑林條約》（the Baoring Treaty）[2]，打開了泰國市場後，加速對泰國的經濟掠奪。

　　由於西方國家對稻米、橡膠、錫和其他原料需求急遽增加，在一定程度上刺激了泰國經濟，但也使泰國經濟形成殖民式經濟，特別是農業的單一種植結構日益突出。稻米生產在農業中占據主要地位，其出口量急劇增加從 1850 年佔產量 5% 到 1907 年佔產量 50%；[3]在 1909 至 1910 年間，僅稻米、錫和柚木三大出口商品就佔總出口量的 91.9%，其中稻米就佔 77.6%。[4]這種生產和出口的單一格局，一直持續到 1950 年代左右。此外，泰國的經濟基礎落後，直到戰後初期，除了碾米、鋸木、採礦外，幾乎沒有工業，而且這些行業規模小，技術水平低。[5]

---

[1] Pasuk Phongpaichit and Chris Baker, *Thailand Economy and Politics* (New York: Oxford, 1995), p. 3.

[2] 段立生，《泰國通史》（上海市：上海社會科學院，2014 年），頁 173。

[3] 段立生，《泰國通史》（上海市：上海社會科學院，2014 年），頁 175。

[4] J. Lngram, *Economic Change in Thailand since 1850* (California: Stanford, 1955), p. 94.

[5] 朱振明，《泰國-獨特的君主立憲制國家》（香港：香港城市大學，2006 年），頁 48。

　　泰國自 1932 年發生政變革命，現代泰國國家體制成形，經濟開始轉型發展，而現代泰國經濟發展過程大致上能分為六個時期，分別是 1932-1958 年過渡經濟發展期；1958-1973 年進口替代工業化時期；1974-1981 提升出口發展期 1981-1997 出口導向工業化時期；[6]1997 亞洲金融危機；和 2018-2019 當前泰國經濟：

一、1932－1958 年過渡經濟發展期

　　在此階段發展過程中，泰國仍是以農業為主要經濟發展動力，尤其是以稻米為主。對泰國來說，一般狀況泰國稻米對外出口的份額比是：香港 40%、新加坡 27%、歐洲 8.5%、日本 7.5%、荷蘭 6.2%。除歐洲和日本外，幾乎大部分的稻米都直接輸出到大英帝國的殖民地和半殖民地。而 1929 年發生世界經濟大恐慌，這些地區也因此連帶受到影響，經濟蕭條及失業率增加，購買力急遽下降。[7]因此，在這樣一個經濟危機的背景之下，影響泰國商品出口，進而引發一場政治危機，最終導致了在 1932 年 6 月 24 日泰國的政變。[8]正因為這場政變，泰國成為一個君主立憲政體的國家，也就是現代泰國的雛型，而處於這階段，政治動盪時局的泰國，經濟發展也趨緩。

　　在政變發生之後，泰國政治局勢並沒有因此穩定下來，反而是接連產生多次政變，造成政局不穩，國家政策與執行無法連續，經濟計畫與政策處於不確定狀態，更缺乏一套長期的計劃發展方

[6] 此分類方式係參考宋鎮照教授之分類。宋鎮照，《東協國家之政經發展（台北市:五南出版社，1996 年），頁 64-80。

[7] 段立生，《泰國通史》（上海市:上海社會科學院，2014 年），頁 208。

[8] 段立生，《泰國通史》（上海市:上海社會科學院，2014 年），頁 212。

案。[9]因此，在這樣一個長期政局不穩定的情況下，對泰國經濟產生不良影響。

泰國經濟在 1950 年以前，經濟成長非常緩慢，從 1870 年至 1950 年間，每人實質所得（GDP per capita）只成長了 17%。泰國自 1855 年之《鮑林條約》（the Baoring Treaty）簽署以來，讓泰國門戶大開，雖然被納入現代世界經濟體系之中，但仍處於被剝削的邊陲地位。1950 年 9 月，泰國與美國簽訂了經濟技術援助協定，根據協定，美國對泰國的基礎建設進行了大規模的援助和投資。1954 年 10 月，泰國政府進一步頒布了〈1954 年鼓勵工業發展案〉，開始大力發展工業，企圖以工業化為中心帶動泰國經濟的發展。1957 年，泰國政府聘請了世界銀行專家調查團到泰國幫助制定國民經濟發展計畫，並於 1959 年設立了「國家經濟發展委員會」（1972 年更名為「國家和社會經濟發展委員會」(Office of National Economy and Social Development Board)）。[10]

二、1958－1973 年的進口替代工業化時期：軍事權威政體的經濟發展

1958 年泰國軍人沙立（Sarit Thanarat） 發動政變成功，成立了沙立政權，1959 年 2 月其本人出任泰國總理，並兼任海陸空三軍總司令和警察總監。[11]此時的泰國完全被軍人把持朝政，這樣的軍事權威統治國家機關本質反應在經濟的發展形態上，也就形

---

[9] 宋鎮照，《東協國家之政經發展》（台北市：五南出版社，1996 年），頁 65。

[10] 朱振明，《泰國-獨特的君主立憲制國家》（香港：香港城市大學，2006 年），頁 48。

[11] 段立生，《泰國通史》（上海市：上海社會科學院，2014 年），頁 253。

成典型的「官僚權威政權」的發展型態。其提出的政策具有以下兩點特色：[12]

第一，注重國家發展，提拔西方教育專家，開始實行計畫經濟。泰國政府從 1961 年起實行經濟和社會發展五年計畫，1961-1966 年開始了第一個五年計畫，企圖促進國家工業化讓產業轉型，對國內進行基礎建設，並鼓勵外資進入。爾後，總共執行了七個五年計畫，直到 1997 年金融危機爆發。[13]

第二，實施進口替代工業化，實行保護主義企圖培植國內工業，確保經濟自主，同時滿足國內需求擴張。提供減免稅收、保護關稅、鼓勵投資等。然而，進口替代工業化因其保護主義政策，對出口貿易往往造成阻礙。如關稅保護，數量設限管制以及外匯管制等常見之壁壘手段，為了讓進口成本更低廉，往往會操縱並提高匯率。因此，採取單一匯率且高估幣值的方式，出口自然減低。[14]基本上，此時的經濟成長是穩定且正向的，平均 GDP 成長率在 7.6%。[15]

三、1974－1981 年的出口導向發展期

從 1972 年開始，泰國的經濟發展策略逐漸由進口替代轉移強調出口推展，以及避免過度進口。1972 年投資促進法（Investment Promotion Act）通過，被認為是進口替代政策轉向出口替代的指標政府透過投資委員會（Board of Investment, BOI）進行管理，以

---

[12] 宋鎮照，《東協國家之政經發展》（台北市：五南出版社，1996 年），頁 69。

[13] 段立生，《泰國通史》（上海市：上海社會科學院，2014 年），頁 270。

[14] 宋鎮照，《東協國家之政經發展》（台北市：五南出版社，1996 年），頁 70。

[15] Peter G Warr and Bhanupong Nidhipraha, *Thailand's Macroeconomic Miracle: stable adjustment and sustained* (Washington D.C : World Bank, 1996), pp. 62-63.

促進更多私人投資為主要目的。[16]泰國財政部針對擴大工業出口，也制定一系列的政策與管制，例如退稅制度（Tax Rabtes），對於出口工業所需之進口設備與原料，則予以免稅之進口貼現；而泰國銀行則為出口導向型企業提供補貼利率的重貼現率；商務部則通過設置出口服務中心，提供技術與勞力上的協助。[17]因為這樣出口導向的政策，使得泰國工業產品佔出口比率持續增加，由 1970 年的 5%提升到 1980 年的 29%，同時在 1965-1980 年間，平均每年的 GDP 成長率為 7.2%，[18]此時期泰國正處於經濟起飛時期。

四、1981—1997 出口導向工業化發展期

1980 年代後泰國進入高度經濟成長期，出口成長率由 1980-1985 成長了 7.7%，1985-1991 成長了 24.7%；而從 1980-1993 的平均 GDP 成長率為 7.96%。[19]製造業出口產值到 1989 年時達到了 453,258 百萬泰銖，服務業更是達到了 1,056,341 百萬泰銖，總體 GDP 為 1,775,978 百萬泰銖。[20]因為這樣亮麗的成績，使得當時的泰國享有亞洲第五小龍的美譽。在金融危機爆發之前的 1996 年，泰國的稻米出口在世界上佔居第一位，木薯輸出為全球

[16] Peter G Warr and Bhanupong Nidhipraha, *Thailand's Macroeconomic Miracle: stable adjustment and sustained* (Washington, D.C : World Bank, 1996), p. 79.

[17] Peter G Warr and Bhanupong Nidhipraha, *Thailand's macroeconomic miracle:stable adjustment and* sustained (Washington, D.C : World Bank, 1996), p. 80.

[18] 宋鎮照，《東協國家之政經發展》（台北市：五南出版社，1996 年），頁 78。

[19] Pasuk Phongpaichit and Chris Baker, Thailand Economy and Politics (New York: Oxford, 1995), p. 152

[20] Peter G Warr and Bhanupong Nidhipraha, *Thailand's macroeconomic miracle: stable adjustment and sustained* (Washington D.C : World Bank, 1996), pp. 62-63.

之冠，橡膠產量居世界首位，約占世界總產量的三分之一。[21]總體而言，這段時期泰國經濟，雖然 1980 年代也因為受到貨幣市場的干擾，造成一些金融危機與出口產值的下滑，但是在政府的管制與支持下，經濟並未受到沉重的打擊，因此可以說是泰國的黃金年代。

五、1997 年亞洲金融危機

1997 年爆發的金融危機是泰國史上最嚴重的一次，影響社會階層不分階級，從白領到勞工；不分地區，從城市到鄉間。前所未見的大規模失業與所得降低，直到 1998 年底，失業人口超過了 200 萬人口，通貨膨脹率達到 11.6%。在危機爆發前，泰銖與美元掛鉤，而美元的不斷升值，在加上當時泰國主要的出口對象美國、日本與歐盟經濟發展緩慢，購買力下降，對於泰國主要出口產品的需求萎縮，重挫泰國出口，導致財政赤字不斷擴大，最終受到國際投資客的攻擊，使得泰銖地位遭到重創，引爆金融危機。泰國的金融危機是由貨幣貶值所引起的，但在國際經濟發展中並非所有的貨幣貶值都會造成金融危機。泰國在 80 年代後期，一直是成長最快速的東南亞國家之一，但是由於為了追求快速發展的同時忽略了許多經濟問題，例如通貨膨脹增加、基礎建設不足、國際收支惡化等。[22]國際投資客的攻擊導致泰銖急貶，只是引爆金融危機的導火線。

為了擺脫金融危機帶了的經濟困境，泰國政府實施了一系列

---

[21] 朱振明，《泰國-獨特的君主立憲制國家》(香港：香港城市大學，2006 年)，頁49。

[22] 同上註，頁66。

的改革措施,例如:制定經濟恢復的新五年計畫、實行財政赤字政策、設立國有資產管理公司、推動私有化進程、穩定外匯儲備等。經過一番努力,1999 年泰國經濟增長率達到 4.2%。2000 年6 月泰國正式退出國際貨幣基金組織的援助項目,外匯儲備近 370億美元,[23] 經濟開始穩地復甦,算是逐漸脫離金融危機的陰影。

六、當前泰國經濟

　　根據泰國國家經濟及社會發展委員會發表的 2018 年宏觀經濟計畫報告書(NESDB Economic Report)Q3 指出,經濟成長率以達 4.2%,估計 2019 年成長率會達到 3.5%-4.5% (如表1),[24] 而主要的收益是來自於:私人消費的增長、政府帶動公私部門的投資、全球經濟增長支持泰國出口,以及更全面的全球貿易、生產和投資。本年第二季泰國經濟成長率持續成長 4.6%,而第三季則是 3.3%。在出口方面,第二季也相較於去年同期成長 11.1%,製造業受出口需求帶動,成長了 3.5%,主要產業包括:汽車(11.5%)、糖(40.5%)、電腦及零組件(16.3%)等。[25] 不過由於中、美貿易戰以及全球保護主義升溫,使得第三季出口值 634 億美元(成長2.6%),相較上一季(12.3%)有所放緩。農產品的出口值增長了1.3%,相較上一季 7.8% 有所放緩;而製造業則是增長 6.7%,也較上一季 10.7% 趨緩,而漁業出口值下降 15.4% 是因為國內養殖

---

[23] 朱振明,泰國-獨特的君主立憲制國家(香港:香港城市大學,2006 年),頁79。

[24] NESDB, "Thai Economic Performance in Q3 and Outlook for 2018–2019," NESDB Economic Report (Nov. 2018), p.1.

[25] 駐泰國代表處經濟組,2018 年 9 月泰國經濟動態月報(曼谷:台北經濟文化辦事處,2018),頁 1。

業產量減少（如表 2）。[26]可以發現到，本年的出口，相較於去年同期有更多的增長，這代表著全球經濟在今年前半年是有所成長的，連帶影響泰國的出口。不過，在下半年的中、美貿易戰與全球經貿放緩對於泰國的出口造成打擊，進而影響泰國總體經濟成長放緩。雖然中美貿易戰打得如火如荼，NESDB 還是預計 2019 年出口值將增長 4.6%，私人消費和投資將分別增長 4.2% 和 5.1%。由此可見，泰國政府對於全球經濟以及自身經濟的前景保持樂觀。[27]

表 1：泰國總體經濟表

(%YoY)	**2017**	**2018**		**預測值**	
	Year	Q2	Q3	2018	2019
GDP(CVM)	3.9	4.6	3.3	4.2	3.5-4.5
私人消費	3.2	4.5	5.0	4.7	4.2
政府消費	0.5	2.0	2.1	1.5	2.2
出口量	9.8	12.3	2.6	7.2	4.6
進口量	13.2	16.8	17.0	16.2	6.5
GDP(%)Inflation	0.7	1.3	1.5	1.1	0.7-1.7

資料來源："Outlook for 2018-2019," NESDB Economic Report (Nov. 2018), p.4, http://www.nesdb.go.th/nesdb_en/main.php?filename=Macroeconomic_Planning, accssed on:16. Dec. 2018

---

[26] NESDB, "Thai Economic Performance in Q3 and Outlook for 2018 – 2019," NESDB Economic Report(Nov. 2018), pp.3-5.

[27] NESDB, "Thai Economic Performance in Q2 and Outlook for 2018," NESDB Economic Report (Aug. 2018), p.1.

　　依據泰國 SCB 經濟研究中心經濟報告指出，本年泰國家庭收入可望成長 4%。泰國勞工薪資在過去三年皆維持成長 2%之水準，但家庭負債人居高不下，可能直接影響家庭消費。[28]不過泰國當前的國內需求增長、私人消費增加，也與泰國人民收入成長有正相關。

表 2：泰國各產業產值成長比

%YoY	2017					2018			Share Q3/18 %
	Year	Q1	Q2	Q3	Q4	Q1	Q2	Q3	
農業	20.2	20.6	19.4	28.9	13.5	-1.6	7.8	1.3	7.0
製造業	10.2	5.8	12.2	9.9	12.9	14.1	10.7	6.7	89.6
漁業	4.1	-0.6	10.4	11.2	-4.2	9.3	-9.7	-15.4	0.8
其他	-19.5	-35.0	-44.3	49.9	-43.0	-30.7	35.9	-63.4	1.5

資料來源：NESDB, "Thai Economic Performance in Q3 and Outlook for 2018-2019, " NESDB Economic Report(Nov. 2018), p.3, http://www.nesdb.go.th/nesdb_en/main.php?filename=Macroeconomic_Planning, ,accessed on:16. Dec. 2018

　　此外，泰國歷年 GDP 成長率、人均 GDP、總體 GDP 排名在東南亞國家中是名列前茅（見表 3），與東南亞各國，包括柬埔寨、印尼、寮國、馬來西亞、緬甸、菲律賓、新加坡、泰國、汶萊、東帝汶、越南的總體 GDP 排名來看，泰國都是東協國家重要經濟體。

---

[28] 駐泰國代表處經濟組，《2018 年 11 月泰國經濟動態月報》（曼谷：台北經濟文化辦事處，2018），頁 1。

表 3：泰國 GDP 統計數率和東協排名

年分	GDP 成長率	人均 GDP(美元)	GDP(十億美元)	GDP 排名
1980	4.6	718.751	33.422	3
1981	5.9	751.856	35.999	3
1982	5.4	773.787	37.799	3
1983	5.6	835.332	41.366	2
1984	5.8	853.682	43.179	3
1985	4.6	775.776	40.185	2
1986	5.5	840.475	44.520	2
1987	9.5	969.076	52.204	2
1988	13.3	1,159.092	63.704	2
1989	12.2	1,349.927	74.637	2
1990	11.6	1,571.257	88.467	2
1991	8.4	1,777.473	101.247	2
1992	9.2	1,999.967	115.576	2
1993	8.7	2,218.556	128.890	2
1994	8	2,494.739	146.684	2
1995	8.1	2,846.444	169.279	2
1996	5.7	3,046.665	183.035	2
1997	-2.8	2,475.095	150.180	2
1998	-7.6	1,855.120	113.676	2
1999	4.6	2,048.054	126.669	2
2000	4.5	2,028.077	126.392	2
2001	3.4	1,912.280	120.297	2

2002	6.1	2,115.383	134.301	2
2003	7.2	2,377.545	152.281	2
2004	6.3	2,676.296	172.895	2
2005	4.2	2,905.795	189.318	2
2006	5	3,378.831	221.759	2
2007	5.4	3,978.301	262.943	2
2008	1.7	4,379.527	291.383	2
2009	-0.7	4,207.583	281.710	2
2010	7.5	5,065.376	341.105	2
2011	0.8	5,482.397	370.818	2
2012	7.2	5,850.273	397.558	2
2013	2.7	6,154.499	420.334	2
2014	1	5,932.999	407.339	2
2015	3	5,830.636	401.370	2
2016	3.3	5,970.316	411.839	2
2017	3.9	6,590.638	455.378	2
2018	4.6	7,084.471	490.120	2
2019	3.9	7,570.350	524.253	2
2020	3.7	8,011.426	555.232	2
2021	3.5	8,452.414	586.135	2
2022	3.5	8,907.350	617.898	2
2023	3.6	9,400.404	652.180	2

資料來源：IMF, https://www.imf.org/external/datamapper/NGDPDPC@WEO/
OEMDC/ADVEC/WEOWORLD/SEQ/THA/KHM/IDN/MYS/MMR/
PHL/LAO/SGP/TWN/VNM/TLS , accessed on:16. Dec. 2018.

參、泰國對外經貿的立場與態度

從泰國經濟史的發展脈絡來看，自 1970 年代後，泰國積極的出口導向，以及大量吸引外資政策，為泰國的經濟造就了不凡的成就。然而，薄弱的工業基礎，以及基礎建設不足，卻是泰國經濟結構的隱憂，在 1997 年亞洲金融危機時，無疑的曝露出了這一點。就此而言，泰國政府對於其經貿立場的態度為何，將會影響其整體的經濟結構。

長期以來，泰國對外貿易是以完全支持多邊貿易體系，並同步對外簽訂自由貿易協定和區域貿易協定（Free Trade Agreement, FTA、Regional Trade Agreement, RTA）為基本原則，自泰國於 1991 年與寮國簽屬優惠貿易協定（Preferential Trading Agreement, PTA）生效迄今為止，已加入並簽屬生效之 FTA/RTA 多達 14 個，並分別有以東協名義和個別國家名義的方式簽訂。[29]

近年來，泰國的整體經濟自由度（Economic Freedom）不斷地提升，根據美國傳統基金會（The Heritage Foundation）的評估顯示，泰國《2018 年的經濟自由度指數》（2018 Index of Economic Freedom），達到世界第 52 名，區域排名 12 名，總得分達到 67.1，相較去年成長了 0.9 分，以及上升了 3 名，高於全球 186 個經濟體經濟自由度的平均值（61.1），[30] 有此可見，泰國政府的經貿政

---

[29] 葉長城、林俊甫、顧瑩華等，《臺商經貿投資白皮書》（台北市：泰國台灣商會聯合總會、亞洲台灣商會聯合總會、世界台灣商會聯合總會，2017 年 12 月），頁 30，http://www.wtcc.org.tw/index.php/zh/affairs/all-docs/182-2017-09-13-08-12-33/1606-2018-03-22-06-20-03，最後瀏覽日期：2018 年 11 月 28 日。

[30] The Heritage Foundation, 2018 Index of Economic Freedom-Thailand, https://www.heritage.org/index/country/thailand, accessed on: 28. Nov. 2018

策，就目前為止是持續向外開放的，並在近期持續強化政府財政與賦稅制度，吸引外資、觀光客以及技術進入泰國。

泰國政府愈來愈向外開放的態度，還可以從對外國人開放原先禁止的工作能觀察出來。泰國勞動部勞工局展開檢討限制僅有泰國人從事之 39 類行業別，研議可能開放禁止外國人從事的 12 個行業別，將持續禁止 27 項行業別，並將泰式按摩增列為禁止外人從事之行業。勞工局就業部部長 Mr. Anurak Tossarat 表示，因業者及僱主請求開放僅限制泰國人從事行業別，案經聽取及綜整相關部會、民間等各界意見如次：

建議開放外人從事行業，包含工人及石匠、木工、建築工等，目前係屬禁止外人從事行業別，僅開放外籍工人，不包括技術工，因面臨缺工及教育程度不斷提升，建議開放外人從事該等行業，惟須合法取得工作許可。建議禁止外人從事：木雕、駕駛、商店銷售員、切割或打磨鑽石、剪頭髮、捲髮、美容院、導遊、小販、泰式按摩等 28 個行業別。[31]

不過從這點還不難看出，泰國政府還是禁止了某些行業，以確保泰國人勞工的權益，特別是一些屬於泰國人的特色與專長的行業，也就是說，泰國政府雖然積極開放，但為了扶植本土產業，在某些方面還是有所保留。

對目前經濟前景而言，泰國政府是保持樂觀態度，儘管 NESDB 對於泰國出口不甚樂觀，但商業部對今年和明年 8% 的成長預測

---

[31] 駐泰國台北經濟文化辦事處經濟組，「泰國擬開放規定禁止外國人從事 12 行業類別之新規定」，經濟部國貿局經貿資訊網，
https://www.trade.gov.tw/World/Detail.aspx?nodeID=45&pid=641247 瀏覽日期：2018 年 11 月 28 日。

仍堅信不移。商業部國際貿易拓展局局長 Banjongjitt Angsusingh
於 11 月 20 日表示，儘管 9 月份出口同比下降 5.2%，但出口仍相
對強勁。她預測，在 2018 年的剩餘三個月裡，出口每月平均可達
210 億美元（約 6,923.7 億泰銖）。[32]

　　泰國當前以及未來對外經貿的立場，可以從泰國 NESBD 所發
表的計劃書中的許多議題和計畫，看出泰國的基本立場是，希望
泰國成為東協的主要經濟核心國（尤其是在中南半島）與東南亞
在世界上的經貿中心，利用泰國的地緣戰略來連結東協共同體和
全世界。基本上它的基本願景也是希望，東協能在經濟上成為一
個單一市場， 如同歐盟一般。

　　泰國在其第十二次的五年計畫(2017-2021)，也就是國家經濟
及社會發展計畫中強調，未來將會加快對基礎設施和物流的投
資，創造有利分為鼓勵私人投資者擴大投資，[33]並且希望泰國成為
東南亞的重要樞紐，將來會加強邊境的建設與流通，開發新的經
濟區來加強東協經濟共同體的跨境貿易、投資和連通性。
其次，政府為了舒緩人口過於集中曼谷的現象，適當的開發其他
城市，成為未來城市，並繼續開發和加強東部海岸，以適應未來

[32] 駐泰國台北經濟文化辦事處經濟組，「泰國商業部對於今年出口成長展望仍
維持 8%」，經濟部國貿局經貿資訊網，
https://www.trade.gov.tw/World/Detail.aspx?nodeID=45&pid=653413，最後瀏覽日
期：2018 年 11 月 28 日。

[33] NESBD, "Strategy for Strengthening the Economy, and Underpinning Sustainable
Competitiveness," The Twelfth National Economic and Social Development Plan
(NESBD: Bangkok, 2017), p. 106.

的工業擴張。[34]基本上,泰國政府的立場就是希望成為東亞與東協的貿易樞紐,除了建立各個經濟走廊與經濟區外,還希望能在2020年建立一個亞太自由貿易區(FTAAP),此舉一來能增加泰國在地緣戰略上的價值與優勢。

總而言之,泰國希望擴大夥伴國家的貿易與投資合作,為泰國的產品與服務締造新的市場,並充分利用現有的經濟協議,加強多邊與雙邊的經貿合作,並在「公私夥伴」(Public-Private-Partnerships, PPP)的關係中,採取積極主動的戰略,以確定新的市場和貿易夥伴。[35]

泰國的經貿策略除了吸引外資進入,也支持泰國企業向外投資,尤其是對東協國家或是鄰國,希望泰國在2015年後的東協經濟體中積極發揮作用,促進東協單一市場化,以及成為世界的生產基地,並利用RECP成為其支持的助力。其次,希望企業能提升自身的品質與技能,擴大次區域經濟區和出口渠道對基礎設施連通性信息的獲取,以達到促進跨境業務的國際標準。[36]

泰國還希望加強企業技術、創新、管理以及品牌行銷等能力成為東南亞的科技大國,並作為發展夥伴,向鄰國提供技術援助,幫助改善運輸和物流部門的法規和人力資源。

泰國長久以來的傳統外交政策,是維持在區域上與世界上的

---

[34] NESBD, "Strategy for Regional, Urban, and Economic Zone Development," The Twelfth National Economic and Social Development Plan (NESBD: Bangkok, 2017), p. 206.

[35] NESBD, "Strategy for International Cooperation for Development," The Twelfth National Economic and Social Development Plan (NESBD: Bangkok, 2017), p. 230.

[36] NESBD, "Strategy for International Cooperation for Development," The Twelfth National Economic and Social Development Plan (NESBD: Bangkok, 2017), p. 234.

大國保持平衡關係而這樣一個外交政策，使泰國成為東南亞唯一沒有被西方列強殖民的國家。泰國歷史上與外部強權互動的經驗，形塑泰國重視彈性（Flexibility）與實用主義（Pragmatism）的外交文化。彈性原則使泰國可以避免與大國衝突，並且在國家主權與安全上能維持現狀。[37]這樣的一個外交傳統和傳承，依然延續至當前的泰國外交作為和考量。

也因此，在全球舞台上泰國的外交政策選擇，是以維持與該地區和世界大國的平衡關係，確保貿易、糧食和能源安全方面的利益，並且為泰國產品創造更多市場機會以及融入全新的現代金融和資本市場。其次，為了確保可持續的經濟穩定，以避免如1997年的金融危機。從國外獲得更多科學、先進技術和創新思維，以及促進國內競爭的自由化經濟政策，是泰國穩定經濟結構與促進經濟的辦法。[38]

泰國政府為了因應世界的變化以及加強其傳統外交政策的力度，對國內擬定了三個改革方向：（1）、制定機制，盡量減少貿易和投資政策中的負外部效應，以防止由於自由貿易和投資政策以及國際合作而導致的進一步不平等和不公平；（2）、發展人力資源能力，以達到國際標準與需求，包括外語技能、外國知識能力，以及培養開放和前瞻性的態度，成為一個泰國、東協和全球的公民，讓泰國在全球舞台上發揮主導作用；（3）、改變態度，在泰國人民中建立認識和理解，以實現次區域和區域合作以及更廣泛方

---

[37] 趙文志，〈泰國對中政策的歷史與展望〉，《泰國政治經濟與發展治理：皇室軍權、區域經濟與社會族群視角》（台北市：五南，2017年11月），頁261。

[38] NESBD, "Strategy for International Cooperation for Development," The Twelfth National Economic and Social Development Plan (NESBD: Bangkok, 2017), p. 236.

面的其他合作舉措所產生的互惠互利。[39]

　　總和上述所說，泰國的整體立場，是希望能成為東協發展的支點，並讓東協成為世界強權平衡的槓桿，而就其經貿立場而言是持續向外開放，並與世界融為一體為目標。在列強環伺的國際體系中，成為一株具有強大韌性，並且又堅強不易折斷，又能隨風擺動的竹子，應該是泰國對外關係發展最佳的策略選擇。

肆、泰國對外經貿政策與作法

　　從泰國長期的對外貿易來看，出口貿易在其 GDP 中佔有主導地位，也就是說出口貿易仍是泰國經濟的重要支柱。除了出口，觀光旅遊業也對泰國經濟貢獻良多。中美貿易大戰在 2018 下半年愈演愈烈，導致泰國 9 月份出口貿易呈現 19 個月以來的首次負成長（-5.2%），觀光業也受到 7 月船難的影響，來自中國的觀光客衰退 8.8%。[40]不過，泰國在近年來之內需市場擴大，私人消費增加，因此增加了不少經濟效益，也成為泰國在中美貿易戰和全球保護主義升溫下的保命符。為了挽救近期成長放緩的出口，泰銖持續走貶，有利出口。自 2018 年 10 月以來，泰銖兌美元匯率已貶值了 1.9%，為亞洲貶值最大幅度。荷蘭 ING 銀行預估泰銖將自目前 32.96，於 2018 年底前走貶至 33.6 兌換 1 美元。[41]

---

39 NESBD, "Strategy for International Cooperation for Development," The Twelfth National Economic and Social Development Plan (NESBD: Bangkok, 2017), p.237.

40 駐泰國代表處經濟組，《2018 年 11 月泰國經濟動態月報》（曼谷：台北經濟文化辦事處，2018），頁 1。

41 駐泰國代表處經濟組，《2018 年 11 月泰國經濟動態月報》（曼谷：台北經濟文化辦事處，2018），頁 2。

　　基本上，泰國自 1980 年代至今，擴大出口以及吸引外資，一直都是政府振興經濟的重點，並且從一開始以農業出口為主，到 1990 年代轉變為製造業為主，出口商品以工業產品為大宗，如電腦及其零組件、服裝、橡膠以及汽車零組件等。[42]在 1997 年金融危機之後，泰國政府依然把促進出口看作是挽救經濟的主要途徑。2000 年後，泰國不斷開拓國際市場，除了 1990 年代原有的美國和日本市場外，開始增加對歐盟、中國、阿拉伯國家的市場，甚至對非洲國家加強出口。其中，泰國政府尤其重視對中國大陸的貿易，鼓勵企業加強與中國的貿易。[43]

　　出口與外資是泰國經濟的兩大支柱，在加強出口的同時，泰國也實施政策與制定相關法規來大量吸引外資，例如：給予總部設在泰國的跨國企業優惠的稅收政策，並宣布了吸引外資的一些優惠政策，例如：減免進口機器稅、縮短外國技工工作許可證的辦證時間，取消對軟體和電子商務行業啟動的嚴格要求等。[44]

　　近期吸引外資的新一波政策是，泰國投資促進委員（BOI）將 2019 年定為「黃金投資年」，尤其在副總理頌奇（Somkid Jatusripitak）於 11 月訪問中國後，指示投資促進委員會制定新的投資優惠政策。在副總理訪中國期間，許多中國企業表達願意來泰投資，預估每家公司的投資金額達 100 億泰銖。目前中國企業

---

[42] 朱振明，《泰國—獨特的君主立憲制國家》（香港：香港城市大學出版，2006 年），頁 60。

[43] 朱振明，《泰國—獨特的君主立憲制國家》（香港：香港城市大學出版，2006 年），頁 61。

[44] 朱振明，《泰國-獨特的君主立憲制國家》（香港：香港城市大學，2006 年），頁 73。

尋找新的投資標地,而 2018 下半年的中美貿易戰正是主要的推手,[45]並且泰國對中國的一帶一路政策,有著地理位置上的戰略價值和優勢,因此中國對泰國的基礎建設投資具有相輔相成的效果。

此外,泰國長久以來的貿易夥伴是日本,雙邊在 2018 年 10 月時,泰國東部經濟走廊發展計畫(EEC)辦公室與曼谷日本貿易振興機構(JETRO)簽署合作意向備忘錄,表示日本有意願投資泰國「一次性或跨越式發展」的技術驅動計畫,也就是所謂的「泰國 4.0」計畫,並且日本側重於汽車、電子、醫療設備、航太以及食品業,泰國政府希望藉此可以從日本投資,獲得更高技術和創新的技術知識。而韓國方面,則是有意願投資與泰國合作機器人產業。[46]直到今日,泰國的重點經貿政策還是圍繞著這兩大支柱上。

不過,有鑑於缺乏基礎建設,以及工業基礎薄弱。泰國政府近年來也持續對基礎建設的推動,和發展知識經濟,轉變現有的生產結構,以求更壯大泰國的經貿能力,及上述所推動的「泰國 4.0」計畫。然而,過於依賴出口及外資也會對經濟造成不良的影響,因此逐步擴大內需,刺激國內私人消費,有助於避免泰國經濟受到國際貿易不穩定的衝擊,尤其是在近期的中美貿易戰和保護主義的盛行。

泰國在近期的經貿政策除了持續加強傳統的出口擴張與大量

---

45 駐泰國代表處經濟組,2018 年 11 月泰國經濟動態月報(曼谷:台北經濟文化辦事處,2018),頁 9。

46 駐泰國代表處經濟組,2018 年 11 月泰國經濟動態月報(曼谷:台北經濟文化辦事處,2018),頁 18。

吸引外，還開始針對弱點，如上述所說的基礎建設與工業技術。在基礎建設方面，以運輸與物流系統的海、路、空等交通與通訊建設為主要發展項目，[47]並希望藉此能夠強化經濟特區的跨境運輸網路效率，以擴展泰國與東協的貿易能力。

目前泰國基礎建設實施的重點項目，是東部經濟走廊發展計畫(EEC)，以及 2016-2017 年的交通運輸行動計畫，[48]而這些基礎建設的推動其目的，主要為經濟特區（SEZs）推動吸引更多投資。除了著重在經濟特區外，城市的升級與開發也是擴展貿易實力的重要工具，希望能將城市發展為高科技、高環保，以及適合人居住與觀光的智慧城市。例如，將曼谷發展為國際商業、教育與醫療的核心重鎮，藉此能夠讓投資者將泰國作為生產基地。[49]

泰國副總理頌奇（Somkid Jatusripitak）表示，重要大型投資項目將是促進 2019 年泰國經濟成長的核心要素，據日本國際合作銀行（JBIC）董事長前田忠志（Tadashi Maeda）表示，日本及中國同意共同支持開發泰國重要基礎設施項目，特別是在東部經濟走廊(EEC)地區。副總理強調，預測全球經濟將從明年開始出現下滑趨勢，有可能因此影響泰國的出口表現，所以政府需要提前做好準備振興經濟因應方案。[50]

---

[47] NESBD, "Strategy for International Cooperation for Development," The Twelfth National Economic and Social Development Plan (NESBD: Bangkok, 2017), p. 240.

[48] NESDB, "Thai Economic Performance in Q3 and Outlook for 2018–2019," NESDB Economic Report(Nov. 2018), p. 30.

[49] NESBD, "Strategy for Regional, Urban, and Economic Zone Development," The Twelfth National Economic and Social Development Plan (NESBD: Bangkok, 2017), p. 218.

[50] 駐泰國代表處經濟組，《2018 年 11 月泰國經濟動態月報》（曼谷：台北經濟文化辦事處，2018），頁 10-11。

　　總而言之，「泰國4.0」是2019年泰國的經貿重點政策，其所提出的東部經濟走廊計畫（EEC）被視為是旗艦計畫，而該計畫的內容包括10億美元建構高速公路、20億美元擴建港口、60億美元使烏塔堡（U-Tapao）軍用機場改建為國際機場、建造鐵路67億美元，其中10億美元用於高速鐵路；發展智慧城市和提高醫療水平120億美元，以及用於工業升級和產業轉型的150億美元。

　　此外，泰國一直傾向使用減稅和獎勵措施，這些措施完全為自動化和機器人技術升級打造，例如使用先進技術和創新企業可以享受長達13年的公司稅免稅，讓機器和原物料免稅進口。而且「泰國4.0」的十大目標產業：下一代汽車、智慧電子、高價值觀光旅遊和醫療旅遊、農業和生物技術、食品加工、機器人、物流和航空、生物燃料和生物化學。[51]泰國政府最終規畫擬將EEC與「伊洛瓦底江－湄南河－湄公河」經濟合作戰略架構峰會（ACMECS）下建造的其他經濟走廊互相鏈結，EEC將泰國的東部與緬甸土瓦深海港（Dawei Deep-sea Port）、柬埔寨西哈努克港（Sihanoukville Port）、及越南頭頓港（Vung Tau Port）互連接通。而泰國政府正致力於擴建最大的蘭差邦（Laem Chabang）深水港，目標鎖定成為東南亞的海洋運輸中心。泰國的工業部長烏塔馬（Uttama Savanayana）表示，政府推動的EEC重要公共基礎建設項目，將採用「公私合營」（PPP）的經營模式。[52]也正因如此

---

[51] 駐泰國代表處經濟組，《2018年9月泰國經濟動態月報》（曼谷：台北經濟文化辦事處，2018），頁7。

[52] 駐泰國代表處經濟組，《2018年11月泰國經濟動態月報》（曼谷：台北經濟文化辦事處，2018），頁13。

經營模式，希望能以公部門帶動私部門的投資。

　　泰國在 2018 年內需市場有擴大的跡象，私人消費也有所增長，因此預計明年能繼續支持泰國經濟，並且在隨著基礎建設項目的持續進展，公共投資可能會逐漸加速，屆時產能效率提高以及國際貿易和生產重新定向，私人投資往往會擴大。與此同時，由於全球經濟放緩和貿易保護不斷升級，旅遊業的復甦可能比預期慢，以及出口可能會放緩。然而，全球貿易和供應鏈的更明確方向是促進出口、生產和投資的機會，以抵消經濟放緩的影響，並從長遠來看，可以增加潛在的經濟增長。[53]

伍、結論

　　綜觀泰國經貿的立場與做法，在長期執行的五年計畫中，基本上都維持著向外開放的態度，但也因此，讓泰國有點過於依賴外國市場的需求以及外國資金的投資，容易因為外國市場需求的波動，在加上泰國政府因為追求快速的經濟發展，時常忽略了許多經濟問題，進而造成經濟發展的不穩定。自 1997 年金融危機之後，泰國政府開始加強改善這一項經濟發展的缺失，推動基礎建設，改善財政赤字等政策。泰國花了大約 10 年的時間使得 GDP 回到 1996 年的水準。

　　泰國在近年的政策中，大力推動基礎建設的投資案，希望藉由建立經濟特區，吸引更多外資與外商進駐泰國，讓泰國成為跨國公司的生產基地，藉此讓外國高端技術轉移至泰國，促使泰國

---

[53] NESDB, "Thai Economic Performance in Q3 and Outlook for 2018 - 2019," NESDB Economic Report (Nov. 2018), p. 30.

的產業轉型。事實上，這也是許多開發中國家會使用的經貿政策，不但能賺取外匯還能獲得技術轉移，並且配合政府的一些保護主義政策，扶植國內本土工業，讓國家脫離依賴型的外貿國家。根據筆者對泰國經貿粗淺的觀察，泰國相對其他開發中國家，保護主義的政策較為寬鬆，基本上向外開放的程度較高，但也因為如此，泰國的工業轉型較為緩慢，工業型態偏屬勞力密集型製造業。

就泰國目前的產業政策而言，促使工業轉型是當務之急，然而「泰國4.0」計畫中，並無明顯扶植國內本土工業的企圖，反而是更加向外開放，或許這樣的政策能夠刺激泰國經濟的快速成長，但產業的轉型可能依舊緩慢，對外過於依賴的現象，也不會有所改善，甚至是直接轉型成以貿易為主的國家。泰國相對台灣有較大的內需市場，以及東協等區域市場，應該更能夠擴展本土企業的實力，假如泰國政府有意扶植本土企業，應該會在「泰國4.0」政策之後，取得一定的技術水平，並採取保護主義之措施，加快國內產業轉型。

參考文獻

一、中文

朱振明，2006，《泰國—獨特的君主立憲制國家》，香港：香港城市大學出版。

宋鎮照，1996，《東協國家之政經發展》，台北市：五南出版社。

段立生，2014，《泰國通史》，上海：上海社會科學院。

葉長城、林俊甫、顧瑩華等，2017，《臺商經貿投資白皮書》，台北市：泰國台灣商會聯合總會、亞洲台灣商會聯合總會、世界台灣商會聯合總會。

趙文志，2017，〈泰國對中政策的歷史與展望〉，宋鎮照、蔡相偉(主編)，《泰國政治經濟與發展治理:皇室軍權、區域經濟與社會族群視角》，台北市：五南圖書，頁 259-281。

駐泰國代表處經濟組，2018，《2018 年 9 月泰國經濟動態月報》，曼谷：台北經濟文化辦事處。

駐泰國代表處經濟組，2018，《2018 年 10 月泰國經濟動態月報》，曼谷：台北經濟文化辦事處。

駐泰國代表處經濟組，2018，《2018 年 11 月泰國經濟動態月報》，曼谷：台北經濟文化辦事處。

駐泰國台北經濟文化辦事處經濟組，2018，《泰國擬開放規定禁止外國人從事 12 行業類別之新規定》，經濟部國貿局經貿資訊網，https://www.trade.gov.tw/World/Detail.aspx?nodeID=45&pid=641247， 參閱日期：2018/11/30。

駐泰國台北經濟文化辦事處經濟組，2018，《泰國商業部對於今年

出口成長展望仍維持 8%》，經濟部國貿局經貿資訊網，
https://www.trade.gov.tw/World/Detail.aspx?nodeID=45&pid=65
3413，參閱日期：2018/11/30。

泰國歷年 GDP：IMF，https://www.imf.org/external/datamapper/
NGDPDPC@WEO/OEMDC/ADVEC/WEOWORLD/SEQ/T
HA/KHM/IDN/MYS/MMR/PHL/LAO/SGP/TWN/VNM/TLS
，Latest update 16. Dec.2018。

二、英文

Ingram, James C. 1955. Economic Change in Thailand since 1850.
California: Stanford University Press.

Phongpaichit, Pasuk and Chris Baker. 1995. Thailand Economy and
Politics. New York: Oxford Press.

Warr, Peter G. and Bhanupong Nidhipraha. 1996. Thailand's
Macroeconomic Miracle: Stable Adjustment and Sustained.
Washington, D.C. :World Bank Press.

NESDB. 2018. "Thai Economic Performance in Q3 and Outlook for
2018 – 2019." NESDB Economic Report.

NESDB. 2018. "Thai Economic Performance in Q2 and Outlook for
2018." NESDB Economic Report.

NESBD. 2017. "Strategy for Strengthening the Economy, and
Underpinning Sustainable Competitiveness." The Twelfth
National Economic and Social Development Plan. NESBD:
Bangkok, pp. 102-131.

NESBD. 2017. "Strategy for Regional, Urban, and Economic Zone Development." The Twelfth National Economic and Social Development Plan. NESBD: Bangkok, pp. 206-229.

NESBD. 2017. "Strategy for International Cooperation for Development." The Twelfth National Economic and Social Development Plan. NESBD: Bangkok, pp. 230-244.

The Heritage Foundation. "2018. 2018 Index of Economic freedom-Thailand." https://www.heritage.org/index/country/thailand. Latest update 28. Nov. 2018.

第二部分

泰國軍事與人類安全策略：
「求穩」則安

台泰合作阻遏毒品運送的契機

林欽明

淡江大學退休助理教授

【摘要】

　　台灣（以及香港）很久以來是掌控泰北金三角毒品運銷世界其他地區的要角，近年來更因國內毒品的猖獗，以及中國所得上升導致其毒品消費市場的蓬勃發展，而更感杜絕毒品運送的急迫性。泰國也早與美國等主要國家，進行防杜毒品製造與運送的合作計畫，成效亦頗卓著。然近因東南亞成為毒品運送途徑的大幅擴大，泰國身處東南亞區域的中心地位，亦頗有責任重大而又力不從心之感。

　　那麼，台灣與泰國在毒品防制上又有哪些合作的可能與途徑呢？當前，反恐、防制（人口與毒品等）、和走私，已經成為所謂第三代國際協定的重要議題，除了貿易與發展（所謂第一代與第二代的協商議題）之外。然而，台灣受限於國際外交上的困境，以國際協定的方式來建立與其他國家合作的管道，確實有極大的困難。而且，因台灣非為聯合國會員，在相關資訊的取得和更新上，也確實力有未逮。只不過，台灣在防毒與反毒的政策與措施上，雖不及泰國歷史經驗的深遠，但在警力訓練和政策規劃上，仍可說是極為優良的。所以，相信兩國還是有合作的契機的。

　　本文從政治經濟的角度出發，探討泰國在防堵區域毒品運送角色之重要性，以及台灣若干團體和個人在主導區域毒品運送的關鍵所在；進而探究台泰兩國在合作防堵區域毒品運送上的可行策略，並對預期成效做一評估。首先解釋毒品的供給與需求與其他產品或服務有何差異，然後以此為基礎，回顧泰國在毒品問題興起的主客觀因素，以及在取締上所累積的經驗與遭遇的問題和困境。其次，從台灣與泰國在毒品方面的淵源出發，點出台灣在區域與全球防制毒品擴散與運銷上所扮演的角色和採取的做法。第三，則探討泰國經驗對台灣所產生的借鏡，到底有哪些值得注意和著手的層面。最後，則針對這些層面指出雙方可以進一步合作的做法。

關鍵詞：毒品走私、金三角、國際防毒合作、毒品集團

壹、毒品供需經濟學[1]

　　基本上，毒品的供需跟一般的農產品並無多大差異，供給量增加了，價格就會降低，需求量增加了，價格就會上升。而且，跟農產品一樣，一般都假設，其需求彈性很低，也就是說，不管價格是高或低，需求量的變動都不大。

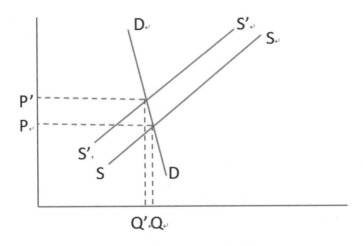

圖 1：毒品的供需曲線變動

註：P 是價格、Q 是數量。

---

[1] 本節主要參酌 Robert T. Burrus, Jr., William H. Hackley and David L. Sollars, "Illicit Drugs and Economics: Examples for the Principles Classroom," *Journal of Economics and Finance Education*, 6(2) (Winter 2007), pp. 75-85; "The Economis of the Illegal Drug : An Argument for Sentencing Dealers Based on the Purity of Their Product," Based on the research of Manolis Galenianos, Rosaliee Liccardo Pacula and Nicola Persico, *KellogInsight*, (https://insight.kellogg.northwestern.edu/article/the-economics-of-the-illegal-drug-market, accessed November 8, 2017).

　　以圖1來說，假若政府採取打壓毒品供給的措施，像是加強取締毒品的生產與運送，導致毒品的供給曲線從 SS 移向 S'S'，這使得毒品價格從 P 上升為 P'，而數量卻只從 Q 下降為 Q'。這跟一般的農產品，尤其是米麥等糧食並無兩樣，因為是必需品，所以不管價格是高或低，消費量不會有多大的改變。

　　可是，實際上毒品與一般農產品並不完全一樣。政府打壓供給面的政策也許會導致供給曲線的移動，不過也可能同時導致需求曲線的變動，這與我們在教室裡所教的經濟學不一樣，而通常會教導學生說，供給與需求曲線每一次只有一條會動，不會兩條同時動。也就是說，當某些毒品供應商因政府的政策而消失，譬如被判刑入獄，或轉移至其他地區，而原來的客戶並不會馬上改向其他供應商購買，而可能因此打消購買的念頭。這是怎麼回事？

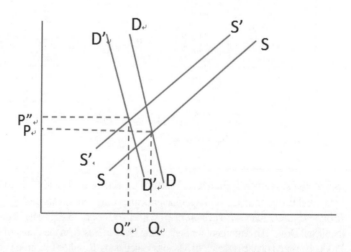

圖 2：政府打壓下的供需曲線變動

註：P 是價格、Q 是數量。

　　因為毒品品質的穩定性不高，毒品消費者在購買之時並不能確定其商品的純度，甚至可能在事後發現買到的是糖粉或麵粉，所以對供應商的信賴度很高。原有供應商消失了，為了避免換人而買到贗品的風險，消費者可能會決定減少消費量，甚至不再購買。這時候，政府打壓毒品供給的措施，不只會影響到供給曲線，還會影響到需求曲線。如圖 2 所示，政府的打壓供給措施，不只使得供給曲線從 SS 向內縮至 S'S'，還可能使得需求曲線從 DD 向左移至 D'D'，所以價格只會漲至 P"而非 P'，而消費量則降至比 Q'更低的 Q"。

　　這麼說來，是否只要加強對毒品供給的取締，就能透過供給與需求曲線的同時移動，有效抑制毒品市場的擴增呢？實際情勢的發展，顯然並不支持這樣的觀點。主要的癥結，是許多國家隨著所得水準的上升，毒品的消費者也在快速增加。1999 年 9 月針對泰國共 76 個府中的 32 個府（包括曼谷地區）所做的調查顯示，高學和大學的年輕人，有 12.4%在使用或接觸毒品，其中有將近 55%在使用甲基苯丙胺（Methamphetamine），也就是當地俗稱的「鴨霸」（Yaba，意即「迷瘋藥」），為安非他命的衍生物（在後面就簡稱其為安非他命）。政府估計有 300 萬的泰國人民，也就是 5%的人口是安非他命的使用者。[2] 這表示毒品需求的壓制也不可或缺。可是正如壓抑毒品供給的情形一樣，當毒品需求曲線因政府處分毒品持有而向內縮時，亦可能因毒品交易的數量減少，而降低了毒品供給者的成本，這又可能導致供給曲線的外移。也就

---

[2]　見 "Thailand's War on Drugs," GlobalSecurity.org, from http://www.globalsecurity.org/military/world/war/thai-drug-war.htm, accessed on July 27, 2017.

是如圖3所示，需求曲線從DD向內移至D'D'，而供給曲線則因生產成本下降，而從SS向外移至S'S'。毒品價格降低了，消費量不減而反增，從Q增加至Q"。

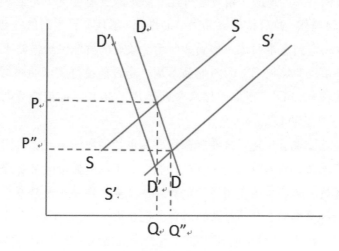

圖3：毒品供需曲線變動

註：P是價格、Q是數量。

不過，交易也會影響供給。所以若毒品交易量上升很大而提升了毒品販賣者被捕的機率，使得供給成本因而上升，這將促使供給曲線向內移動，如圖4所示，從SS移向S'S'，這又可能使得毒品需求量則因價格的上升而減少。當然，這與政府政策決心有很大關聯。除非政府在反毒措施的執行方面，既為全面性而且是長期的，否則這種情況的發生也許只可能是短期與局部性的。畢竟，販毒利潤的誘惑實在太高了，任何地區、任何時候有人倒了、消失了，總會有新的與更多的人取而代之。

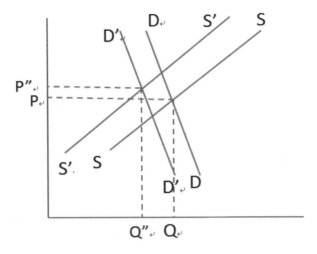

圖4:交易量對毒品供需曲線的變動

註:P是價格、Q是數量。

貳、泰國反毒經驗

根據泰國的軍方官員,其國家安全最大的威脅乃位於北方邊界,此威脅遠比 1970 和 1980 年代初期的共黨叛亂更為嚴重。在那裡,瓦邦聯合軍(UWSA)在緬甸所主導生產的安非他命藥丸大量越過邊界,蔓延至泰國市場。泰國軍方把掃毒視為軍隊的第一要務,這要追溯至 1998 年蘇拉育將軍(General Surayud Chulanont)就任泰國皇家陸軍(RTA)總司令之時,[3] 他所堅持的反對軍方介入商業活動政策,尤其是北方邊界商業的改革者。

---

[3] 蘇拉育於 2006 至 2008 年間擔任泰國臨時政府的總理。

　　經過一年的緊張對峙，在蘇拉育將軍的一聲令下，於 1999 年 8 月關閉了聖頓杜 （San Ton Du）邊境關口。10 月其他邊境關口也全數關閉，主要是因為仰光不滿曼谷政府對使館人質危機的處理方式，泰國當局派直升機將佔據駐緬使館的學生載運回邊界並予以釋放。[4] 1999 年 12 月雙邊關係已充分緩和，邊境口岸重新開放並恢復貿易。不過，雖然泰國商界對政府一再施壓希望與瓦邦恢復交易，但聖頓杜關口仍維持緊閉不通。

　　隨著 1999 年 8 月的關閉聖頓杜關口，10 月北方陸軍第三軍區司令及其部署進行了重整，由瓦達納差中將（Lieutenant Wattanachai）接任軍區司令，並將清萊和清邁省面對瓦族維持邊境安全和管制任務的部隊進行輪調，改由光明特遣部隊（Pamuang Task Force）駐紮。該特遣部隊原來是駐於泰寮北方邊界隸屬於碧差汶（Petchabun）第一騎兵團的成員，並由彭世洛（Phitsanulok）第四步兵團轄下的第十七旅所協防。光明特遣部隊總部位於清邁，並由第一騎兵團司令 Sombookiat 少將嚴格控管邊境的其他部隊，特別是邊界巡警 (BPP)、騎警、省警察署和其他警察單位。此項改組有效地阻斷了過去瓦邦和泰國安全部隊在邊境所建立的舒適關係，尤其是一般居於前哨地位的騎警。

　　當時任第三陸軍軍區司令的瓦達納差中將並建請國家安全委員會設立一跨省行政機構，以協調北方瀕臨緬甸的四個省--清萊、清邁、湄宏順府和來興府所有安全議題，特別是有關毒品的問題。此機構實際上是比照南方邊省行政委員會（Southern Border

---

[4] 見 "Embassy gunmen flee," BBC News, October 2, 1999, http://news.bbc.co.uk/2/hi/asia-pacific/463569.stm.

Provinces Administrative Commission）所設立，該委員會是在監理南泰瀕臨馬來西亞穆斯林占多數省之敏感事務。該提議後來被否決掉，由現有的國內安全行動司令部(ISOC)更緊密地進行毒品管制和壓抑任務。

在 2000 年 2 月初皇家陸軍毒品壓制委員會主席文樂將軍（General Boonlert Kaewprasit）巡視邊界之後，他呈交了一份成立「菁英部隊」以「堅決對付」毒品運送的建議書給陸軍總司令蘇拉育將軍。地方媒體聲稱這個部隊就跟當年用來對付毒王坤沙是一樣的，這裡所指的是 1982 年數百個泰國特別部隊對清萊省滿星疊村(Baan Hin Taek)所展開的大突擊，最終將該華撣軍頭趕出泰國回到緬甸。[5]

另一方面，緬甸在瀕臨泰國北部邊界的孟揚（Mong Yawn）集結了許多中國工程師、教師和明顯的政治顧問，引起泰國皇家陸軍情報部門的關切。這些人顯然是經過中國中央政府或雲南地方政府的默許，在佤邦自治區工作，不過較無法確定的是，他們的出現到底代表甚麼意義。較正面的看法是，中國當局迫切希望以發展援助消除佤邦在毒品的介入。從 1990 年代初期以來，中國即因從果敢和佤族山區走私進來的高檔海洛因，導致吸食海洛因者(以及愛滋病患)的暴增，這些毒品並從中國西南流向香港、台灣以至於北美。中國國安官員並於 1994 年初將佤邦聯合部隊總司令鮑有祥（Pao You-chang）召至昆明加以嚴屬警告，不許將毒品

5　見 Thitiwut Boonyawongwiwat, *The Ethno-Narcotic Politics of the Shan People: Fighting with Drugs, Fighting for the Nation on the Thai-Burmese Border* (Lanham, MD: Lexington Books, 2017), p. 40.

輸入中國。[6]

　　安非他命在泰國社會甚為猖獗，已達到危機高點。從初期使用者包括甘蔗園工人以及長途貨車司機，直到全國之家庭、學校、辦公室和工廠，緬甸所生產的冰毒（甲基安非他命／鴉霸）已嚴重滲透至各個角落。鴉霸的蔓延，也導致普遍的組織犯罪、官員腐敗、街頭暴力，和破裂的家庭。

　　泰國的毒品戰爭在塔信執政時期獲得短暫的勝利，地方毒品運送者和街坊毒品使用者減少了，不過並未妨礙跨境的運輸，或衝擊到毒品貿易的更高層級。他對「黑色衝擊」的戰爭成效不大，沒有顯著的逮捕成果，泰皇甚至故意斥責他在掃毒勝利上所做的誇耀。緬甸與寮國仍然是泰國毒品問題主要的製造者，而且大多數泰國的毒梟仍然逍遙在外。事實上，毒品運送者只是轉換了路線，或暫時把產品貯藏在邊境地區以等待安全的運送時機。如果說塔信的戰爭對泰國毒品問題有所衝擊的話，應該可以說它只是長期抗戰裡相對較成功的戰役，而不是戰爭最後的勝利。[7]

　　泰國司法部長百布（Paiboon Kumchaya）於 2016 年 7 月宣布，他的部裡正在徵詢相關機構的意見，將鴉霸從非法毒品的名單裡排除。鴉霸等同於菲律賓俗稱的「殺怖」（Shabu），是安非他命摻雜咖啡因或其他物質，做成藥丸、晶體或粉狀，以供食用、吸入或注射。菲律賓總統杜特蒂（Duterte）在 2016 年 6 月底上台後一個多月裡，據稱已經雇人暗殺了四百名毒品的販賣和使用者，而

6　參閱〈金三角新霸主鮑有祥　毒品王國的君主〉，《天涯社區》，2006 年 10月 28 日，http://bbs.tianya.cn/post-worldlook-128478-1.shtml，瀏覽日期：2019-05-21。

7　"Thailand's War on Drugs,"

且人數持續上升。[8]除了緬甸與寮國之外，甚至北韓也在安毒的生產使用和走私上摻了一腳。

　　泰國顯然在毒品戰爭裡獲得了寶貴的教訓，而且是慘痛的教訓。百布（Paiboon）指出，數十年的毒品戰爭是失敗的，毒品的使用有增無減。以鴨霸來說，如果解除其非法地位，將可鼓勵毒品上癮者出來接受治療。他宣稱，醫學證據顯示鴨霸比煙和酒的傷害性低，過去在香港的西方醫生也曾指出鴉霸對健康的傷害性比酒精小。泰國前首相塔信在2003年時也曾透過法律以外途徑，殺死了超過兩千名據稱是毒品的推廣和銷售者。當時雖然鴨霸價格快速上升，並促使數千個毒品使用者自願接受治療，可是成效極為短暫。如前所述，那些被殺的幾乎都是小毒販，沒有逮到半條大魚，而跨境的毒品交易則毫髮無傷。有些鴨霸使用者轉向其他物質，而沒多久，毒品的使用又故態復萌。[9]

　　東南亞其他國家包括印尼、馬來西亞和新加坡，雖然不採取法律以外途徑，但都將毒販訴諸死刑。印尼總統佐科威（Jokowi）因恢復死刑的處分，引起許多國外的批評，主要是因為若干受害者是外國人之故。[10]印尼和馬來西亞也致力於加強對毒癮者施予強迫性的治療，他們還提供針頭給那些毒品注射者，以減少因共

---

[8]　Philip Bowring, "Thailand's Novel Approach to Drugs Could Offer Lesson to Neighbors," *Radio Free Asia*, August 8, 2016 . (http://www.rfa.org/english/commentaries/perspective/thailand-drugs-08082016143719.html).

[9]　Nick Cumming-Bruce, "Hit squad killings stain Thai drug war," *The Guardian*, March 2, 2003, from https://www.theguardian.com/world/2003/mar/02/thailand.

[10]　"Indonesia maintains death penalty amid criticism," *The Jakarta Post*, March 30, 2017，from http://www.thejakartapost.com/news/2017/03/30/indonesia-maintains-death-penalty-amid-criticism.html.

用針頭而造成愛滋的蔓延。不過，如果只是一意消除毒品使用者，而不是專注於毒癮者的復原，可能使得毒品問題被過度誇大。譬如說，佐科威引述了一個 450 萬使用者的數字，幾乎是全國成人年人口的 3%。而其中只有 100 萬人是被分類為上癮者，也就是一年之內使用毒品超過 49 次的人。一個禮拜一次是上癮的普遍界定標準，所以其他的 350 萬人，包括 160 萬所謂曾經使用過毒品一次者，都不算是嚴重的吸毒者。[11]

　　毒品問題是否真地明顯惡化，也無法確定。殺怖流行於菲律賓至少已有 20 年，而任何的增加也許只是反映了都市人口的上升，使更多人有機會取得毒品罷了。年輕人在派對裡不論使用酒類或違法物質而嗨翻天，是稀鬆平常的事。而那些為杜特蒂特意濫殺而喝采的家長們，他們在年輕時也可能偶爾會吸食毒品。那些死亡數字顯示，被殺的主要都是貧窮的毒販或使用者，而非有錢的大爺。此外，想要將毒品杜絕於印尼、菲律賓乃至於台灣這些島國之外，即使他們所有的警察和其他執法人士都是乾淨的，也幾乎是不可能的事。而且大多數的法律都未詳細區別不同種類的毒品，像是鴉片、大麻和海洛因，同時其違法的地位，也因此產生了各種不同強度和成分的殺怖與鴨霸。這些種類的差異，是導致許多與毒品相關聯之死亡的主因，而殺怖和類似物質則導致許多使用者從事偷搶的行為，以維持吸毒的習慣。

　　在大多數東南亞國家裡，反獨的行動也使得監獄裡人滿為患——譬如馬來西亞一半的犯人就與毒品有關，這在降低毒品供需的成效上是極其有限的。監獄並不是有效戒毒的地方，尤其當毒

---

[11] See from "Thailand's War on Drugs."

品在裡面流傳得更快的話。另一方面，那些從毒品貿易賺大錢的人，還有那些控制毒品跨境運輸，以及經營工廠以生產藥丸和藥粉的人，都鮮少被拘捕，更不用說他們所取得的利潤，也鮮少不是透過合法貿易或賭場而成功洗錢的。

從泰國（以及其他東南亞國家）反毒的經驗來看，正可印證我們在上一節的討論。政府在毒品供給的壓制，除非大到足以讓毒品供給成本上升，譬如說在塔信執政的時期，否則因毒品需求的持續上升，加上毒販是道高一尺而魔高一丈，政府越禁他們就越猖獗，價格將不升反降，消費量也就持續上升。不過，這只是直線式的思考，並未慮及毒品合法化的可能，以及人口、都市的成長所產生毒品使用上升的假象。毒品選擇性的合法化，則可能透過毒品生產與消費結構的調整，一方面減少了毒品獨占的利潤，使得毒品供給價格不會快速上升，降低毒梟的市場力量；另一方面則可能使得需求彈性增加，使用者對毒品價格的敏感度上升，不會再像過去一樣不管價格上升多快，還是硬要過癮不可，導致鋌而走險、作奸犯科。

台灣近年來毒品的消費與走私運送日漸猖獗，泰國經驗一方面可以作為台灣的借鏡，另一方面則可思量雙邊合作的可能性。

參、 台灣與泰國毒品的淵源及其反毒經驗

台灣與泰北金三角的淵源極深，這可溯及 1949 年，當時數千名中國國民黨軍隊從中國大陸逃入緬甸、泰國、寮國以及印支半島北部的所謂東南亞「金三角」地區。一開始，美國將這些「非正規軍」視為圍堵共產黨有用的部隊，並對他們提供支援。不過

到了 1953 年，華府開始注意到這些部隊對其反共政策，不只不是助力，反而可能是一威脅。然而，要將他們移除並非易事，因為在台灣的蔣介石希望藉由他們以達成反攻大陸的目的。在 1953 年，以及再次於 1961 年，華府兩次對蔣施壓，終於迫使其同意將這些非正規軍撤出。在第二次的撤退之時，美國的可信度、美緬關係，以及整個的圍堵政策，都遭遇到嚴重的挫折。[12]

1961 年段希文帶領 4,000 名身心俱疲的國民黨第五軍從緬甸遷移至泰北山村美斯樂（Nae Salong），泰國政府同意給予庇護的條件，是他們能協助監督並遏阻共黨的滲透。[13]因此，該村至今的居民絕大多數是華人，而且是那些國民黨士兵的後裔。同時，李文煥則率領第三軍最後退居唐窩（Tham Ghob）。[14]國民黨軍很早即介入金三角的鴉片貿易，不過因多方的阻隔，他們並無法直接進行更多的貿易。於是他們決定爭取果敢（Kokang）華人毒梟楊金秀的支持，人稱楊二小姐的楊金秀，從 1950 年代即開始從事鴉片買賣，是第一個以卡車車隊而非驢子將毒品跨過邊界運進泰國的軍頭，沿途均有重裝武器「楊家軍」保護。楊金秀的部隊與國民黨軍進行貿易，他們的軍事支持使得邊境地區愈趨不穩，迫使緬軍必須分散駐紮於不同據點，這實有利於國民黨軍。國民黨著名的將軍段希文還公開解釋國民黨軍為何要介入金三角的鴉片貿易，他說：「我們持續與邪惡的共產黨戰鬥，戰爭需要軍隊，而

---

[12] 見 Victor S. Kaufman, "Trouble in the Golden Triangle: The United States, Taiwan and the 93rd Nationalist Division," *The China Quarterly*, 166 (June 2001), pp. 440-456.

[13] Denis Gray, "Anti-communist Chinese Army in Exile Fading Away," Associated Press, May 12, 2002, p. 25.

[14] 覃怡輝，《金三角國軍血淚史：1950-1981》(台北：聯經出版，2009)。

軍隊需要槍枝，購買槍枝需要錢。在這些山區裡，唯一的金錢就是鴉片。」[15]

　　為了進行對中國毛澤東共產黨的秘密戰爭，國民黨乃訴諸撣族山區唯一有利可圖的經濟作物──鴉片。當國民黨軍於 1950 年剛剛進入該地區時，每年毒品產量只有 30 噸，國民黨說服了撣族農民種植更多的鴉片，他們課徵高額的鴉片稅，迫使農民必須種更多才能抵銷稅負的成本。在 1950 年代中時，金三角的緬甸部分鴉片產量上升了 20-30 倍，達到每年 300 到 600 噸，而且更多這些山民的兒子被徵召去打他們幾無所知的戰爭。

　　國民黨在金三角的活動也包含了美國中央情報局（CIA），這是 CIA 首次在第三世界進行反抗不受歡迎政權之秘密行動，後來又陸續在西藏、寮國、剛果、安哥拉、阿富汗、柬埔寨和尼加拉瓜等地如法炮製。許多後來因參與其他秘密行動而出名的機構和人士，事實上都在金三角首次獲得經驗和訓練。金三角的秘密戰爭是失敗的，國民黨部隊和特派員無法激起雲南任何反抗行動，沮喪之餘，他們乃將注意轉向更為有利可圖的鴉片貿易。[16]秘密戰爭也許對中國影響不大，不過國民黨和 CIA 在金三角的秘密行動則造成緬甸北部山區罌粟的大幅開墾。

　　國民黨在緬北農村的侵入和行動破壞了當地傳統的農業，原來只為山區部落所種植的鴉片，後來連撣族一般農民也被迫種

---

[15] *Weekend Telegraph* (London), March 10, 1967; 轉引自 Bertil Lintner, "The Golden Triangle Opium Trade: An Overview," *Asia Pacific Media Services* (March 2000)(www.asiapacificms.com).

[16] 見 Alfred W. McCoy, *The Politics of Heroin: CIA Complicity in the Global Drug Trade, Afghanistan, Southeast Asia, Central America* (Chicago: Lawrence Hill, 2003).

植。同時，到 1960 年代中之前，金三角只進行鴉片貿易，後來因邊境的戰爭和混亂使得地區軍頭得以利用其私人部隊擴張勢力範圍，在其部隊的保護下，原有的鴉片工廠乃將鴉片再提煉成嗎啡和海洛因。他們從香港和台灣引進化學技師，這些更新也更危險的產品為他們在東南亞轉進大筆的利潤。

東南亞第一個海洛因提煉廠即於 1960 年代中設立於靠近寮國會曬（Ban Houayxay）的山區，就隔著湄公河與泰國清萊省清孔縣（Chiang Khong）相望。新的提煉廠後來即陸續在泰緬邊界設立。緬甸尼溫將軍（Ne Win）在 1960 年代中和末期的經濟政策，也助長了毒品的生產。他的「改革委員會」宣布緬甸從此將遵循新的所謂「緬甸社會主義途徑」，所有企業和銀行(外國和其他人經營者)、商店、工業、工廠等等全都收歸國營，個人所經營的企業和從事的貿易，以及私人機構全部停擺。地下經濟在此經濟中空裡順勢興起，鴉片經營者是唯一有能力從中獲利者，他們從貧困的種植者以超低價格購入鴉片，以武裝車隊運進泰國並提煉成海洛因；回程時再購入更多的鴉片、泰國產品和商品，以極高價格賣到撣邦。鴉片成為唯一可能的作物和交易媒介，而 1963 年只在薩爾溫江東部種植的鴉片，現在不只撣邦全境，還擴張到卡欽、克耶以及欽邦全境。[17]

另一方面，仰光政府因抵擋不住叛軍的壓迫，尼溫乃授權地方成立名為卡凱耶（KKY）的自衛隊，他們得以利用政府所控制的撣邦道路和鄉鎮以運送鴉片，並對抗叛軍。緬甸政府希望以容許 KKY 部隊進行鴉片貿易而自給自足，讓仰光在國庫空虛的情

---

[17] Chao Tzang Yawnghwe, *The Shan of Burma: Memoirs of a Shan Exile* (Singapore: ISEAS, 1987).

況下，仍能夠進行對抗叛軍的行動。[18]

KKY 部隊時常為毒商所雇用以運送毒品，而 KKY 部隊司令自己也時常就是「毒商」。譬如羅興漢或坤沙運毒車隊運進泰國邊界的話，除了攜帶他們自己的鴉片之外，也會順帶運送其他沒有自己部隊毒商的貨品。緬甸政府部隊有時候會提供 KKY 車隊的安全保護，他們也經常與 KKY 合作作戰，以符合原先的目標。

國民黨部隊扮演緩衝的角色，並擔任非官方泰國的「邊境警察」，他們同時依序為台灣、美國和泰國收集情報，相對而言 泰國當局則對國民黨走私毒品的行動睜一隻眼、閉一隻眼。[19]各國的情報機構與 KKY、國民黨和若干撣邦反抗團體都有聯結關係，有些純粹是基於獲利的目的，有些則因為毒品貿易確實是有價值的情報資產。台灣情報員則特別活躍，這有著歷史的因緣，他們不只與國民黨遺軍合作，也與若干 KKY 部隊結盟。這是因為某些部隊本來就是由緬甸華人所領導，所以建立關係並不難。果敢 KKY 的羅興漢就與台灣情報單位維持緊密的關係，[20]而坤沙的楠謨(Loi Maw) KKY 則透過騷巴朗 (Sao Hpalang) 與台灣建立連結關係；騷巴朗原名張素泉(Zhang Suquan)，原為國民黨軍官，後來從寮國進入撣邦，成為坤沙的參謀長。[21]美國 CIA 則大幅利用國

[18] Alfred McCoy, *The Politics of Heroin in Southeast Asia* (New York: Harper & Row, 1972), pp. 336-37.

[19] Catherine Lamour and Michel R. Lamberti, *The Second Opium War* (London: Allen Lane, 1974), pp. 96-97.

[20] "Taiwan links in Lo trial," *Bangkok Post*, January 25, 1974; 轉引自 Bertil Lintner, *Burma in Revolt: Opium and Insurgency since 1948*, 2nd ed. (Bangkok: Silkworm Books, 1999).

[21] 見"Zhang Suquan aka Falang passed away at 0500 on 3 June in Rangoon," Democracy for Burma, June 7, 2011

民黨的觸角為其情報資產，並招募外籍兵團以進行對抗北越部隊和寮國當地共軍的「秘密戰爭」。[22]

國際毒品集團很自然地就介入泰緬邊界的海洛因提煉廠，對其提供化學專家，並負責區域和國際的毒品行銷。這些集團雖為獨立運作，但因為他們大部分為台灣、香港和澳門的所謂秘密會館或三合會所掌控，所以很容易就與國民黨以及某些 KKY 部隊連結在一起。

美國也逐漸發現其所犯的錯誤，使得許多打越戰的美軍成為毒品吸食者，尼克森總統乃於 1975 年發表有名的「毒品戰爭」(War on Drugs) 宣言。[23] 美國的第一步行動就是設立強勢的緝毒局(DEA)，而鑑於美國已陷入越戰之中，華府很快即體認到它的對外援助必須更為精細，於是將某些援助轉移到新成立的聯合國藥物濫用管制基金(UNFDAC)。數百萬的資金移入金三角的山區部落，鼓勵鴉片農改種其他的替代作物。鴉片田和所謂的「毒梟」(Drug Kingpin)是美國在東南亞的毒品戰爭最主要的目標，尤其是泰國的鴉片田，到了 1990 年代末時幾乎已經全部絕跡，1999 年時全境的鴉片種植面積已跌至低於 1,000 畝的歷史新低。[24]

不過泰國在國際毒品貿易裡從來就不是扮演生產者的角色，但其優良的基礎建設很適於將緬甸與寮國北部山區所生產的毒品

(https://democracyforburma.wordpress.com/2011/06/07/zhang-suquan-aka-falang-passed-away-at-0500-on-3-june-in-rangoon/).

[22] Lintner, "The Golden Triangle Opium Trade," p.11.

[23] "White Paper on Drug Abuse: A Report to the President from the Domestic Council Drug Abuse Task Force," (September 1975) .
(https://www.fordlibrarymuseum.gov/library/document/0067/1562951.pdf).

[24] "Opium farms shrink 80% over decade," *Bangkok Post*, March 6, 2000.

運到東亞、澳洲、北美和歐洲的全球市場。泰國也是金三角地區唯一具有已開發銀行體系的國家，所以它在毒品貿易裡的主要功能，一直都是做為一個中繼國，而且也是資金提供者所在國，這並不因為其本身鴉片年產量的劇減而有任何改變。泰國的困境是，它一方面需要那些關切於對抗共產黨和毒品之國家的協助，另一方面許多毒品運輸集團又與泰國官員機構建立了多年的緊密關係，泰國經濟因此從毒品貿易獲得極大利益。毒品集團的氣焰乃日漸高漲，國民黨的李文煥將軍持續住在清邁武裝保護的山莊裡，甚至於 1972 年初的「移墾協議」（Resettlement Deal）之後取得泰國公民的身分。[25] 華府對該協議提供了一百萬美元，包括一公開燒毀 26 噸鴉片的毒品焚燒秀，李將軍並宣布他從此將從毒品貿易洗手不幹。不過有些觀察家並不相信，他們說那些 26 噸所謂毒品被燒毀時，旁觀者作證指出聞到的是黃豆和香蕉的味道。[26]

台灣從 1990 年代中開始的南向政策，鑒於過多台商的群集中國，乃鼓勵企業到東南亞找尋從商和投資的機會，在泰國、柬埔寨、寮國、緬甸和越南的台灣廠商數目於是大幅增加。到了 1990 年代末，隨著台商在中國及許多東南亞國家的日漸活躍，他們在海洛因貿易所扮演的角色也跟著改變。在 1998 年之後，到中國與泰國從商的台商開始接觸海外的毒品製造者，自此香港的毒品供

---

[25] 譬如見 Robert M. Hearn, *Thai Government Programs in Refugee Relocation and Resettlement in Northern Thailand* (Auburn, NY: Thailand Books, 1974).

[26] *Statement of Sao Nang Ying Sita in Hearings Before the Subcommittee of Future Foreign Policy Research and Development on International Relations* (U.S. Congress. House. 94th Cong., 1st sess., 22 and 23 April 1975), p. 145; 轉引自 Lintner, "The Golden Triangle Opium Trade," p. 13.

應管道乃逐漸被其所取代。[27]台灣毒品組織在取得東南亞的海洛因資源之後，也部分取代了香港黑道在台灣的地位。這些組織運送毒品至澳洲、日本以及美國，他們的犯罪活動遍布全球，他們的主要目的是在賺錢，而就如一般的生意人，他們也強調準時交貨、產品品質以及即時付款。他們的行事法則與一般生意人無異，鮮少以暴力來對付其他毒品組織成員或政府執法當局。[28]跟其他活躍於泰國毒品運輸的人物一樣，[29]台灣的毒品組織負責人通常也是位高權重的政治人物、高階軍官、黑道或企業人士。[30]

至於台灣本身，它並不是毒品的主要生產者，而因相對接近毒品的主要運輸途徑，所以自然成為一個方便的轉運點。它從1990 年代起即積極與美國在台協會（AIT）合作，以減少被利用成為運毒的管道，美國國務院還稱讚台灣在這方面的成就，並不再將台灣視為區域裡的主要毒品運輸中介。最近於 2013 年美國還曾承認，台灣的無法進入聯合國對其全面參與國際反毒活動是一大阻礙。[31]

---

[27] James O. Finkenauer and Ko-Lin Chin, *Asian Transnational Organized Crime and Its Impact on the United States: Developing a Transnational Crime Research Agenda* (Washington, D.C.: National Institute of Justice, 2007), p. 65.

[28] Finkenauer and Chin, *Asian Transnational Organized Crime and Its Impact*, p. 66.

[29] 這些人物包括佤族領袖、泰國犯罪集團(*jao pho*)，曼谷華埠、紐約與全球各主要華人社區的領袖。

[30] Ko-lin Chin, *The Golden Triangle: Inside Southeast Asia's Drug Trade* (Ithaca: Cornell University Press, 2009), p. 126.

[31] U.S. Department of State, Office of the Under Secretary for Civilian Security, Democracy, and Human Rights, "2013 International Narcotics Control Strategy Report: Country Report—South Africa through Vietnam," (Washington, D.C.: Bureau of International Narcotics and Law Enforcement Affairs, March 5, 2013) (https://2009-2017.state.gov/j/inl/rls/nrcrpt/2013/vol2/204067.htm#Taiwan).

　　台灣利用它在若干多邊組織的會員資格，顯現其在國際警察圈裡的地位，第一個組織是「國際警察首長協會」（IACP），咸信是全世界最大的警察行政官員非營利組織。台灣於 1985 年在被排除於國際刑警組織（Interpol）之後即加入 IACP，於 2004 年在北京嚴重抗議之下，成功地將會籍名稱從「Taiwan, China」改為「Taiwan」。它在 IACP 的會員資格，使得它得以與一百個以上國家的其他警察單位，共同分享學習經驗和最佳做法。台灣還透過其警政署參與國際機場與海港警察協會（ISAASP），以與其他會員國的入境港協調並分享相關情報。

　　此外，台灣透過其海巡署與其他國家進行有限度的雙邊執法合作活動，海巡署與包括日本、菲律賓、馬來西亞、泰國、印尼和越南等區域國家的海防單位合作，以對抗人口走私和毒品運輸。海巡署在經過十年的擴編計畫，將現有船艦增加到 170 艘以上，包括兩艘三千噸的巡邏艦，於 2014 年 11 月完成擴編。[32]這都有助於海巡署在南海和東海維持法律和秩序、包護天然和海洋資源，並防止走私、海盜、人口走私和毒品運輸。[33]

　　不過，不論台灣對毒品戰爭多麼努力，一來因位居毒品運輸的樞紐，二來隨著區域毒品使用風潮的高漲，毒品的氾濫還是免不了持續上升。從表 1 的 2006-2014 年之毒品取締情形可看到，

---

[32]　Joseph Yeh, "Taiwan's Coast Guard Administration Unveil 3,000 Ton Patrol Ship in Kaohsiung," *Asia One*, April 19, 2014 (http://www.asiaone.com/asia/taiwans-coast-guard-administration-unveils-3000-ton-patrol-ship-kaohsiung)..

[33]　Bonnie S. Glaser and Jacqueline A. Vitello, *Taiwan's Marginalized Role in International Security: Paying a Price* (Boulder: Rowman & Littlefield, 2015) (https://csis-prod.s3.amazonaws.com/s3fs-public/legacy_files/files/publication/150105_Glaser_TaiwanMarginalizedRole_WEB.pdf), p. 10.

除了安非他命之外，K他命以驚人的速度持續上升，而且其他的所謂新興影響精神活性物質(NPS)，像是蝴蝶片（藍色小精靈）、煩寧、火狐狸等也自 2013 年以後開始出現。[34]

表1：台灣主要非法毒品取締量，2006-2014（單位：公斤）

等級	種類	2006	2007	2008	2009	2010	2011	2012	2013	2014
一	海洛因	203.48	137.67	130.52	62.42	83.61	17.84	157.94	104.1	86.74
二	安非他命	181.37	124.33	28.37	107.02	251.86	140.6	119.3	775.85	462.93
	大麻	28.04	22.32	13.21	61.07	21.01	15.89	14.35	35.75	10.73
三	K他命	827.9	598.7	799.5	1186.4	2594.3	1371.9	2111.1	2393.3	3303.2
四	其他	0	0	0	0	0	0	0	16.39	30.64

資料來源：衛福部食品藥物管理署；內政部國家警察總局；行政院衛生署 (2013 年之前)；詳見 Ling-Yi Feng, et al., "Comparison of Illegal Drug Use Pattern in Taiwan and Korea from 2006 to 2014," *BioMed Central*, September 23, 2016 (https://substanceabusepolicy.biomedcentral. com/articles/10.1186/s13011-016-0078-x).

整體來看，安非他命在非法毒品市場一直佔有很大的份量，而且還會繼續維持其主要地位。安非他命總取締量從 2006 年的181.37 公斤上升至2014 年的462.93 公斤，2013 年達到高峰775.85公斤(見圖5)。雖然台灣與韓國都呈現安非他命吸食量的大增，但

---

[34] 臺灣毒品大致分為四級，第一級包括海洛因、嗎啡、鴉片、古柯鹼等，第二級包括安非他命、大麻、搖頭丸、LSD 等，第三級包括三唑他(小白板)、K他命等，第四級包括三氮二氮平(蝴蝶片)、二氮平(煩寧)、色胺類5(火狐狸)等。

不論是總取締或每人取締量台灣都遠比韓國為高。[35]另一方面,自 2006 年起,K 他命成為台灣主要的 NPS 毒品,總取締量從 2006 年的 828 公斤上升至 2014 年的 3,303 公斤(見圖 6)。至於其他的 NPS,則以合成卡西酮(Synthetic Cathinones)—MDPV, 4-MMC, bk-MDMA 等以及 XLR-11(類大麻活性物質)為主,台灣總取締量從 2012 年的 0 公斤上升至 2014 年的 32.76 公斤。[36]

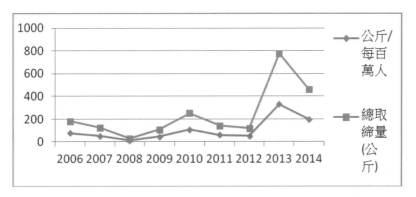

圖 5:台灣安非他命總取締與每百萬人取締量,2006-2014

資料來源:同表 1。

---

[35] 見 Feng, *et al.*, "Comparison of Illegal Drug Use Pattern in Taiwan and Korea from 2006 to 2014," 譬如韓國在 2014 年的總取締量不到 10 公斤,遠比台灣的逼近 200 公斤低很多。

[36] Feng, *et al.*, "Comparison of Illegal Drug Use Pattern in Taiwan and Korea from 2006 to 2014," Fig. 3.

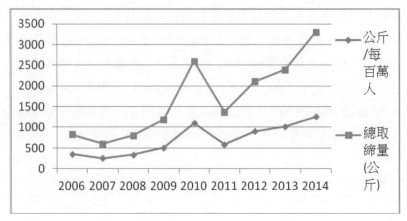

圖 6：台灣 K 他命總取締與每百萬人取締量，2006-2014

資料來源：同表一。

　　2009 年台灣一項對健康與濫用藥品的調查顯示，在前一年有 220,000 到 228,000 介於 12 到 64 歲之間的人曾經使用毒品（佔總人口的 1.43%）。在 2014 年時，國家警察總局宣布，警方共逮捕了 40,000 名毒品使用者和銷售者，獲取 4,439 公斤的非法物質（所有種類總和）。在 2012 年，總共有 20,915 名第三級毒品使用者遭到逮捕，相較而言，2010 年為 9,383 人。毒品使用人數年年上升，據估計每年增加了 20,000 個新使用者。2014 年教育部的報告顯示，有 1,700 名學生被發現經常性地使用毒品，其中六分之一為高中生，不過這比前兩年為低，2012 年為 2,432 名。基隆受到的衝擊最深，主要是因其為海港，估計每十萬人裡最少有 5,026 人吸食毒品。其次依序為桃園有 2,266 人、苗栗有 2,193 人、屏東有 2,154 人、和新北市有 2,069 人。如前所述，最常使用的毒品為海洛因（第二級）、安非他命（第二級）和 K 他命（第三級），K 他

命尤其為年輕人所喜好,因為它便宜、藥效快而且較不易上癮。[37]

　　台灣從 1971 年之後即被排除於聯合國之外,所以在取得國際反毒措施相關資訊上有一定的落差。聯合國兩個重要的關於毒品的公約,包括 1971 年的「精神藥物公約」(Convention on Psychotropic Substance)和 1988 年的「禁止非法販運麻醉藥品和精神藥物公約」(Convention against Illicit Traffic in Narcotic Drugs and Psychotropic Substances),直到 1990 年代初安非他命開始蔓延之時才為國人所知悉,故遲至 1998 年台灣才依據聯合國公約修正並制定了「毒品危害防制條例」(原名「肅清煙毒條例」)。而當台灣終於開始執行必需的管制措施之時,非法安毒已經達到十分猖獗的地步,這可見國際協調合作以進行反毒行動是多麼重要。

肆、泰國經驗有助於降低台灣反毒成本?

　　從以上探討可以看到台灣與泰國境內和跨境毒品的運送,有長遠的淵源關係,也部分導致泰國國內毒品的猖獗。雖然台灣也因長期作為亞洲毒品輸出制式,導致泰國國內毒品的猖獗。不過,台灣也因長期做為亞洲毒品輸出至世界各主要市場的中介,並因身為海島的特性,毒品的氾濫也不容小覷。

　　從圖 7 裡,可以看到,台灣每一千人就有 6 個人吸食安非他命,這雖比泰國的每千人有 14 個人吸食,以及菲律賓每千人有

---

[37] Hélène Belaunde, "Taiwan's War on Drugs: Harsh Approach or Tolerance?" *The New Lens,* International Edition, June 21, 2016 . https://international.thenewslens.com /article/42433 .

21 個人吸食，都來得輕，可是又比東亞其他國家像是馬來西亞、香港、汶萊、越南、緬甸為嚴重，更別說是日本、印尼和韓國了。

安非他命可在任何先驅化學品（Precursor Chemicals）存在的地方生產，而所需的先驅化學品則或多或少可在世界每一個國家取得。假如無法取得足夠量的商用麻黃鹼（Ephedrine），那麼在一般商店裡都買得到的減充血劑（Decongestants）是完美的替代品，只不過要從中提取活性成分則較費工夫。[38]

從 2008 年以來，亞太區域許多國家所查獲的減充血劑大部分來自中國、印度、韓國和泰國。[39]只要能取得麻黃鹼或減充血劑，安非他命成品基本上是不需要跨境運送，任何有相當消費者群的國家，都可以自我供應，除非有其他國家能夠以低的成本生產並能涵蓋運送費用的話。而事實上也確實有證據顯示區域裡大部分國家都在國內有生產，只不過有兩個國家具有絕大優勢可以拚得過本地的價格。

第一個國家是緬甸，在它的撣邦以及鄰近中國邊境的特區因政治的不穩，提供了大規模製造毒品的很好掩飾。第二個國家就是中國，它種植了大量的麻黃（Ephedra）可供提取麻黃鹼。所以緬甸和中國是出口安毒至區域各地的兩個主要國家。安非他命也從其他國家輸入區域裡，像是伊朗、墨西哥和若干西非國家，大多是以飛機運送到區域裡像是日本等最高價位的國家。除了安非他命，許多其他合成毒品也經由此區域來運送。若干東亞和東南亞國家的技術能力提升的遠比其政府的管制能力為快，先驅化學

---

[38] 提取程序較費時主要是因為必須將成分從藥丸形式轉換出來。

[39] 譬如見 UNODC, *2014 Global Synthetic Drug Abuse Assessment* (United Nations Office on Drugs and Crime, 2014), Chapter 3.

品、製藥丸和「烹煮」工具都在區域裡相對容易取得，也就使得
東亞和東南亞成為全球合成毒品的優勢供給者。[40]

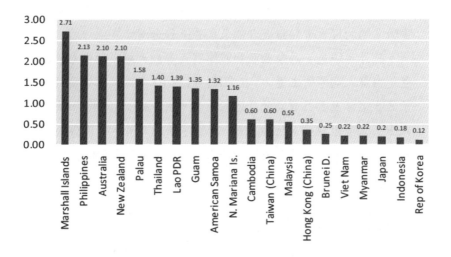

圖 7：2010 年成人人口使用安非他命的比例(%)

資料來源：UNODC Delta 資料庫；引自 Shawn Kelley, "Trafficking of
Methamphetamines from Myanmar and China to the Region," Chapter 6
in UNODC, *Transnational Organized Crime in East Asia and the Pacific:
A Threat Assessment* (United Nations Office on Drugs and Crime, April
2013).

　　如前所述，緬甸的安非他命生產和非政府武裝部隊有很大關
聯，這些部隊包括反抗軍和擁政府軍。安毒也在名義上為政府所
控制的地區生產，而且緬甸軍方也一再遭到指控。[41]若干華裔人

[40] Kelley, "Trafficking of Methamphetamines from Myanmar and China to the
Region," pp. 63-64.
[41] UNODC, *Myanmar: Situation Assessment on Amphetamine-Type Stimulants*
(UNODC Global SMART Programme, December 2010), pp. 17-19.

士因涉及緬甸國內以及區域一些國家的安毒市場，[42]包括居住於泰國、馬來西亞和台灣的華人因企圖從緬甸輸運安非他命到區域若干國家而遭到逮捕。[43]同時，在中國大多數經營安非他命秘密實驗室的的投資者和組織者都來自香港和台灣。[44]

　　此外，印尼、馬來西亞和菲律賓大多數大規模的安毒製造，也是由華人網絡所主導。[45]在 2005 到 2010 年間，菲律賓共逮捕了 233 名涉及毒品貿易的外國人，其中有 125 名（54%）為華裔人士，大多數與安非他命有關。[46]除了華人之外，有兩個區域外的集團人士也顯著涉入區域的安毒市場：奈及利亞人和伊朗人。[47]

---

[42] 譬如見 China country report in Bureau of International Narcotics and Law Enforcement Affairs, U.S. Department of State, *International Narcotics Control Strategy Report (INCSR):* Volume I *Drug and Chemical Control* (March 2011).

[43] 緬甸 Central Committee for Drug Abuse Control Myanmar (CCDAC)在 Regional Seminar on Cooperation against West African Syndicate Operations (Bangkok, 9-11 November 2010)的報告；轉引自 Kelley, "Trafficking of Methamphetamines from Myanmar and China to the Region," footnote 31.

[44] China country report in INCSR 2011.

[45] 譬如見"Indonesia: Situation Assessment on Amphetamine-Type Stimulants," in UNODC, *World Drug Report 2013* (New York: United Nations, 2013); 菲律賓 PDEA 在 Global SMART Programme Regional Workshop (Bangkok, 5-6 August 2010)，和馬來西亞 RMP 在 the Fifteenth Asia-Pacific Operational Drug Enforcement Conference (ADEC) (Tokyo, 2-5 February 2010)的報告；詳見Kelley, "Trafficking of Methamphetamines from Myanmar and China to the Region," footnote 33.

[46] 菲律賓 PDEA 在 the Sixteenth Asia-Pacific Operational Drug Enforcement Conference (ADEC) (Tokyo, 22-24 February 2011)的報告；詳見 Kelley, "Trafficking of Methamphetamines from Myanmar and China to the Region," footnote 34。。

[47] 詳見 Kelley, "Trafficking of Methamphetamines from Myanmar and China to the Region," pp. 66-68.

　　至於運毒手（俗稱的騾子，The Mules）則牽涉到較多國籍的人，而這些國籍則經常在變動，以避免遭到懷疑而被偵測出來。有許多菲律賓人（特別是女性）在過去二十年裡於全球各地遭到逮捕，[48]而近年來越南人則成為最受歡迎的選擇。[49]運毒手的國籍與運毒者的國籍無關，他們只是被利用來運送毒品的工具而已。

　　另一方面，諸如合成大麻（Synthetic Cannabinoids）和俗稱K他命的氯胺酮（Katamine）則成為亞太地區近年成長最快的新興影響精神活性物質（NPS），在 2013 年，合成大麻、K 他命和俗稱天使塵的普斯普（PCP）即佔了區域所呈報之 NPS 的幾近 50%。[50]

　　綜上所述，可看到台灣與泰國有交集的地方，特別是在幾個層面。第一個是從鴉片所提煉的海洛因，在緬甸低邦透過來自台灣等化學專家協助大量製造之後，主要經由泰國而進入台灣。[51]而且不只是台灣的化學專家，還有在泰國投資的台商、台灣與政治

---

[48] Philippine Drug Enforcement Agency (PDEA), "Annual Report 2010" (Quezon City, 2010), from http://pdea.gov.ph/our-accomplishments/annual-reports#2011-annual-report, p. 13.

[49] 越南 Ministry of Public Security (MPS) Counter Narcotics Department (C-47)在 the International Drug Enforcement Conference (IDEC) FarEast Working Group (FEWG) Meeting (Bangkok, 1-3 March 2011)的報告；詳見 Kelley, "Trafficking of Methamphetamines from Myanmar and China to the Region," footnote 39。

[50] UNODC, *2014 Global Synthetic Drugs Assessment: Amphetamine-type Stimulants and New Psychoactive Substances* (New York: United Nations, 2014), p. 28.

[51] 教育部、外交部及法務部所公布的資料，詳見 Leo S. F. Lin, "Conceptualizing Transnational Organized Crime in East Asia in the Era of Globalization: Taiwan's Perspective," Research Paper No. 146 (Research Institute for European and American Studies, Athens, Greece, October 2010), p. 25.

掛勾的黑道角頭、[52]在金三角之國民黨的殘餘勢力等等，都可看出台灣毒品運送/消費與泰國之毒品運送/消費之間的緊密關聯，特別是在海洛因方面。

台灣在這一層級的介入，主要是基於歷史的淵源，所以除了與國民黨有關聯的黑道集團之外，毒品的製造與輸送主要還是由緬北的軍頭所掌控。台灣政府當局不論是藍或綠執政，應該都會極力與其撇清關係，所以能夠著力之處，看來是相當有限。

第二個層面是合成化學毒品，這更是台灣的強項，台灣犯罪集團從製造到銷售每一個層級都有涉入，特別是在製造方面。他們在中國、台灣、菲律賓、印尼以及馬來西亞都有大型的製造廠，他們可以在一星期之內生產數百公斤的冰毒，美國的超級工廠跟他們一比之下，就變成了小蝦米了。[53]為了進入美國市場，台灣（或香港）華人會利用哥倫比亞和秘魯的華人圈人脈，購買毒品並運送到利之所在的地區。[54]

不過，這裡所謂的華人，是否包括黑道集團呢？這就有所爭議了。雖然許多傳統的華人犯罪集團，像是香港的三合會和台灣的黑幫，長期以來一直被指控在亞太地區的跨國毒品運輸裡極為活躍，[55]可是 Chin and Zhang 則持不同的看法，他們經過多年的

---

[52] Leo S. F. Lin, "Conceptualizing Transnational Organized Crime in East Asia in the Era of Globalization," p. 9.

[53] Ko-lin Chin and Sheldon X. Zhang, "The Chinese Connection: Cross-Border Drug Trafficking between Myanmar and China," Final Report to the United States Department of Justice, Office of Justice Programs, National Institute of Justice (April 2007) (https://www.ncjrs.gov/pdffiles1/nij/grants/218254.pdf), p. 49.

[54] Chin and Zhang, "The Chinese Connection," p. 59.

[55] 譬如見 Brian Sullivan, "International Organized Crime: A Growing National Security Threat," National Defense University Strategic Forum, 74 (May 1996)

訪調發現，沒有多大的證據指出毒品輸運和傳統華人犯罪集團之間有何明顯關係。他們也指出，這不表示那些集團的個別成員並未涉入毒品貿易，只不過他們相當確定，香港、台灣或美國之三合會型態的犯罪集團，在跨國毒品輸運裡並未扮演任何活躍的角色，而東南亞的執法單位和政府官員也持同樣的看法。這是因為跨國犯罪活動具有較高的風險和不確定性，而傳統華人犯罪集團則較強調長期與持久的利潤，所以不會輕易涉入結果不易預期的情況裡。[56]

美國政府也在 2006 年首次承認，實際行動的緝毒人員多年來就知道：香港的毒品貿易主要是為非隸屬團體的個人所掌控，而沒有證據顯示地區的毒品運送與香港三合會有何直接關聯。[57]所以香港的(據稱為)國民黨外圍集團 14K（或台灣的竹聯幫）也許與金三角的海洛因工廠有關聯，不過在大多可自產自銷安非他命、K 他命等 NPS 的運銷方面情況下，應該是不會任意插手的。[58]

(https://www.hsdl.org/?view&did=439060); Glenn E. Curtis, et al., "Transnational Activities of Chinese Crime Organizations," *Trends in Organized Crime*, 7(3) (March 2002), pp. 19-57; Cindy A. Hurst, "North Korea: Government-Sponsored Drug Trafficking," *Military Review* (September-October 2005), pp. 35-37, from https://library.uoregon.edu/ec/e-asia/read/NK-drugs.pdf.

56　Sheldon Zhang and Ko-lin Chin, "The Declining Significance of Triad Societies in Transnational Illegal Activities: A Structural Deficiency Perspective," *British Journal of Criminology*, 43(3) (1 June 2003), pp. 469-88.

57　U.S. Depart of State, *International Narcotics Control Strategy Report 2006* (Washington, D.C.: Bureau for International Narcotics and Law Enforcement Affairs, March 2006) (https://www.state.gov/documents/organization/62393.pdf).

58　菲律賓總統杜特蒂在 2017 年九月底時曾指責說，香港的 K14 和台灣的竹聯幫在菲律賓操控毒品的貿易。他說：「…他們在外海烹煮殺怖」，然後運進菲律賓國內。而他又在另一個場合(菲律賓憲法協會第 56 屆年會)說，菲律賓已成

伍、泰台合作契機

　　那麼，台灣與泰國在面對區域毒品猖獗的挑戰上，有何可以協調合作的做法呢？首先，兩國可以強化與毒品相關機構的能力，進行雙邊在毒品生產、使用和運輸上資訊和資料之收集和分享。譬如在安非他命及其先驅化學品方面，應持續監控其國內和區域市場之發展，分享彼此所擁有的資訊來協助法律的執行、維持公平正義，以及合理的健康衛生對應措施。從取締毒品的持有來看，執法者一般較容易查出毒品的消費者，譬如在取締派對鬧事、交通臨檢等時機，也同時查出使用者所持有的毒品。至於如何從查得的使用者追溯至銷貨者，就需要更多經驗的累積。而如圖三所示，如果因加強毒品使用者的查緝，減少了毒品的交易，不過若無法同時減少供貨來源，將使毒品價格下降，反而可能導致毒品消費數量的增加。所以，若能加強台泰雙邊執法經驗的分享，從毒品持有者的取締能同時更快速地降低毒品的需求和供給，這將有助於避免圖三情形的發生。

　　而除了經驗的分享外，執法技術的傳承也極重要。台灣雖然有不錯的海防能力，而且在近十年的裝備補強之後，硬體實力也

為竹聯幫的「客戶國」(client state)。台灣在馬尼拉的經濟文化辦事處則否認，台灣是菲律賓國內毒品的來源國。見 Dharel Placido, "Duterte: 14K, Bamboo triads behind drug proliferation in PH," ABS-CBN News, September 26, 2017, from http://news.abs-cbn.com/news/09/26/17/duterte-14k-bamboo-triads-behind-drug-proliferation-in-ph. 台灣方面的否認參閱 "Taiwan denies being source of illegal drugs in PH," ABS-CBN Mews, September 25, 2017, from http://news.abs-cbn.com/news/09/25/17/taiwan-denies-being-source-of-illegal-drugs-in-ph.

已大增，但畢竟在緝毒的歷史以及國際交流較為缺乏，所以需要國際在訓練方面的協助。而如前所述，泰國在防堵與取締毒品運送和交易方面，有很長的歷史，也獲得很多寶貴的教訓。當然塔信的法外措施，已經證明達不到長期的成效，雖然台灣比韓國多了死刑的懲罰，但顯然也達不到有效的嚇阻。這就顯示重要的不在懲罰，而是在於查緝。不能否認台灣的企業、黑金、化學專才對泰國毒品的猖獗有著推波助瀾之效，而因台灣並非國際刑警組織的成員，所以泰國在獲取相關資訊以查緝台灣的關聯毒梟上，有一定的落差。

再者，如果台灣在本身毒品的查緝尚無法擷取國際的經驗，即使有再強的檢警與海防能力，還是阻擋不住毒品製造「人才」的外流，以及中國與緬甸製造之合成毒品的輸入。所以，若能讓緝毒人力接受泰國的協助訓練，並藉以建立並加強資訊溝通管道，對雙邊來說都是有利的。

另一方面，安非他命是目前各國都甚為猖獗的 NPS 毒品，而只要有了先驅化學品，各國原則上都可以自產自銷安非他命，所以先驅化學品的管控就攸關重要。根據國際麻醉藥管制局（INCB）2015 年的報告，27 個國家申報在 2014 年查獲的麻黃鹼（原材料或藥用形式）總量將近 35 百萬噸（MT），而所查獲最大宗的麻黃鹼原材料是中國，為 31.5 MT，它同時也是幾乎全部被查獲之藥用麻黃鹼的來源國（3.2 MT）。在 2014 年，16 個國家也同時申報查獲假麻黃（Pseudoephedrine），包括 350 公斤的假麻黃原材料以及 1.3 MT 的藥用形式假麻黃。[59]

---

[59] INCB, *Report of the International Narcotic s Control Board for 2015* (New York:

　　美國國務院國際麻醉品和執法事務局（INL）在 2016 年的
INCSR 報告裡，提供了 2012-2014 會計年度的麻黃鹼和假麻黃進
出口資料，[60]印度、德國、新加坡、英國和台灣是 2014 年前五大
輸出國，台灣從 2013 年的出口量 1,700 公斤上升至 2014 年的 2,151
公斤。至於 2013 年的前五大輸出國依次為德國、印度、新加坡、
丹麥和中國。依據 Global Trade Information Services, Inc.
（www.gtis.com）所匯集的 Global Trade Atlas（GTA）資料庫，前
五大麻黃鹼輸出國在 2014 年的出口總量為 141,176 公斤，與 2013
年相較減少了 23.6%，而與 2012 年相較則減少了 3.5%。同時，
前五大假麻黃出口國的出口總量從 2013 年的 1,059,247 公斤增加
到 2014 年的 1,113,727 公斤，成長率 4.9%。2014 年的前五大假麻
黃出口國為印度、德國、英國、台灣和中國。而在 2014 年前，五
大麻黃鹼進口國為印度、埃及、南韓、印尼和新加坡，五國總進
口量為 87,623 公斤，少於 2013 年的 15,972 公斤和 2012 年的 11,731
公斤。至於假麻黃前五大進口國則依次為瑞士、土耳其、埃及、
新加坡和南韓，五國總進口量為 227,553 公斤。[61]

　　泰國並不生產前驅化學品，不過政府進口了大量的化學品供
合法藥用和工業所需。為了防止這些前驅化學品從合法產業外
洩，泰國於 1993 年成立了前驅化學品管制委員會（Precursor

United Nations, 2016), from https://www.incb.org/documents/Publications/
AnnualReports/AR2015/English/AR_2015_E.pdf.

[60] 全球麻黃鹼與假麻黃的生產資料無法取得，因重要生產者不願公布資料。

[61] Bureau of International Narcotics and Law Enforcement Affairs, U.S. Department of
State, "Diplomacy in Action: Chemical Controls," in 2016 *International Narcotics
Control Strategy Report (INCSR)* (Washington, D.C.: U.S. Department of State, 2016)
(https://www.state.gov/j/inl/rls/nrcrpt/2016/vol1/253224.htm).

Chemical Control Committee),負責前驅化學品的控制、監督作業,以及整合所有防止擴散部門的活動。藥品管制局辦公室(Office of the Narcotics Control Board)負責管制化學品非法擴散的執法行動。過去幾年來泰國當局的執法能力之改進以及對最終使用者的加緊管控,顯示從泰國外洩的合法化學品應該減少了。而來自中國和印度之藥品與化學品的增加,也進一步減少了對泰國之流通管道的倚賴。不過,相當數量的若干化學品像是乙酸酐(Acetic Anhydride)和麻黃鹼還是將由泰國進入緬甸的地下毒品工廠。假麻黃和麻黃鹼透過偷運者或飛機或貨櫃輪船進入泰國,再從泰國北部或東北各省的陸路轉運到緬甸、寮國或柬埔寨的安非他命製造中心。

2012 年泰國食品與藥品署宣布禁止地方藥局販賣假麻黃,持有假麻黃藥丸的處罰是:少於 5 公克者處最高 5 年的監禁,多於 5 公克則處 5~20 年的監禁。[62]證據顯示,為了避開緬甸和中國與泰國之邊境的加強管控,毒品偷運者嘗試改變偷運的路徑。譬如說,更多的安非他命丸從緬甸經由寮國進入中國和泰國,而減少經由柬埔寨和越南。

在 2014 年,在泰國瀕臨寮國的黎府(Loei Province)共查獲十批總量達到大約 1,900 萬顆的安非他命丸;數年來,寮國已經成為主要的毒品偷運的轉運點,透過該國極難巡察的山區和河邊地區。在 2013 年時,在寮國所查獲的安毒丸比 2012 年增加了近三分之一,從 1,000 萬上升至超過 1,500 萬顆,2011 年則為 460

---

[62] Bureau of International Narcotics and Law Enforcement Affairs, U.S. Department of State, "Diplomacy in Action: Chemical Controls."

萬顆。[63]

　　所以，透過基礎建設的開發、人員的訓練和交流，以加強對前驅化學品的認定和剖析實攸關重要，包括與化學和製藥產業的接觸。這是台灣可以頗多著力的地方，以一個化學工業發達和麻黃鹼與假麻黃的主要出口國來說，台灣可以透過和泰國邊防與緝毒單位的合作，進行資訊與人員的交流，尤其是將我國毒品分類與管制的詳細做法，和泰國當局進行經驗的交流，相信對雙方都將帶來極大利益。

　　同時亦可透過與泰國的交流，藉以參與東協的多邊機制，譬如其湄公河藥品管制備忘機制（Mekong Drug Control MOU），以及東協的若干相關機制，像是東協 2016-2025 年加強共同體對抗非法藥品工作計畫（ASEAN Work Plan on Securing Communities Against Illicit Drugs 2016-2025）、東協 2017-2019 年處置金三角非法藥品製造和運送合作計畫（ASEAN Cooperation Plan to Tackle Illicit Drug Production and Trafficking in the Golden Triangle 2017-2019）。[64]

---

[63] "Trends and Patterns of Methamphetamine in East Asia and the Pacific and Recommendations from UNODC," Summary Submission of the United Nations Office on Drugs and Crime (UNODC) to Parliamentary Joint Committee on Law Enforcement Inquiry into Crystal Methamphetamine (June 2015), (http://www.aph.gov.au/DocumentStore.ashx?id=d89303be-2036-46b6-906d-57136 47f3da6&subId=352726).

[64] See "Chairman's Statement of the 31st ASEAN Summit," Manila, the Philippines (13 November 2017), http://asean.org/storage/2017/11/final-chairman%E2% 80%99s-tatement-of-31st-asean-summit.pdf.

泰國在中泰、美泰軍事演習合作中角色之研究

陸文浩

中國文化大學國家發展與中國大陸研究所博士候選人

【摘要】

　　泰國在 2006 及 2014 年兩次的軍事政變後，讓美國均以民主人權為由，介入其國內政治，減少對泰國軍事援助與軍方高層互訪。這兩次讓中共逐漸加大力度，與泰國建立全面戰略合作夥伴，進行軍事交流與對泰軍售。雖然，中泰軍事演習質量上與美泰軍事演習相較上，仍與美軍有一段的距離。但是中共在軍經對泰援助上，已獲得泰國在政治互信上的肯定。而美國在 21 世紀的今天，已經不再是泰國軍事合作的唯一選項。

關鍵詞：**美泰軍事演習、中泰軍事演習、軍事交流、傳統安全、**
　　　　非傳統安全

壹、前言

「對外軍事演習合作」已在中共「軍事交流」中扮演一個非常重要的角色，2004 年中共在國防白皮書指出：軍事外交已經成為「戰略層級」的國家政策。於此戰略指導下，解放軍即擴大與東南亞國家及各區域的地緣政治關係。

自冷戰後東南亞國家，就是美國長期投入軍事援助與軍事交流合作的重要地緣區域、且為第一島鏈軍事圍堵的南端區域。美國也利用中共與東南亞國家在南海島礁的主權爭議中，獲取地緣戰略利益，試圖結合東南亞國家對中共進行圍堵策略。而與中共有南海島礁爭議，除臺灣以外，在東協成員國馬來西亞、印尼、泰國、菲律賓、新加坡、汶萊、越南、寮國、緬甸和柬埔寨等十國中，有汶萊、馬來西亞、印尼、菲律賓和越南等五個國家，便涉及到南海島礁主權的爭議。其中身為東協這個創始會員國的泰國，與中共在南海島礁爭議並無相關的利益衝突發生。雖然泰美之間有條約作為雙方軍事演習交流的基礎，但在 1997 年 7 月份的金融海嘯危機，卻促使了泰國面臨重大經濟危機，這提供中共拉攏泰國的機會。

近十年，中泰軍事演習，隨著中國大陸經濟與軍事實力的增強，雙方於 2012 年 4 月建立「全面戰略合作夥伴」關係、2013 年 10 月再發表《中泰關係發展遠景規劃》。2015 年 2 月中共國防部長常萬全訪問泰國，同意未來五年將協助泰國加強國防科技、增加雙方空軍等聯合軍事演習。

由於軍事議題涉及各國安全和保密要求，故取材相當有限和不容易。本文運用文獻分析法，從泰國國家安全的視角，嘗試用

幾個美泰及中泰比較具有代表性的聯合演習，分析泰國在中泰、美泰軍事演習合作中扮演的角色為何？以及對彼此雙方有何意義？是為本文研究之目的。

貳、泰國國家安全的視角

　　1975 年 7 月 1 日中共與泰國建立正式的外交關係之前，泰國深受了「中國威脅論」的影響，對中共抱有很深的疑慮。中泰建交之際，正值東南亞地區格局發生重大變化，越南完成了南北統一，民主柬埔寨（即紅色高棉）在柬埔寨執政。隨著越柬關係的惡化，越南在蘇聯的支持下於 1978 年 12 月派兵入侵並迅速占領柬埔寨，侵柬越軍還一度越過柬泰邊境進犯泰國巴真府（Prachin Buri），直接威脅到泰國的國家安全。[1]泰國與中共建立密切關係一事，反映出泰國長期以來那種遷就地區主宰強權的傳統。兩國曾於 1979 年進行密切合作，共同反制越南對柬埔寨的入侵行動，並共同支持赤柬對抗越南所扶植的政權。[2]所以，中泰兩國基於共同的地緣政治利益，協力為了領土主權的安全，開始逐漸進行戰略合作。

　　自 2001 年以來，中共國防部部長及軍隊領導先後訪泰或赴泰出席會議。泰國歷任國防部部長、國防部次長、武裝部隊最高司

---

[1] 楊保筠，〈中泰關係篇〉，莊國土、張禹東、劉文正主編，《泰國研究報告（2017）》（北京：社會科學文獻出版社，2017 年），頁 077。

[2] 李察・索柯斯基（Richard Sokolsky）、安琪・羅巴沙（Angel Rabasa）/ C.R. 鈕（C.R. Neu）合著，高一中譯，《東南亞在美國對中共策略中的角色》(The Role of Southeast Asia in U.S. Strategy Toward China)（臺北：史政編譯局譯印，2001 年），頁 51。

令、陸軍司令、海軍司令和空軍司令亦曾對中國大陸進行訪問。兩國政府要員和軍方高層的頻繁互訪，大大深化了中泰兩國的相互瞭解和互信。[3]次年 2002 年起，中泰雙方陸續互派軍事觀察員到泰國及中國大陸，觀摩泰美「金眼鏡蛇」聯合演習、2003 至 2005 年分在內蒙古朱日和合同戰術訓練基地與河南確山訓練基地，參加「北劍-2003」「北劍-2005」及「鐵拳-2004」。隨著 2001 年美國「911」事件，美中泰等國逐年開始加強非傳統安全之反恐與人道救援等相關科目的演習。

由中共南海艦隊 051B 型飛彈驅逐艦深圳號/167 和 903 型綜合補給艦微山湖號/887 組成的編隊，於 2005 年 11 月 8 日離開湛江軍港，開始對巴基斯坦、印度和泰國三國進行友好訪問。泰國是此次出訪的最後一站，並於 12 月 9 日上午抵達泰國梭桃邑港。[4] 12 月 13 日上午，中國海軍艦艇編隊首次在泰國灣海域與泰國海軍舉行了代號為「中泰友誼-2005」的聯合搜救演習。泰國海軍派出「昭披耶號」護衛艦參加演習。此次演習是中共海軍首次與泰國海軍舉行非傳統安全領域的演習，也是中共海軍艦艇第四次訪問泰國。1990 年 12 月、1993 年 11 月，中共海軍鄭和號訓練艦兩度訪問泰國；1997 年 3 月，北海艦隊 052 型飛彈驅逐艦青島號/113 和 053H2G 型飛彈護航驅逐艦銅陵號/542 組成的編隊訪問了

---

[3] 莊國土、雲俊傑，〈中泰一家親：兩千年友好關係的回顧和展望〉，莊國土、張禹東主編，《泰國研究報告（2016）》（北京：社會科學文獻出版社，2016年），頁 025。。

[4] 參閱〈中泰海軍舉行代號為"中泰友誼—2005"的搜救演習〉，《中華人民共和國中央人民政府》，2005 年 12 月 13 日，
<http://www.gov.cn/yjgl/2005-12/13/content_125648.htm>。

泰國。[5]前述泰國海軍「昭披耶號」/455 護衛艦，為前中共 053HT 型飛彈護航驅逐艦，1989 年 3 月開工，1991 年 4 月 5 日服役。「中泰友誼-2005」中泰雙方海軍作戰艦均為中共國產，其戰略合作意義緊密。另 1997 年訪問泰國之 542 艦，2018 年已從中共海軍退役，贈送給斯里蘭卡海軍舷號 P625，此為中斯軍事交流友好的展現。

再者，與某些東南亞國家相比，中泰兩國之間既不存在重大的歷史遺留問題，也沒有邊界或海域糾紛，雙方的政治互信程度較高。中泰兩國都堅持將以互不干涉內政為核心的和平共處五項原則以及萬隆會議精神作為發展雙邊關係的基本準則和基礎。這種關係實際就在泰國於 2006 年 9 月 19 日頌提將軍發動政變，推翻塔信政府。[6] 2014 年 5 月 22 日再度發生軍事政變，政變領導人巴拉育經國王普密蓬·阿杜德任命，8 月出任泰國政府總理。[7]兩次泰國軍事政變之舉動，均立即影響美泰軍事合作，而美國也藉此介入泰國內政，大力刪減援泰軍事費用及縮小美泰軍事演習。相對的，中共站在不干涉泰國內政，並希望等待新政府成立後，繼續與泰國在軍事上交流。

泰國與東南亞周邊國家基本上，沒有太大的陸權領土與海上領海的主權爭議問題，且政府對外外交自主性高，不受美國政軍各方勢力的壓力。並充分掌握美國在東南亞的地緣政治利益，其

---

[5]〈中泰友誼-2005 的聯合搜救演習〉，《新浪軍事》，2005 年 12 月 30 日，<http://mil.news.sina.com.cn/2005-12-30/1217341236.html>。

[6] 顧長永，《東南亞各國政府與政治：持續與變遷》（台北：臺灣商務印書館股份有限公司、國立中山大學出版社，2013 年），頁 236-237。

[7] 同註 1。

外交手腕非常彈性。泰國不會擔心因為其民主發展，不符美國的期待，而受控於美國軍援左右其外交政策。美國只能當下在泰國軍事政變及近一年雙方關係的冷淡，二年後才逐漸恢復美泰聯合演習的規模。因為，美國非常清楚，今天如果因泰國政治因素，而使美軍淡化東南亞的地緣政治地位，勢必將使中共穩坐東南亞霸主之位。

參、美泰國軍事演習

一、金眼鏡蛇（Cobra Gold）演習

　　「金眼鏡蛇聯合演習」是美國與泰國自 1982 年以來，每年舉行一次的雙邊演習，也是東南亞地區美國與外國進行聯合演習規模最大者。軍演的內容大約分為「指揮所操演」、「野戰實兵操演」和「人道主義救援行動操演」3 個部分，演習時間約在每年 2月份。

　　日本從 2005 年起派遣自衛隊參加，2010 年派遣人數達 100人，為過去最多。同時，2010 年日本還將首次安排研修要員參加格鬥等必要的特殊作戰相關實際演練。韓國以往僅以參觀國身份參與軍演，2010 年派出 332 名海軍陸戰隊官兵。來自美國、泰國、印尼、新加坡、日本、韓國、菲律賓的約 1.4 萬名軍事人員參加演習。

　　2012 年參演人數美國 8,948 人、泰國 3,623 人，日本 74 人、韓國 324 人、新加坡人 59 人、印尼 73 人，馬來西亞 79 人，參演共計 13,180 人。內容涵蓋反恐、人道主義救援、指揮演習、包括

實彈訓練和非作戰疏散演習的野戰演習，以及維和任務演練等。

2013 年聯合軍演的主要進行人道救援、實彈、叢林、生化等實戰演習。泰國是美國多年盟友，隨著美國重返亞洲策略，金色眼鏡蛇演習也被視為美國加強與東南亞各國往來的重要軍事活動，2013 年緬甸首度受邀為觀察員。[8]

2014 年演習內容以援助和醫療救援為主。參與軍演國家除美泰兩國之外，還有新加坡、日本、南韓、印尼，參與人數超過 1 萬人。演習背景設定是東南亞一國因種族衝突導致內戰，同時因遭受強烈颱風襲擊引發人道危機為背景。[9]中共自 2002 年開始派遣觀察員參與演習，2014 年是中共首次派遣廣州軍區 17 人參加人道救援項目。

2014 年 5 月 22 日發動政變後隔天，美國國務院就宣佈凍結 350 萬美元金援。國務院官員馬夏爾（Scot Marciel）6 月 24 日在國會聽證會上表示，華府已停止對泰國的 470 萬美元安全援助，占美國每年援泰金額 1,050 萬美元的幾近一半。[10]

2015 年美國國防部仍將送 3,600 官士兵至泰國參演，儘管雙邊關係自從 2015 年 5 月泰國政變後急遽下滑。但美軍參與人數比起往年來的低，2014 年有 4,300 人，2013 年為 8,400 人。官員指出這次演習重點會放在人道救援以及救災，而非訓練武力操演。

---

[8]〈美重返亞洲 金眼鏡蛇軍演新貌〉，《大紀元》，2013 年 02 月 16 日，<http://www.epochtimes.com/b5/13/2/16/n3802222.htm>。

[9] 張凱勝，〈美泰金眼鏡蛇軍演 陸首派兵參與〉，《中時電子報》，2014 年 02 月 12 日，https://www.chinatimes.com/realtimenews/20140212002414-260408。

[10]〈演習若改地點 泰：美國也損失〉，《中時電子報》，2014 年 06 月 25 日，<https://www.chinatimes.com/realtimenews/20140625005329-260408>。

歐巴馬政府自從泰國前總理盈拉遭軍事政變後，停止對於泰國的軍事援助以及人員交換計畫。[11]

2016 年在泰國多個府進行，有來自美國、日本、南韓、印度尼西亞、馬來西亞等 27 個國家共 8,000 多名陸海空軍方人員參加。泰國官方稱，此次軍演將重點演練非戰鬥性課目，宗旨是應對地區乃至全球性安全挑戰，加深國際合作，以維護亞太地區穩定。[12]

2017 年美軍太平洋司令部司令哈里斯上將代表美國軍方出席了開幕式。他是繼 2014 年泰國發生軍事政變後出席這項年度演習的美軍最高官員。美國派出了 3,600 名軍人參與 2017 年的金色眼鏡蛇聯合軍演，這跟過去兩年的參與規模相當，但遠遠不及泰國軍事政變前美軍的參與規模。中共 2014 年首次派出軍人參與金色眼鏡蛇聯合軍演，2017 年再次派員出席，主要參與人道援助方面的聯合演練，不參與兩棲登陸等戰鬥性的聯合演練科目。[13]

2018 年除了固定班底的美國、泰國、新加坡、南韓、日本、印尼、馬來西亞等 7 國，和以觀察員身分參加的汶萊、寮國、柬埔寨、緬甸、越南、德國、瑞典、巴基斯坦、斯里蘭卡、巴西等 10 國外，中共與印度也正式參與演習；其中美國與東道主泰國分別派出 5,800 人與 5,600 人、南韓 200 人、日本 146 人、印尼 68

---

[11] 同上註。

[12] 阿 ken，〈泰、美舉行亞洲最大聯合軍演...學者：面對軍政府，歐巴馬有如走鋼索〉，《關鍵評論》，2016 年 02 月 10 日，
<https://www.thenewslens.com/article/36086>。

[13] 〈中國再度獲邀出席 2017 金色眼鏡蛇軍演〉，《美國之音》，2017 年 2 月 15 日，https://www.voacantonese.com/a/us-china-cobra-gold-20170215/3725453.html。

人、新加坡 50 人、中共與印度各 44 人,整體規模已超過「金色眼鏡蛇 2017」的 8,300 人。[14]「金眼鏡蛇」為東南亞最大規模的美軍對外軍事演習,從早期傳統的軍事安全、對單一泰國合作,到擴及聚焦在反海盜、撤僑、人道救援等非傳統安全、多國聯合演習,展現其對軍事同盟的主導權。

二、天虎（Cope Tiger）

天虎空戰軍演的前身是始於 1983 年的泰—星空戰軍演（AIR THAISING），當時泰國和新加坡輪流主辦這項演習,在新加坡舉行的主要是指揮演習（CPX,Command Post EXercise），在泰國的演習則以空中機動演習（Air Maneuvering Exercise - AMX）為主。該項演習止於 1994 年,兩國共舉行過 12 次演練。[15]在這期間,泰國空軍也一直參加美國在菲律賓克拉克基地舉行的多方對抗演練（COPE THUNDER），1991 年,菲律賓發生火山噴發影響克拉克基地,導致兩國中止《美菲軍事基地協議》。隨後,美國與泰國、新加坡達成聯合舉行空軍軍事演習共識,泰國政府於 1993 年通過決議,三國並於 1995 年舉行首次聯合空戰軍演,並命名為「天虎-95」。[16]這項三國空軍聯合演習,在每年大約 3 月份進行。

「天虎」聯合軍演旨在增強各國戰備、提升多國聯合行動能

---

[14] 參閱〈「金色眼鏡蛇 2018」 平昌冬奧期間登場〉,《青年日報》,2018 年 01 月 23 日,<https://www.ydn.com.tw/News/274475>。

[15] 參閱〈泰國飛虎軍演〉,《百度百科》,2018 年 12 月 10 日搜尋,<https://baike.baidu.com/item/%E6%B3%B0%E5%9B%BD%E9%A3%9E%E8%99%8E%E5%86%9B%E6%BC%94>。

[16] 參閱〈天虎 3 國空戰軍演 中部舉行〉,《世界日報》,2016 年 01 月 26 日,<http://www.udnbkk.com/article-5774-1.html>。

力，並對外展現三國之間堅定的同盟關係。「天虎」還有另一項特點，該演習於 2004 年開始要求參演部隊需共同參與包括初步醫療、物資捐贈等的軍民親善與文化交流活動。在 2018 本年度演習中，新加坡和泰國的醫護人員為泰國皇家空軍基地附近的社區提供簡易醫療、驗光、牙齒檢查，甚至理髮服務。參演部隊還捐贈給當地學校各自國家的圖書、校園用品、體育器材、一具淨水系統，並為幼童建立了一座遊樂場。至於外國部隊，例如來自日本嘉手納基地的美國空軍第 44 戰機中隊、第 44 和第 18 飛機維修中隊、第 961 空中管制中隊的官兵，也獲邀參與當地慶祝活動，享受在地美食、欣賞泰國空軍樂隊及學生表演。這些活動的用意在於促進當地社區與參演部隊之間的良好關係與相互理解。[17]

三、聯合海上戰備和訓練（CARAT）

海軍聯合海上戰備訓練演習（Cooperation Afloat Readiness and Training，簡稱 CARAT）是美國海軍與孟加拉、汶萊、柬埔寨、印尼、馬來西亞、菲律賓、新加坡、泰國等東南亞國家系列雙邊演習，越南也與美國進行類似的軍事技術交流。[18]它每年年中開始，由美國海軍西太平洋後勤補給群（第 73 任務特遣隊）統籌，美軍分別與 6 個東南亞國家的海軍部隊展開聯合演習。於 1995 年首次舉行，軍演注重進行海上安全相關科目的演練，演習時間從 5 月底開始，一直持續至 8 月底，演習中美軍參演部隊將分階

17　蘇尹崧，〈不忘親善交流　美星泰「天虎」軍演落幕〉，《青年日報》，2018 年 03 月 31 日，<https://www.ydn.com.tw/News/229412>。

18　林憬屏，〈美泰海上軍演　強調雙邊合作〉，《大紀元》，2011 年 05 月 19 日，<http://www.epochtimes.com/b5/11/5/19/n3261597.htm>。

段與不同的國家舉行雙邊軍演。演習一般以南海主權衝突為立案背景，美國應東南亞相關國家的要求，出於自身全球戰略和同盟利益的考慮，對東南亞國家進行軍事和「人道主義」援助，以遏制所謂的「潛在的地區威脅」，維護「地區安全和海上航行自由」。[19]

　　2014 年鑑於泰國軍方發動政變掌權，美國 5 月 24 日提早結束與泰國的聯合軍演，也取消官員的訪泰行程及員警訓練計畫。美國國防部發布聲明表示，已取消與泰國一年一度的海軍聯合海上戰備訓練演習（Cooperation Afloat Readiness and Training，簡稱 CARAT）。國防部也表示，美國太平洋艦隊（US PacificFleet）司令哈里斯（Harry Harris）原定 6 月訪泰計畫，以及泰國軍方高階官員下月訪問夏威夷美軍太平洋司令部（US Pacific Command）的行程，也都取消。[20]

　　2017 年海上戰備暨聯合演習（CARAT 2017），加強戰略技術和學習使用現代化武器，重點訓練防空和防禦潛水艇作戰。軍演旨在提高專業知識和作戰能力，學習使用美國海軍部隊的現代化武器，以及加強泰國和美國海軍之間的作戰協調能力和理解

---

[19] 參閱〈美國"卡拉特"年度海上聯合軍事演習〉，《百度百科》，2018 年 12 月 10 日搜尋，
<https://baike.baidu.com/item/%E7%BE%8E%E5%9B%BD%E2%80%9C%E5%8D%A1%E6%8B%89%E7%89%B9%E2%80%9D%E5%B9%B4%E5%BA%A6%E6%B5%B7%E4%B8%8A%E8%81%94%E5%90%88%E5%86%9B%E4%BA%8B%E6%BC%94%E4%B9%A0>。

[20] 參閱〈泰國政變 美泰軍演喊卡〉，《奇摩新聞》，2014 年 5 月 25 日，
<https://tw.news.yahoo.com/%E6%B3%B0%E5%9C%8B%E6%94%BF%E8%AE%8A-%E7%BE%8E%E6%B3%B0%E8%BB%8D%E6%BC%94%E5%96%8A%E5%8D%A1-082713543.html>。

力。此次軍演有多項重要內容，包括一次性移動反潛戰靶標訓練
（EMATT）、水面和水下作戰訓練、防空訓練等。[21]

2018 年 6 月美泰兩國海軍進行第 24 屆 CARAT 海上戰備與
訓練演習。一方面提高泰國人的訓練和戰備水準，同時也是加強
美泰兩國海軍的交流、海上協同行動能力。[22]且存在一個獨特的
地方。那就是，泰國海軍每年參加軍事演習的艦艇全部是由中共
建造的，「邦巴功號」護衛艦，舷號為 FF-456；達信號護衛艦，
舷號為 FFG-422；「納來頌恩號」護衛艦，舷號 FFG-421。[23]

「邦巴功號」護衛艦為 F-18 的改進型/中共稱 053H2 型（北
約稱江滬 III 級）飛彈護航驅逐艦，泰國命名「昭披耶」級飛彈護
航驅逐艦；「達信號」及「納來頌恩號」護衛艦為 F-25T「納來頌
恩」級 （中共稱 053H2G 型）飛彈護航驅逐艦。中華造船廠在接
獲訂單後動員最精幹的造船力量負責該工程。「納來頌恩」級首製
艦「納來頌恩」號於 1994 年 10 月交貨，第 2 艘「達信號」（HTMS
TAKSIN）則提前於 1995 年 9 月交貨。「納來頌恩」級艦與「昭
披耶」級不同的是，主要裝備西方的探測設備和武器。因此，美
方無法藉由演習，了解中共同型艦的電子與武器參數，相信這是

---

[21] 韋少，〈泰美海上戰備軍演 側重防空、反潛〉，《世界日報》，2017 年 06
月 05 日，<http://www.udnbkk.com/article-227388-1.html>。

[22] 參閱〈美軍出動宙斯盾艦與 P8 反潛機 在中國周邊海域軍演〉，《新浪網》，
2018 年 06 月 14 日，
<http://chinanews.sina.com/bg/chnmilitary/chnmilitary/sinacn/2018-06-14/doc-iwcic
usz2433917.shtml>。

[23] 參閱〈泰海軍一水中國製造參加軍演，獨特畫面展示無比的信賴〉，《灌雲
論壇》，2018 年 06 月 24 日，
<http://m.hhjz0898.com/5000937/20180624A08YX700.html>。

中共有所防備的。

四、海上衛士（Exercise Guardian Sea）

美國海軍與泰國皇家海軍「海上衛士」（Exercise Guardian Sea）的年度海上演習，加強兩國海軍官兵聯合反潛、海洋控制與資訊共用能力，強化雙方軍事合作。[24]每年在 4 月份，在安達曼海進行美泰海軍聯合演習。

「海上衛士」演習主要聚焦在聯合反潛能力，除了美泰雙方交流區域的水文與反潛經驗外，亦利用實兵操演進行實際驗證與學習，進而加強美泰之間的軍事合作。泰國與馬來西亞、新加坡同樣臨近主要貿易航道，海事安全攸關國家與區域和平穩定，美國也積極與泰國合作，除了「海上衛士」之外，自 1995 年起亦與包括泰國的東南亞各國，進行多場雙邊或多邊的「合作海上戰備和訓練」演習（CARAT）、「東南亞合作訓練」演習（SEACAT），與「金色眼鏡蛇」聯合演習。[25]泰國藉此可提升自己的反潛能力；令美海軍藉此可了解此海域水下水文狀況之外，也可掌握中共潛艦在東南亞附近海域進出此海域情況。

五、東南亞合作訓練（SEACAT）

東南亞合作訓練（SEACAT）始於 2002 年，原名為東南亞反恐怖主義合作演習（Southeast Asia Cooperation Against

---

[24] 實習生 Gray Cheung，〈泰美海上戰備軍演 側重防空、反潛〉，《每日頭條》，2017 年 06 月 06 日，<https://kknews.cc/zh-tw/military/8m2bok4.html>。

[25] 王光磊，〈美泰展開「海上衛士」聯合反潛演習〉，《青年日報》，2018 年 04 月 25 日，<https://www.ydn.com.tw/News/286753>。

Terrorism）。這項演習於 2012 年改為現在的名稱，以擴大該地區的海軍和海岸警衛隊的訓練範圍。SEACAT 側重於區域性合作以應對海盜、走私及其他海上非法活動等共同的海事安全挑戰，共同協作針對一系列現實性情境作出切實可行的應對。[26]參與演習的國家包括新加坡、汶萊、印尼、馬來西亞、菲律賓、泰國、孟加拉和柬埔寨，每年 8 月份進行一周的時間。

2017 年實際演習地點將在新加坡、汶萊以及菲國北部的蘇比克灣（Subic）、三描禮斯省（Zambales）與南部的蘇祿海（Sulu Sea），但各國參加人員也會在馬尼拉舉行登船工作坊、在新加坡舉行學術研討會，以及在新加坡與汶萊舉行指揮所演習。[27] 2018 年演習最後，參與各方將在蘇比克灣和蘇祿海舉行兩場海上追蹤及登船訓練。蘇比克灣位於菲律賓中部，蘇祿海位於菲律賓南部，是恐怖分子活躍的海域，[28]故此演習主要在因應毒品走私及其他海上威脅。

肆、中泰國軍事演習

一、陸軍特種部隊「突擊」系列反恐聯合演習

「突擊-2007」中泰陸軍特種分隊聯合訓練 7 月 16 日至 29

---

[26] 瀚海存真，〈第 13 屆東南亞合作訓練（Southeast Asia Cooperation and Training, SEACAT）〉，《新浪博客》，2014 年 08 月 16 日，
<http://blog.sina.com.cn/s/blog_3d261e5d0102uz55.html>。

[27] 參閱〈SEACAT 海上聯合演習 東南亞 3 國登場〉，《菲龍網》，2017 年 08 月 21 日，<http://www.flw.ph/thread-250604-1-1.html>。

[28] 參閱〈美國拉攏東盟 6 國海上聯合演練，提高反毒反走私能力〉，《Q 博士》，2018 年 08 月 29 日，<https://www.pixpo.net/abroad/0JuorInz.html>。

日在駐廣州總參軍事體育綜合訓練基地綜合訓練場舉行,動員兩軍三十多單位軍力,演習內容包括:叢林戰、射擊、武術、攀崖、直升機突襲、反恐、以及解救人質等項目,最後一天的演訓就是模擬突襲毒梟基地並解救人質。[29]

2008 年 7 月 11 日,中泰兩國特種兵又在泰國北部的清邁展開「突擊-2008」聯合反恐訓練。據悉,這一訓練將持續 20 天,雙方各出動了 24 名特種士兵參與演練。[30] 7 月 29 日位於泰國清邁的泰特戰第五團昆南軍營舉行了結束儀式。此次中泰反恐聯合訓練,是中國軍隊首次派部隊到國外軍隊營地,進行時間較長、混編混訓的聯合訓練。中泰特種作戰分隊官兵以未來反恐實戰為背景,採取混合編隊、聯合指揮的方式,進行了基礎訓練、技能訓練、戰術訓練和綜合演練四個階段的聯合訓練,雙方均對訓練成果感到滿意。[31]

「突擊—2010」中泰陸軍特種部隊反恐聯合訓練 2010 年 10 月 6 日至 20 日在廣西壯族自治區桂林進行。中泰雙方將各派出 60 餘人的特種分隊參加訓練。此次聯合訓練分展示交流、混編同

[29] 參閱〈國防新聞:中泰軍演顯示中國區域影響力提升〉,《中時電子報》,2007 年 08 月 07 日,
<http://news.chinatimes.com/2007Cti/2007Cti-News/2007Cti-News-Content/0,4521,130505+132007080701464,00.html>。

[30] 參閱〈中泰特種兵上演士兵突擊 美軍不順眼又緊張〉,《中評網》,2008 年 07 月 17 日,
http://hk.crntt.com/doc/1006/9/7/3/100697397.html?coluid=7&kindid=0&docid=100697397。

[31] 顧時宏、楊勇軍〈中泰反恐聯訓結束 特種分隊進行四階段訓練(圖)〉,《網易新聞》,2008 年 07 月 30 日,http://news.163.com/08/0730/08/4I3ARQ7N000120GU.html。

訓和綜合演練三個階段，主要圍繞城市反恐基礎技能訓練、混編分隊戰術訓練等科目進行。[32]

2013 年 12 月 9 日至 21 日，「突擊—2013」中泰陸軍特種部隊反恐聯合訓練在泰國華富裡艾拉萬軍營舉行，此次聯訓是中泰陸軍特種部隊第四次攜手。參加此次聯訓的，分別是被譽為「南國利劍」的廣州軍區某特種作戰旅官兵和被譽為「叢林猛虎」的泰國陸軍某特戰團官兵，廣州軍區某陸航旅也首次擔負中泰聯訓中方訓練保障任務，並創下遠距離、跨國境機動多項飛行記錄。在兩周時間裡，中泰雙方圍繞特種技能、行動課題、指揮所演習、實兵綜合演練等聯訓內容，進行了偵察監控、反恐射擊、特種狙擊、樓房突入、傘降滲透、城市反恐等 13 個課目 69 項內容訓練。通過聯合訓練交流，加深了兩軍特種部隊友誼，提升了部隊遂行多樣化軍事任務的能力。[33]

二、中寮緬泰湄公河聯合巡邏執法

2011 年 10 月 5 日，兩艘中國貨船「華平號」和「玉興 8 號」在湄公河泰、緬、寮三國交界處的「金三角」地區遭到襲擊，13名中國人慘遭蒙眼、封嘴、割舌、挖眼、刀捅等而被殺害，事件引起中國媒體和民眾強烈關注。9 名泰國士兵可能只是部份參與殘殺事件，或者僅僅是事件中的部份嫌犯，參與殺害中國船員的

---

[32] 參閱〈中泰反恐聯訓：泰國特種部隊反恐隊員〉，《中新網》，2010 年 10 月 13 日，<http://www.chinanews.com/tp/hd/2010/10-13/9051.shtml>。

[33] 參閱〈"突擊-2013"中泰陸軍特種部隊反恐聯訓圓滿落幕〉，《中國軍網》，2013 年 12 月 23 日，
<http://photo.chinamil.com.cn/pla/2013-12/23/content_5702122.htm>。

還有其它民間武裝，背後勢力是緬甸撣邦的諾坎販毒集團。10 月 31 日，中、寮、緬、泰四國在北京發表聯合聲明，表示將聯合行動，儘快徹底查清案情，懲辦兇手。但是據泰國媒體報導，這些泰國軍人並沒有認罪，對案件的細節仍存在著許多疑問。11 月 26 日在北京舉行的中國、寮國、緬甸和泰國湄公河聯合巡邏部長級會議決定，並於 12 月 15 日前在中國關累港舉行四國聯合巡邏執法首航儀式。[34]

迄 2018 年 11 月 20 日 8 時第 76 次中寮緬泰湄公河聯合巡邏執法，在四國指揮官的共同指揮下，湄公河聯合巡邏執法編隊駛離中國西雙版納關累港。據雲南公安邊防總隊通報稱，此次聯合行動為期五天四夜，總航程 500 餘公里。聯合巡邏執法編隊將在金三角水域開展「守望-2018」中寮緬泰湄公河聯合巡邏執法船艇閱兵暨水上聯合反恐演練與警務實戰技能匯報演練，旨在共同提升四國執法部門及執法隊員聯合打擊恐怖主義和跨國犯罪能力。[35]

截至第 74 次，共派出執法人 11,775 人次，執法船艇 632 艘，總航時 2,416 小時、總航程 39,000 餘公里，共檢查船隻 804 艘、人員 3,697 人，貨物 7 萬餘噸，成功救助商船 122 艘，有效維護了湄公河流域航運安全。[36]

---

[34] 參閱 張頓，〈中老緬泰 12 月將在湄公河聯合巡邏〉，《大紀元》，2011 年 11 月 27 日，<http://www.epochtimes.com/b5/11/11/27/n3442198.htm>。

[35] 參閱 嚴勇、謝子藝，〈第 76 次中老緬泰湄公河聯合巡邏執法啟動〉，《中華人民共和國國防部》，2018 年 11 月 21 日，<http://www.mod.gov.cn/big5/diplomacy/2018-11/21/content_4829941.htm>。

[36] 參閱〈中老緬泰第 75 次湄公河聯合巡邏執法 23 日啟動〉，《央視網》，2018 年 10 月 23 日，http://m.news.cctv.com/2018/10/23/ARTIXeo3KNPxeATYH4m0

三、空軍「鷹擊」系列聯合演習

　　中泰兩國空軍航空兵部隊 2015 年 11 月 12 日至 30 日，在泰國空軍呵叻基地舉行代號為「鷹擊-2015」的聯合訓練。中共空軍新聞發言人申進科上校表示，此次聯合訓練，旨在增進兩國空軍航空兵部隊相互學習和瞭解，深化中泰兩軍務實合作，增進互信和友誼。[37]

　　2017 年 8 月 17 日，中共空軍 6 架戰機從雲南某軍用機場起飛，飛抵泰國烏隆空軍基地，參加中泰空軍「鷹擊-2017」聯合訓練。這是中泰兩國空軍第二次開展聯合訓練。中泰空軍「鷹擊-2017」聯合訓練，於 8 月 17 日至 9 月 3 日在泰國舉行，旨在深化推動兩國空軍合作交流，檢驗戰術戰法，促進裝備發展，提高部隊實戰化訓練水準。[38]

　　中泰空軍「鷹擊-2018」聯合訓練 2018 年 9 月 4 日至 21 日在泰國舉行，旨在深化推動兩國空軍合作交流，檢驗戰術戰法，促進裝備發展，提高部隊實戰化訓練水準。[39]

　　中泰空軍已於 2015 年、2017 年、2018 年先後進行「鷹擊系列」兩國空軍年度性的聯合演習，除體現了中泰兩國在軍事交流上的合作，也藉此空軍技能與裝備的演練，讓中共空軍吸收外軍

S5Kz181023.shtm。

[37] 黃子娟，〈解讀中泰空軍聯訓：泰在南海問題堅決支援中國〉，《中新網軍事》，2015 年 11 月 17 日，
　　<http://www.chinanews.com/mil/2015/11-17/7626701.shtml>。

[38] 劉歡，〈中泰空軍舉行"鷹擊-2017"聯合訓練〉，《中新網軍事》，2017 年 08 月 17 日，<http://www.chinanews.com/mil/2017/08-17/8307271.shtml>。

[39] 參閱〈中泰空軍舉行「鷹擊-2018」聯合訓練〉，《Q博士》，2018 年 09 月 06 日，<https://www.pixpo.net/military/0Jz6Mkak.html>。

與泰國空軍的交流及外軍空軍裝備的性能檢測。

四、陸戰隊「藍色突擊」系列聯合演習

2016 年 5 月 15 日 10 時，南海艦隊某登陸艦支隊兩棲船塢登陸艦長白山號搭載 266 名陸戰隊員、部分陸戰裝備及 2 架艦載直升機，從湛江某軍港起航，赴泰國參加「藍色突擊-2016」中泰海軍陸戰隊聯合訓練。這次聯合訓練以「海軍陸戰隊人道主義救援」為主要課題，分為海上輸送及進駐、海上聯合訓練、陸上聯合訓練和總結回撤四個階段，於 2016 年 5 月 15 日至 6 月 14 日，分別在泰國灣、春武裡府梭桃邑等地組織實施。據中方指揮員、南海艦隊登陸艦支隊副支隊長曾聲海介紹，這次聯訓是中泰兩國海軍繼「藍色突擊-2010」、「藍色突擊-2012」後舉行的第三次聯合訓練，旨在促進兩國海軍友好交流與務實合作，提高共同應對非傳統安全威脅與挑戰的能力。[40]

「藍色突擊-2016」中泰聯合演習在保留原有的聯合反恐戰鬥主題的基礎上，增加了聯合反海盜、搶險救災等人道主義救援聯合行動的理論研討和實兵實訓；其中在泰突坡龍灘進行防空飛彈實彈射擊訓練，共發射兩型 7 枚飛彈全部命中目標。據介紹，這是 2010 年中泰聯訓展開以來首次組織防空飛彈實射科目訓練，也是中共海軍陸戰隊某型防空飛彈首次在境外進行實彈射擊。[41]前兩次聯訓，主要分展示交流、混編同訓、綜合演練、研

---

[40] 唐云云，〈長白山艦起航參加中泰海軍陸戰隊聯合訓練〉，《中新網軍事》，2016 年 05 月 16 日，
<http://www.chinanews.com/mil/2016/05-16/7871669.shtml>。

[41] 參閱〈中泰藍色突擊-2016 聯訓有四個首次和四大看點 實射防空飛彈 7 枚全

討交流四個階段進行。這次聯訓，雙方將分別開展海上、陸上的聯合訓練。中共並以登陸艦、飛機與鐵路，分別裝載兩棲戰車擊直升機及防空飛彈等輕型武器裝備到泰國參與聯合演習，可見此次演習的層級貼近實戰。此中泰海軍陸戰隊聯合演習，可使中共藉此學習到美泰海軍陸戰隊聯合演習之美軍經驗。

　　泰國「納來頌恩號」護衛艦，舷號 FFG-421、「邦巴功號」護衛艦，舷號為 FF-456 於 2019 年 4 月 23 日在山東青島，參加中共海軍成立 70 周年多國海軍活動及閱艦式後，[42] 續參與「中共與東盟國家海上聯演 2019」。

　　4 月 26 日中外軍艦統一離開青島港。[43] 經台灣海峽，5 月 1 日抵中共南部戰區海軍駐地廣東湛江。[44] 並與駐海南三亞 054A 型飛彈護航驅逐艦岳陽號/575、駐廣西北海056A 型飛彈護航驅逐艦廣元號/552、駐廣東湛江 071 型船塢登陸艦五指山號/987、726/726A 登陸艇等艦艇，於 2日在湛江舉行「藍色突擊-2019」中泰海軍聯合訓練開訓典禮。[45]

　　聯訓為期 1 周，前 4 天為岸港訓練階段，將組織射擊訓練、格鬥訓練、直升機滑降訓練、裝甲兵步兵班排戰術

中〉，《壹讀》，2016 年 05 月 25 日，

<https://read01.com/jAkOP3.html#.XA6vmmgzbIU>。

[42] 〈16 艘艦艇哪家強？小編帶你長「艦」識〉，《每日頭條》，2019 年 04 月 22 日，<https://kknews.cc/zh-tw/military/gjr9kol.html>。

[43] 〈中共海軍 70 週年 30 多艘中外軍艦參加閱艦式〉，《中央通訊社》，2019 年 03 月 22 日，<https://www.cna.com.tw/news/acn/201903220296.aspx>。

[44] 參閱〈"藍色突擊-2019"中泰海軍聯合訓練泰方參演艦艇抵達湛江〉，《中國新聞網》，2019 年 05 月 01 日，

<http://www.chinanews.com/mil/2019/05-01/8825832.shtml>。

[45] 參閱〈「藍色突擊-2019」中泰海軍聯合訓練〉，《聯合新聞網》，2019 年 05 月 03 日，<http://www.chinanews.com/mil/2019/05-01/8825832.shtml>。

訓練等課目訓練，並圍繞《中泰海軍聯合訓練標準作業流程》進行研討。6 日起轉入海上訓練階段，將圍繞通信操演、編隊航行補給（由中共 904B 型島礁補給艦瀘沽湖號/962）、聯合搜救、臨檢拿捕、兩棲登陸作戰等 10 餘個課目進行聯合訓練。[46] 7 日上午，前述中泰雙方參訓艦艇與中共一艘傳統動力潛艦，於南海某海域進行編隊運動訓練。[47] 8 日中泰雙方官兵在廣東汕尾附近海空域，首次混編進行立體搶灘登陸演練。[48]下午，中泰海軍聯合訓練閉幕式於於中共海軍五指山艦舉行。[49]

五、中共-東盟國家海上聯合搜救

　　2017 年中共-東協國家首次海上聯合搜救實船演練 10 月 31 日在廣東湛江海域舉行，來自中共、泰國、菲律賓、柬埔寨、緬甸、寮國和汶萊 7 個國家相關機構的代表和海上搜救力量參演。據瞭解，此次演練是目前為止中共與東協國家規模最大的一次海

---

[46] 參閱〈中泰海軍"藍色突擊 2019"聯合訓練開幕〉，《中國評論網》，2019 年 05 月 03 日，
<http://hk.crntt.com/doc/1054/1/7/0/105417067.html?coluid=4&kindid=16&docid=105417067&mdate=0503092936>。

[47] 孫智英，〈"藍色突擊-2019"中泰海軍組織夜間海上遭遇戰訓練〉，《中國軍網》，2019 年 05 月 08 日，
<http://www.81.cn/big5/hj/2019-05/08/content_9498246.htm>。

[48] 參閱〈中泰海軍演習首次混編聯合搶灘登陸演練〉，《中國評論網》，2019 年 05 月 09 日，
<http://hk.crntt.com/doc/1054/2/3/1/105423198.html?coluid=91&kindid=2710&docid=105423198&mdate=0509185244>。

[49] 參閱〈中泰海軍聯合訓練圓滿結束〉，《中國評論網》，2019 年 05 月 09 日，
<http://hk.crntt.com/doc/1054/2/2/3/105422324.html?coluid=4&kindid=16&docid=105422324&mdate=0509095954>。

上聯合搜救實船演練，參演船艇達 20 艘，飛機 3 架，參演人員約 1,000 人。記者在現場看到，演練中，模擬一艘中國籍客輪「Magic」輪與柬埔寨籍散貨船「Jupiter」輪在距湛江南三島以東約 10 海里處發生碰撞。事故造成「Magic」輪破損大量進水，嚴重傾斜並有沉沒危險，船上 29 人落水，剩餘 328 人需要轉移，其中 8 人受傷，2 人傷勢嚴重需通過直升機轉送岸上救治。中共海上搜救中心和東協國家海上搜救機構共同參與了這次搜救演練。據主辦方介紹，中共和東協共守亞洲東部和東南部漫長的海岸線，隨著中共-東協海域航運業快速發展，海上運輸日益繁忙，海上交通險情、事故時有發生。2013 年 9 月，中共在與東協國家落實《南海各方行為宣言》第六次高官會上，正式提出了「中共—東協國家海上聯合搜救沙盤推演及實船演練」專案。此次實船演練包括海空搜救、船舶消防、船舶堵漏、人員轉移、醫療救助、水下探摸六個科目，是中共與東協國家在 2016 年 9 月海上聯合搜救沙盤推演基礎上進行的實戰演練，是落實《南海各方行為宣言》（DOC）、加強海上聯合搜救合作、提升應急搜救反應聯合行動能力的又一次務實合作行動。[50]據瞭解，本次演練有來自中共、泰國、菲律賓、柬埔寨、緬甸、寮國和汶萊等 7 個國家相關機構的代表和海上搜救力量參演，參演船艇達 20 艘，飛機 3 架，參演人員約 1000 人。[51]

---

[50] 梁盛、周明耀，〈中國—東盟國家首次海上聯合搜救演練在廣東舉行〉，《新浪網》，2017 年 10 月 31 日，
　　<http://news.sina.com.cn/o/2017-10-31/doc-ifynfrfn0715458.shtml>。

[51] 鄧瑞璿，〈中國—東盟國家海上聯合搜救實船演練成功舉行〉，《人民網》，2017 年 11 月 01 日，

六、中馬泰「和平友誼」系列海上聯合演習

根據中共、馬來西亞、泰國三國軍隊達成的共識，「和平友誼—2018」中馬泰聯合軍事演習於 2018 年 10 月 20 日至 29 日在馬來西亞亞森美蘭州波德申縣、雪蘭莪州巴生港及近海區域舉行，演練課題為「聯合強制和平行動」。公告稱，中方參演兵力包括官兵 692 人，驅護艦 3 艘、艦載直升機 2 架、伊爾—76 運輸機 3 架、車輛 4 台，由南部戰區海軍、駐香港部隊、駐澳門部隊派出。[52] 演習不針對其他國家，三國藉此聯合演習共同應對海上各種威脅，為維護南海地區和平，所展現的相互合作與交流。

七、首次中共—東協「海上聯演—2018」

中共—東盟「海上聯演-2018」整個演習分兩個階段，第一階段是桌面推演，於 2018 年 8 月 2 日至 3 日在新加坡樟宜海軍基地舉行。第二階段是實兵演習，時間是 10 月 22 日至 28 日，期間參演各方將圍繞《海上意外相遇規則》使用及聯合搜救、編隊通信操演等內容，在湛江迄以東海空域開展交流活動和實兵演練。[53] 此次演習，中方將派出 052B 型飛彈驅逐艦廣州號/168、054A 型飛彈護航驅逐艦黃山號/570、904B 型島礁補給艦軍山湖號/961 參演。東協各國參演兵力包括新加坡海軍「忠誠號」護衛艦、汶萊皇家海軍「達魯塔克瓦號」巡邏艦、泰國皇家海軍「達信號」護

<http://world.people.com.cn/n1/2017/1101/c1002-29619742.html>。

[52] 楊家鑫，〈中馬泰南海聯演 陸：不針對他國〉，《旺報》，2018 年 10 月 15 日，<https://www.chinatimes.com/newspapers/20181015000075-260301>。

[53] 參閱〈中國東盟海上首聯演 管控危機〉，《大公報》，2018 年 10 月 23 日，<http://www.takungpao.com.hk/news/232108/2018/1023/193424.html>。

衛艦、越南海軍「陳興道號」護衛艦和菲律賓海軍「達古潘市號」後勤支援艦。[54]整個中共與東協的演習，均直接使用軍方艦船進行海上非傳統安全聯合演習。

中共—東協國家「海上聯演-2019」，於今（2019）年4月24日至26日在山東青島及其東南海空域舉行。[55]聯演分為兩個階段，4月24日至25日為港岸活動階段，26日為海上聯演階段。[56]

參加此次演習的有中共、泰國、菲律賓、新加坡、越南等7個國家。印度尼西亞和寮國也派出觀察員觀摩演習。演習科目主要有編隊運動、臨檢拿捕、聯合搜救、傷員救治等8個科目。參演兵力包括中共054A型飛彈護航驅逐艦鹽城號/546、濰坊號/550、日照號/598、903A型綜合補給艦太湖號/889、和平方舟醫院船、新加坡海軍「堅強號」護衛艦、越南海軍「陳興道號」護衛艦及「丁先皇號」護衛艦、泰國海軍「邦巴功號」護衛艦及「納來頌恩號」護衛艦、緬甸「辛漂信號」護衛艦、菲律賓「達拉號」登陸艦等艦艇、4架直升機。[57] 組成兩個特混編隊，圍繞「聯合

[54] 李玉謙，〈中國東盟首次海上聯演 今湛江展開〉，《香港經濟日報》，2018年10月22日，
<https://china.hket.com/article/2190604/%E4%B8%AD%E5%9C%8B%E6%9D%B1%E7%9B%9F%E9%A6%96%E6%AC%A1%E6%B5%B7%E4%B8%8A%E8%81%AF%E6%BC%94%20%E4%BB%8A%E6%B9%9B%E6%B1%9F%E5%B1%95%E9%96%8B>。

[55] 郭夢媛，〈中國-東南亞國家"海上聯演-2019"將在青島舉行〉，《中國新聞網》，2019年04月25日，
<http://www.chinanews.com/mil/2019/04-25/8820536.shtml>。

[56] ，〈中國-東南亞國家海上聯演-2019 聯合演習圓滿結束〉，《新浪軍事》，2019年04月27日，<
https://mil.news.sina.com.cn/2019-04-27/doc-ihvhiqax5324085.shtml>。

[57] 〈中國-東南亞國家"海上聯演2019"落幕〉，《中國評論網》，2019年04月27日，http://hk.crntt.com/doc/1054/1/1/9/105411970.html?coluid=4&kindid=16&docid=105411970&mdate=0427090514。

應對海盜威脅和海上應急醫療救援」課題。[58]

伍、泰國在中泰、美泰軍事演習合作中角色

（一）美國對泰國在東南亞地位中的矛盾

隨著泰國先後於 2006 年、2014 年的軍人政變，使美國對泰國軍人干政及其民主發展的不滿，逐漸使得近年泰美軍事同盟關係處於低迷的窘境。美國雖然在每次泰國政變當下，立即減少或停止聯合演習的規模及大幅刪減次年軍事援助金費。但大部分，在考量泰國是唯一東南亞國家與美國有軍事同盟、且對其維護東南亞地區霸權地位上有其重要的地緣政治腳色，故在第三年即逐漸回溫美泰軍事演習的規模。美國內心的矛盾與美泰間的摩擦，將是中共目前藉著「一帶一路」經濟戰略，持續見縫插針，頻密地與泰國進行軍事交流及對泰軍售，以拉攏泰國。讓美日背後操控的南海主權爭議中，減少一個國家反對中共的力量。

（二）泰國防備安全及南海問題受美控制

自 2007 年東南亞金融海嘯後，中共有心協助泰國逐漸恢復其國內經濟發展。泰國在美中兩個大國中，保持不特意選邊站的方式。防備在傳統軍事安全上，如菲律賓前總統艾奎諾三式時代被美國完全操控，並在南海爭端問題上配合美日制衡、且向中共

---

[58] 房家梁，〈直擊中國—東南亞國家"海上聯演—2019"實兵演練〉，《中國新聞網》，2019 年 04 月 26 日，
<http://www.chinanews.com/mil/2019/04-26/8821712.shtml>。

施壓。因為，泰國在領海主權的問題上，並未和中共有各種的利益衝突。站在泰國的國家利益，第一不願外國勢力介入泰國的內政問題，這是中共與美方不同的視角；第二在東協與中共之間的南海島礁爭議問題上，泰國一直是非主權涉及國，並在 2012 至 2016 年均擔任之間的協調者，使各方都應當以共贏的方式，找到合作的方式。

（三）美泰從單邊走向多邊中共逐一效法

中共在 20 世紀美國建立起來的圍堵策略，跳出冷戰思維，以 21 世紀全球經濟互賴、「一帶一路」經濟戰略來緩和美國建立第一島鏈的軍事反制。有趣的是，美泰從 1982 年起，從單邊與泰國進行傳統軍事安全為主的聯合演習。隨著，1991 年前蘇聯瓦解，共產勢力對全球侵蝕的力量逐漸減弱。美國即逐漸以泰國為主的聯合演習，不斷擴充參與國家外，並由傳統軍事安全的聯合演習轉為各類型態的海上救援任務的非傳統安全演習；而相對的，在中共軍事力量躍起後，採取美國早期 1980 年代、「一對一」的模式。不同的是，中泰聯合演習是從非傳統安全的反恐演習開始、再到傳統軍事安全之單一軍種的空軍鷹擊系列演習，最後又回歸到以非傳統安全演習「和平友誼」、與東協海上聯合演習的多邊方式。（如圖 1 所示）

美國

單邊　　　　　　　　多邊

泰國

傳統安全　　　　　　非傳統安全

中共

單邊

東盟海上國家

馬、泰

圖 1：美泰、中泰軍事演習模式示意圖

資料來源：作者自製。

（四）藉演習展銷裝備維繫中泰政軍關係

　　中泰之間的軍事交流的呈現，是評定兩國之間的政治互信的一個重要指標。隨著，2014 年泰國軍事政變後，在感受不到美國的支持下，[59]中共提供泰國，其現役高性能陸海空武器裝備。這是繼與南亞巴基斯坦後，在東南亞中的泰國建立全面戰略合作夥伴所獲得一個政治互信。特別的是，中共在 2017 年將提供新型柴電潛艦 039A 型（北約稱元級）3 艘、計畫 6 年內交付泰國。雖 2018 年 10 月份，媒體報導泰國政府只批准 1 艘的預算。但此在國際人士的認知，當賣方會出售具有戰略性嚇阻能力的潛艦，其

---

[59] 宋鎮照等主編，《泰國發展進行式：政治、經濟與社會文化整合》（台北：五南圖書出版股份有限公司，2018 年），頁 111。

與買方間的政治互信層次，會比一般軍售高出許多。相信，這也是泰國多年來，與中共在軍方高層互訪、雙方機艦及部隊相互演習與交流。中共向泰國及國際上，展現其軍科技術的提升，以低於西方國家的武器費用，提供鄰國最好的武器與後勤的售後服務，這是維持雙邊關係最重要的環節。

（五）中泰軍演帶動中共與東盟軍事演習

　　中共海軍於 4 月 23 日於山東青島，舉行中共海軍成立 70 周年慶祝活動及閱艦式。美國國務院以「中共利用美國軍艦的到來提升國際地位」，反對美國海軍參加中共海軍閱艦式。然仍有新加坡、印度、韓國、孟加拉國、澳大利亞、日本、俄羅斯、越南、菲律賓、馬來西亞、緬甸等國海軍，從 19 至 22 日陸續抵青島參與盛會。前述星印韓澳日與美國軍事同盟國，並沒有因美國海軍未參加而受影響，顯示中共在亞洲區域的影響力也逐漸增強。

　　此次特別的是，2018 年由泰國協助，中共順利與東南亞國家先後在新加坡及廣東湛江，舉行「海上聯演 2018」。2019 年東南亞國家海軍除遠航至山東青島，參加中共海軍 70 周年慶祝活動及閱艦式。隨後，中共與東協國家，直接在青島進行「海上聯演 2019」。可見，中共與東協國家軍事交流，已逐漸提升外；泰國海軍更於「海上聯演 2019」結束後，5 月上旬南下抵中共南部戰區海軍駐廣東湛江。在廣東湛江迄汕尾一帶海空域，進行「中泰藍色突擊 2019」海軍陸戰隊兩棲登陸演習。凸顯中泰不斷地提升雙方演習的次數與科目難度，將充分向國際展現，雙方融合度及重視。

陸、結論

在 1949 至 1980 年代，中共因為經濟在初創與發展，軍事裝備與力量仍處在弱勢，三軍部署只能防衛各軍區的防禦。隨著，後鄧時期經濟發展逐漸蓬勃，軍事建設陸續增長，並在 1991 至 2000 年借助俄羅斯與烏克蘭軍事技術，提升中共自製海空軍武備。中共海空軍力量，亦隨著與俄羅斯海空聯演及軍事交流，這十年讓中共海空軍因裝備與戰技及演訓等提升，讓其愈來愈有自信與周邊國家及友「中」國家進行聯合演習。

中共希望藉由與外國的軍事交流與演訓，向國際與合作國家，展現其軍事力量的透明度與釋放其和平發展。並且想要擺脫，自冷戰迄今，以美國之軍事同盟的圍堵共產勢力（前蘇聯、中共）的聯合演習。而泰國是中共在東南亞第一個與其建交、並建立起全面戰略夥伴關係的國家。其雙邊政軍的關係，繼南亞的巴基斯坦之後，也取得中共經貿與武器裝備的合作及支持。而中泰政治的關係，與美泰較大不同之處，在國際政治與外交的處理上，以不干涉他國內政為原則。相對地，美國雖在此方面，則會藉民主人權而干涉泰國內政為由，暫停部分對泰軍援及軍方高層互訪。但也會雖著泰國政變後，政局逐漸穩定，而恢復與泰國軍事交流的頻密度與軍援。

隨著 2019 年泰國大選，親軍方的公民力量黨所支持的巴育總理繼續執政，仍將維持一貫向中共採購武器、及彼此的軍事聯合演習方式。此舉，自然向美方傳達，其以往主導的軍事交流與軍援，而左右泰國政權，將無法奏效。21 世紀的泰國，勢必也是中、美兩個大國，急於拉攏與角力的對象。對於一貫不選邊站的

泰國外交原則，是一件好事，且可從中獲得利於泰國的國家利益。故泰國在與中共、及美國軍事演習合作中的角色，已從早期的單邊，朝向雙邊平衡的態勢。

參考文獻

一、中文

顧長永，2013。《東南亞各國政府與政治：持續與變遷》。台北：
　　臺灣商務印書館公司、國立中山大學出版社。

李察・索柯斯基（Richard Sokolsky）、安琪・羅巴沙（Angel Rabasa）
　　/ C.R.鈕（C.R. Neu）合著，高一中譯，2001。《東南亞在美
　　國對中共策略中的角色》（The Role of Southeast Asia in U.S.
　　Strategy Toward China）。臺北：史政編譯局譯印。

陸文浩，〈中泰軍售合作發展與契機〉，宋鎮照等主編，2018。《泰
　　國發展進行式：政治、經濟與社會文化整合》。台北：五南圖
　　書出版。

莊國土、雲俊傑，2016。〈中泰一家親：兩千年友好關係的回顧和
　　展望〉，莊國土、張禹東主編，《泰國研究報告（2016）》。北
　　京：社會科學文獻出版社，年）。

楊保筠，2017。〈中泰關係篇〉，莊國土、張禹東、劉文正主編，《泰
　　國研究報告（2017）》。北京：社會科學文獻出版社。

〈中泰海軍舉行代號為中泰友誼－2005 的搜救演習〉，《中華人民
　　共和國中央人民政府》，
　　<http://www.gov.cn/yjgl/2005-12/13/content_125648.htm>。

〈中泰友誼-2005 的聯合搜救演習〉，《新浪軍事》，
　　<http://mil.news.sina.com.cn/2005-12-30/1217341236.html>。

〈國防新聞：中泰軍演顯示中國區域影響力提升〉，《中時電子
　　報》，

　　　　<http://news.chinatimes.com/2007Cti/2007Cti-News/2007Cti-Ne
　　　　ws-Content/0,4521,130505+132007080701464,00.html>。

〈中泰特種兵上演士兵突擊　美軍不順眼又緊張〉,《中評網》,
　　　　<http://hk.crntt.com/doc/1006/9/7/3/100697397.html?coluid=7&
　　　　kindid=0&docid=100697397>。

蘇尹崧,〈不忘親善交流　美星泰「天虎」軍演落幕〉,《青年日報》,
　　　　https://www.ydn.com.tw/News/229412。

顧時宏、楊勇軍,2008/07/30 參閱。〈中泰反恐聯訓結束　特種分
　　　　隊進行四階段訓練(圖)〉,《網易新聞》,
　　　　http://news.163.com/08/0730/08/4I3ARQ7N000120GU.html>。

〈中泰反恐聯訓：泰國特種部隊反恐隊員〉,《中新網》,
　　　　http://www.chinanews.com/tp/hd/2010/10-13/9051.shtml

林憬屏,〈美泰海上軍演　強調雙邊合作〉,《大紀元》,
　　　　http://www.epochtimes.com/b5/11/5/19/n3261597.htm。

張頓,〈中老緬泰 12 月將在湄公河聯合巡邏〉,《大紀元》,
　　　　http://www.epochtimes.com/b5/11/11/27/ n3442198.htm。

〈美重返亞洲　金眼鏡蛇軍演新貌〉,《大紀元》,
　　　　<http://www.epochtimes.com/b5/13/2/16/n3802222.htm>。

〈"突擊—2013"中泰陸軍特種部隊反恐聯訓圓滿落幕〉,《中國軍
　　　　網》, http://photo.chinamil.com.cn/pla/2013-12/
　　　　23/content_5702122.htm 。

張凱勝,〈美泰金眼鏡蛇軍演　陸首派兵參與〉,《中時電子報》,
　　　　https://www.chinatimes.com/realtimenews/
　　　　20140212002414-260408 。

〈泰國政變　美泰軍演喊卡〉,《奇摩新聞》,

　　　　<https://tw.news.yahoo.com/%E6%B3%B0%E5%9C%8B%E6
　　　　%94%BF%E8%AE%8A-%E7%BE%8E%E6%B3%B0%E8%
　　　　BB%8D%E6%BC%94%E5%96%8A%E5%8D%A1-0827135
　　　　43.html>。

〈演習若改地點 泰：美國也損失〉,《中時電子報》,
　　　　<https://www.chinatimes.com/realtimenews/20140625005329-26
　　　　0408>。

瀚海存真,〈第 13 屆東南亞合作訓練（Southeast Asia Cooperation
　　　　and Training, SEACAT）〉,《新浪博客》,
　　　　<http://blog.sina.com.cn/s/blog_3d261e5d0102uz55.html>。

黃子娟,〈解讀中泰空軍聯訓：泰在南海問題堅決支援中國〉,《中
　　　　新網軍事》,
　　　　<http://www.chinanews.com/mil/2015/11-17/7626701.shtml>。

2016/01/26 參閱。〈天虎 3 國空戰軍演 中部舉行〉,《世界日報》,
　　　　<http://www.udnbkk.com/article-5774-1.html>。

阿 ken,〈泰、美舉行亞洲最大聯合軍演...學者：面對軍政府，歐
　　　　巴馬有如走鋼索〉,《關鍵評論》,
　　　　<https://www.thenewslens.com/article/36086>。

唐云云,〈長白山艦起航參加中泰海軍陸戰隊聯合訓練〉,《中新
　　　　網軍事》,
　　　　<http://www.chinanews.com/mil/2016/05-16/7871669.shtml>。

〈中泰藍色突擊-2016 聯訓有四個首次和四大看點 實射防空飛彈
　　　　7 枚全中〉,《壹讀》,
　　　　<https://read01.com/jAkOP3.html#.XA6vmmgzbIU>。

〈中國再度獲邀出席 2017 金色眼鏡蛇軍演〉,《美國之音》,

<https://www.voacantonese.com/a/us-china-cobra-gold-2017021
5/3725453.html>。

韋少,〈泰美海上戰備軍演 側重防空、反潛〉,《世界日報》,
http://www.udnbkk.com/article-227388-1.html。

實習生 Gray Cheung,〈泰美海上戰備軍演 側重防空、反潛〉,《每
日頭條》, <https://kknews.cc/zh-tw/military/8m2bok4.html>。

劉歡,〈中泰空軍舉行"鷹擊-2017"聯合訓練〉,《中新網軍事》,
http://www.chinanews.com/mil/2017/ 08-17/8307271.shtml

〈SEACAT 海上聯合演習 東南亞 3 國登場〉,《菲龍網》,
<http://www.flw.ph/thread-250604-1-1.html>。

梁盛、周明耀,〈中國-東盟國家首次海上聯合搜救演練在廣東舉
行〉,《新浪網》, http://news.sina.com.cn/o/
2017-10-31/doc-ifynfrfn0715458.shtml。

鄧瑞璿,〈中國－東盟國家海上聯合搜救實船演練成功舉行〉,《人
民網》,http://world.people.com.cn/n1/2017/
1101/c1002-29619742.html。

〈「金色眼鏡蛇 2018」 平昌冬奧期間登場〉,《青年日報》,
<https://www.ydn.com.tw/News/274475>。

王光磊,〈美泰展開「海上衛士」聯合反潛演習〉,《青年日報》,
<https://www.ydn.com.tw/News/286753>。

〈美軍出動宙斯盾艦與 P8 反潛機 在中國周邊海域軍演〉,《新浪
網》,
<http://chinanews.sina.com/bg/chnmilitary/chnmilitary/sinacn/20
18-06-14/doc-iwcicusz2433917.shtml>。

〈泰海軍一水中國製造參加軍演,獨特畫面展示無比的信賴〉,《灌

雲論壇》，

<http://m.hhjz0898.com/5000937/20180624A08YX700.html>。

〈美國拉攏東盟 6 國海上聯合演練，提高反毒品反走私能力〉，《Q

博士》，https://www.pixpo.net/abroad/0JuorInz.html。

〈中泰空軍舉行「鷹擊-2018」聯合訓練〉，《Q 博士》，

https://www.pixpo.net/military/0Jz6Mkak.html。

楊家鑫，〈中馬泰南海聯演 陸：不針對他國〉，《旺報》，

https://www.chinatimes.com/newspapers/2018101

5000075-260301。

李玉謙，〈中國東盟首次海上聯演 今湛江展開〉，《香港經濟日

報》，

<https://china.hket.com/article/2190604/%E4%B8%AD%E5%9

C%8B%E6%9D%B1%E7%9B%9F%E9%A6%96%E6%AC

%A1%E6%B5%B7%E4%B8%8A%E8%81%AF%E6%BC%

94%20%E4%BB%8A%E6%B9%9B%E6%B1%9F%E5%B1

%95%E9%96%8B>。

〈中老緬泰第 75 次湄公河聯合巡邏執法 23 日啟動〉，《央視網》，

http://m.news.cctv.com/2018/10/23/ARTIXeo

3KNPxeATYH4m0S5Kz181023.shtml。

中國東盟海上首聯演 管控危機〉，《大公報》，

<http://www.takungpao.com.hk/news/232108/2018/1023/193424

.html>。

嚴勇、謝子藝，〈第 76 次中老緬泰湄公河聯合巡邏執法啟動〉，《中

華人民共和國國防部》，

<http://www.mod.gov.cn/big5/diplomacy/2018-11/21/content_48

29941.htm>。

〈美國"卡拉特"年度海上聯合軍事演習〉,《百度百科》,
　　<https://baike.baidu.com/item/%E7%BE%8E%E5%9B%BD%E
　　2%80%9C%E5%8D%A1%E6%8B%89%E7%89%B9%E2%8
　　0%9D%E5%B9%B4%E5%BA%A6%E6%B5%B7%E4%B8
　　%8A%E8%81%94%E5%90%88%E5%86%9B%E4%BA%8B
　　%E6%BC%94%E4%B9%A0>。

〈泰國飛虎軍演〉,《百度百科》,
　　<https://baike.baidu.com/item/%E6%B3%B0%E5%9B%BD%E
　　9%A3%9E%E8%99%8E%E5%86%9B%E6%BC%94>。

〈中共海軍 70 週年 30 多艘中外軍艦參加閱艦式〉,《中央通訊
　　社》,<https://www.cna.com.tw/news/acn/201903220296.aspx>。

〈16 艘艦艇哪家強？小編帶你長「艦」識〉,《每日頭條》,
　　<https://kknews.cc/zh-tw/military/gjr9kol.html>。

郭夢媛,〈中國-東南亞國家"海上聯演-2019"將在青島舉行〉,《中
　　國新聞網》,
　　<http://www.chinanews.com/mil/2019/04-25/8820536.shtml>。

房家梁,2019/04/26 參閱,〈直擊中國─東南亞國家"海上聯
　　演─2019"實兵演練〉,《中國新聞網》,
　　<http://www.chinanews.com/mil/2019/04-26/8821712.shtml>。

〈中國-東南亞國家海上聯演-2019 聯合演習圓滿結束〉,《新浪軍
　　事》, https://mil.news.sina.com.cn/2019-04-27/
　　doc-ihvhiqax5324085.shtml。

〈中國-東南亞國家"海上聯演 2019"落幕〉,《中國評論網》,
　　<http://hk.crntt.com/doc/1054/1/1/9/105411970.html?coluid=4&k

indid=16&docid=105411970&mdate=0427090514>。

〈"藍色突擊-2019"中泰海軍聯合訓練泰方參演艦艇抵達湛江〉，
　　《中國新聞網》，
　　　<http://www.chinanews.com/mil/2019/05-01/8825832.shtml>。

〈「藍色突擊-2019」中泰海軍聯合訓練〉，《聯合新聞網》，
　　　<http://www.chinanews.com/mil/2019/05-01/8825832.shtml>。

〈中泰海軍"藍色突擊2019"聯合訓練開幕〉，《中國評論網》，
　　　<http://hk.crntt.com/doc/1054/1/7/0/105417067.html?coluid=4&
　　　kindid=16&docid=105417067&mdate=0503092936>。

孫智英，〈"藍色突擊-2019"中泰海軍組織夜間海上遭遇戰訓練〉，
　　《中國軍網》，
　　　<http://www.81.cn/big5/hj/2019-05/08/content_9498246.htm>。

〈中泰海軍演習首次混編聯合搶灘登陸演練〉，《中國評論網》，
　　　<http://hk.crntt.com/doc/1054/2/3/1/105423198.html?coluid=91
　　　&kindid=2710&docid=105423198&mdate=0509185244>。

〈中泰海軍聯合訓練圓滿結束〉，《中國評論網》，
　　　<http://hk.crntt.com/doc/1054/2/2/3/105422324.html?coluid=4&
　　　kindid=16&docid=105422324&mdate=0509095954>。

泰國軍隊權力的結構性基礎

李淑貞

國立暨南國際大學東南亞系兼任助理教授

【摘要】

　　泰國軍隊對泰國政治的影響有著長久的歷史淵源，本文試圖要來檢視泰國皇家武裝部隊（Royal Thai Armed Forces, RTARF）如何能在文人政府決策當中，獲得施力點的結構性因素。本文發現當前泰國軍方擁有的任何權力，都是依據它所建立的組織法典、條文，有效地使其不受文人政府的控制。

　　當今泰國的軍事影響力和參與政治事務的法律基礎，主要來自一系列具體的國內安全和國防法案，其中包括了泰國憲法、刑法、內安法等。而泰國軍隊掌握政治權力的消長，卻也受著許多因素所制約，譬如文人總理的領導風格、軍隊派系的鬥爭、軍人的意識型態、國際社會的評論、大眾的默許或是期待等。

關鍵詞：**權力、結構性基礎、文人統治、戒嚴法、緊急法令**

壹、前言

　　自從 1932 年 6 月 24 日，由知識份子、年輕軍官、中小官吏和部分高級官員所組成的「民黨」，帶領發動了一場建立「君主立憲制」的政變成功之後，政變似乎成了泰國政治的常態，「政變次數」與「選舉次數」幾乎相同的泰國，成為軍事政變頻仍之國家的典型。[1]而最近的一次政變，是由於自 2013 年 11 月以來，聲援執政之為泰黨的「紅衫軍」與反對派所支持的「黃衫軍」，雙邊對峙不斷，長達半年的示威衝突，泰國陷入政治危機的狀況中，陸軍司令巴育‧詹歐差（Prayuth Chan-ocha）便於 2014 年 5 月 20 日宣布「實施全國性戒嚴，軍方接管內閣權力」，[2] 看守政府代理總理尼瓦探隆‧布松派森（Niwatthamrong Bunsongphaisan）下台，[3] 2014 年 8 月巴育獲得泰王拉瑪九世任命，接任泰國第 29 任總理，組成軍政府，起草新憲法。泰國國會並於 2016 年 8 月通過軍政府起草的新憲法，新憲法也同時公投通過，61.45%的選民投票

---

[1] 陳佩修，〈軍事政變與政治變遷〉，《東吳政治學報》第 27 卷第 3 期，2009，頁 83。

[2] 黃薇華，〈泰國政經現況〉，2016 年 1 月 8 日，http://www.eximclub.com.tw/countries/information-02c.asp?idno=2612&continen=1&country=%AE%F5%B0%EA（參閱日期：2017 年 11 月 18 日）。

[3] 2014 年 5 月 7 日，總理盈拉‧欽那瓦(Yinglak Chinnawat)被憲法法院裁定濫用職權罪成立而下台，由副總理兼商務部長的尼瓦探隆‧布松派森代理總理職務。中國新聞網，〈泰國憲法法院裁定看守政府總理英拉將下臺〉，2016 年 5 月 7 日，http://news.sina.com.cn/w/2014-05-07/144030079058.shtml，參閱日期：2017 年 5 月 21 日。

支持新憲法。[4] 2017 年 4 月泰王拉瑪十世瑪哈・瓦吉拉隆功(Maha Wachiralongkon)簽署了泰國的第 20 部憲法,諭示將於 2018 年年底舉行大選。但是軍政府先後兩次以相關選舉法規未臻完整為由推遲大選,2018 年 11 月,總理巴育再次宣布大選日訂在 2019 年 2 月 24 日,[5] 泰國社會及國際焦點密切關注在於軍政府是否能遵守承諾推出大選,回歸民主政治的道路。

貳、泰國軍隊干預政治原因

軍人在泰國政治史上始終扮演著重要的干預角色,學者們每每在論述「泰國軍人干預政治」原因的時候,多從以下幾個面向來觀察:

一、軍隊的組織文化

(一)軍隊凌駕政治的傳統

從拉瑪五世在位時期(1868~1910)起,泰國實施普遍的徵兵制度,引進標準的訓練和軍銜。國王把這支組織嚴密、訓練有素的軍隊置於行政機關之上,並把他的王子們送至西方國家接受現

---

[4] 泰國在 2016 年 8 月 7 日就軍方指定的一個委員會所起草的新憲法舉行全民公決,新憲法草案獲公投通過。〈泰國軍政府主持起草的新憲法獲公投通過〉,BBC 中文網,2016 年 8 月 7 日,http://www.bbc.com/zhongwen/trad/world/2016/08/160807_thailand_constitution_referendum,參閱日期:2017 年 12 月 8 日。

[5] 王國安,〈泰國政府:明年 2 月大選不會推遲〉,2018 年 11 月 13 日,中國新聞網,http://www.chinanews.com/gj/2018/11-13/8676168.shtml,參閱日期:2018 年 12 月 1 日。

代陸海軍訓練，國王兼任最高軍事司令，直接控制軍隊，國王集王權與軍權於一身，其他王室成員則掌管軍中高階職務。1932 年政體改變後，國王與王室地位下降，但軍隊威望和地位仍處於顛峰，加上為了維護國家的領土，軍隊不斷與鄰國爭戰，並參與第一次世界大戰，極大的提高軍隊在泰國社會地位。二戰後，泰國參與反共鬥爭，軍隊的作用更加突出，這種傳統保留下來的優越地位，使軍隊凌駕和干預政治，便成為理所當然的事。[6]

(二) 軍人的政治使命感

泰國軍方自認為是 1932 年以來最有組織和最有紀律的機構，[7] 軍人存在有「軍隊是國家骨幹」的想法始終堅定。[8]而泰國軍人並未接受西方國家「文官至上」的價值觀，相反地認為軍隊是政治不可或缺的一員，更是保衛民主的戰士。在 20 世紀 60 至 70 年代，陸軍在農村的三大群眾組織正是基於這個原則而建立的。當時的軍人領袖阿鐵‧甘朗逸（Arthit Kamlangek）將軍和差瓦立‧永猜裕（Chavalit Yongchaiyudh）將軍都強調「只要國家未能實行充分的民主，陸軍就該成為建設民主的戰士，而不止於保衛民主的角色。」[9]泰國軍方認為為了維護國家安全，軍隊當然可以介入政治。

---

[6] 參閱 朱振明，《泰國：獨特的君主立憲制國家》，(香港：香港城市大學出版社，2011 年)，頁89。

[7] Isarabhakdi, V. ,1990, The Man in Khaki-Debaser or Developer? : The Thai military in politics, with particular reference to the 1976-1986 period, PhD thesis (Tufts University), Michigan: A Bell & Howell Company, p.13.

[8] P. Phongpaichit and C. Baker, 1997, *Thailand Economy and Politics*, New York: Oxford University Press, p.326.

[9] 朱振明，前引書，頁90。

(三) 軍方保護自身利益

在國家的現代化進程中,泰國軍方參與了國家的經濟活動並在國家的經濟發展中擁有牢固的地位,擁有龐大的資產。長期以來,泰國國防部掌握了一系列重要的企業,包括石油公司、皮革廠、玻璃廠、紡織廠、罐頭廠,而且泰國大部分商業無線電臺屬於軍隊。[10]為維護既得利益,泰國軍方在泰國政治生活中扮演的是相對比較積極的角色。然而,泰國軍方雖然是龐大既得利益集團,卻小心翼翼地避免損害基層群眾的利益,始終與各個政黨保持一定的距離,正是這種相對客觀「中立」的姿態,使得泰國軍人成為泰國民主政治中不可或缺的重要角色。

(四) 軍方對干政的自信

軍方擁有武力、財力及群眾基礎,似乎以「仲裁者」自居。以 2006 年及 2014 年兩次為例,都是在紅、黃衫軍衝突相持不下的狀況下,軍方以化解政治紛爭的姿態發動政變,解決危機。還有面對 2008 年的政治亂象,數十位教授甚至聯名致函當時的陸軍司令阿努蓬‧保津達(Anupong Paochinda),要求軍方發動軍事政變以結束政治危機。[11]再以民眾對 2017 年公布的泰國第 20 部泰國憲法的看法,雖有反對者質疑「2017 年憲法」實質上已將「軍方干政」合法化,但付諸公投結果顯示,泰國民眾厭倦政治紛爭,

---

[10] 喻常森,〈轉型時期泰國政治力量的結構分析〉,《東南亞研究(Southeast Asian Studies)》,2007 年第 5 期,http://www.aisixiang.com/data/23052-2.html (2009 年 4 月 23 日)。

[11] 陳佩修,《泰國的軍人與文人關係》(臺北:政治大學政治研究所博士論文,1999 年),頁VIII。

寧可接受軍方干政，更增加了軍方干政的自信。[12]

二、泰國政黨政治的脆弱性

　　泰國政黨的特性之一，就是脆弱而不穩定，政黨的形成只是個人勢力在國會的集團而已，並非整個社會團體利益的結合，因此政權建立在各政黨權力利益妥協之上，政府的權力往往因政黨利益而被杯葛，這是造成泰國政權不穩固的原因之一。[13]泰國政黨制度的發展不成熟和文人政府的貪腐無能導致人民的不信任，反倒凸顯軍人政權的效率和優勢，也是造成軍人干政的原因。

三、軍方與王室關係

　　自軍事總理沙立元帥（Field Marchshal Sarit Thanarat）為了執政（1957~1963）的正當性，恢復了泰王拉瑪九世在政治上的獨立地位後，泰王對軍隊和政府就保有特殊的影響力，形成一種獨特的「國王－軍隊－政府」三足鼎立的政治格局。不論是軍人發動政變，或是文人政府遭遇到政治危機時是否能保住執政地位，因此泰王均在緊要關頭可以扮演著裁決者的角色。[14]軍隊與國王關係密切，也是軍隊能長期左右泰國政壇的重要原因之一。[15]泰國軍

---

[12] 梁東屏，〈泰國憲法公投過關，走向隱性軍政府〉，2016 年 8 月 9 日，https://theinitium.com/article/20160809-international-thailand-referendum-analysis/(2016 年 8 月 20 日)

[13] 宋鎮照，《東協國家之經發展》(臺北：五南圖書公司，1996 年)，頁 54。

[14] 林勉辰，《泰國民主化發展與軍人角色的改變》(台中：東海大學政治研究所碩士論文，2008 年)，頁 72。

[15] Pavin Chachavalpongpun 認為軍隊藉與王室密切聯結，在於保證自己在政治上的特殊角色和特權。參閱 李淑貞，〈泰國民主轉型時期的軍文關係(1991~2006)〉，《人文社會科學研究》，第 6 卷第 2 期（2012），頁 72。

隊一直扮演國王護衛角色，軍隊是「效忠國王」的，而不是「效忠政府」，[16]泰國軍隊曾經廣泛宣傳下列內容的廣告：「國王（好比）是一座房屋，而軍隊是這座房屋的圍牆」[17]，軍人們經常把自己看成是為國王效力，而不是民選的政府。[18]泰國軍隊意識型態與對任務的認同—反映了對民主的支持次於保護君主制。而軍隊與國王的關係也可從 2006 年泰國樞密院主席炳‧廷素拉暖（Prem Tinsulanonda）給朱拉綜誥皇家陸軍官校學生演講的一段話中看出深意：[19]

> 在賽馬競速中，馬主人僱用騎師騎馬，騎師並不擁有馬，他們只是騎牠。政府好比騎師，軍隊好比賽馬，政府只是監督軍隊，而軍隊的真正擁有者是國家和國王，政府監督和指揮我們，...我的意思是說我們是國家的軍人，政府是來來去去的。

---

[16] Harold Crouch, 1997, Civil-Military Relations in Southeast Asia. In *Consolidating the Third Wave Democracies: Themes and Perspectives*, ed. Larry J. Diamond and Marc F. Plattner, 207-235. Baltimore and London: The Johns Hopkins University Press.

[17] 喻常森 前引文。

[18] 例如阿披實總理時期的國防部長 Prawit Wongsuwan 在 2009 年 9 月就職時，誓言是「我是國王任命的國防部長，只要命令我留任，我就留任」 "I am the defense minister because of a *royal* (emphasis added) command. As long as the command stays, I stay." "Prawit Vows to Stay on in Defense," in *Bangkok Post*, September 12, 2009 (www.bangkokpost.com).

[19] Paul W. Chambers & Aurel Croissant, 2010, "U-Turn to the Past? The Resurgence of the Military in Comtemporary Thai Politics," *Democracy Under Stress: Civil-Military Relations in South andSoutheast Asia*, 2010, Institute of Security and International Studies, 63.

四、外國的援助

歐美國家及中國等對泰國的軍援或技術援助為泰國軍隊保持
旺盛的「戰鬥能力」提供了積極的幫助，這些幫助最終成為支持
軍人干政的背後力量：

(一) 美國因素和影響

二戰後，泰國隨即奉行親美路線，成為美國的軍事盟友，參
與韓戰、越戰、反共鬥爭，因而獲得美國大量的軍事援助與對專
業軍事人員的培訓。美國向泰國武裝部隊提供軍事援助，從 1951
年的 450 萬美元，遽增到 1953 年的 5,580 萬美元，這個數據是泰
國國防預算的 2.46 倍，美國軍事援助和贈款援助保持高額度一直
到 1976 年。[20]在 1978 年越南入侵柬埔寨之後，美國軍事援助再度
來到泰國，這項援助也一樣保持高額度一直到 1987 年，透過泰國
軍方參與反共，以及捍衛泰國免於被赤化，更希望促使區域朝向
穩定發展的目的。[21]

從 1950 年代到 1987 年，泰國總計獲得美國超過 20 億美元的
軍事援助，其中 12 億美元是無償援助的，包括武器裝備採購和美
軍過剩軍備的轉讓，另外將近 10 億美元的援助是以對外軍事銷售
（Foreign military sales, FMS）信貸的形式提供的，[22]使泰國軍隊
在未大幅增加國防預算的情況下，得到長足的發展，美國這種長

---

[20] Surachart Bamrungsuk, 1988, *United States Foreign Policy and Thai Military Rule, 1947- 1977*, Bangkok, DK Books, p.195

[21] Hagelin, Bjorn, 1988, "Military Dependency: Thailand and the Philippines," in: *Journal of Peace Research, Special Issue on Militarization and Demilitarization in Asia-Pacific*, Sage Publications, Ltd., December, 25, p.481.

[22] 潘遠洋，《泰國軍情探悉》，(台北：軍事誼文出版社，2010 年)，頁 122。

期的援助，成為泰國軍方的第二個贊助人，僅次於王宮，直到 19
91 年冷戰結束。時至今日，美國每年仍給予泰國在有關軍事、經
濟和安全合作等領域約 1,050 萬美元援助，美國還通過亞太經合組
織和東協等多邊組織援助泰國。[23]

(二)英法因素和影響

泰國與英、法兩國關係分別開始於 1612 和 1662 年（大城王
朝）。在 19 世紀中期，英法入侵東南亞諸國，泰國國王拉瑪五世
使兩國互為牽制，成功成為軍事緩衝區，並引進西方的行政、稅
收、教育和軍事制度。數年間，泰國成為東南亞在那個時期唯一
一個開始步入工業化初期的國家。二戰後，泰國繼續接受英國「技
術援助」，並不斷自英國購買軍火，充實軍備。[24]

(三)中國因素和影響

中泰於 1975 年建交，20 世紀 80 年代初開始，中國以軍援貸
款方式向泰國提供了大量軍援和各類武器裝備。[25]以 2017 年為
例，泰國陸軍從中國採購價值約 20 億泰銖（約合 3.9 億元人民幣）
的 34 輛裝甲戰車，另外再購買 11 輛 VT-4 主戰坦克；泰國皇家海
軍也與中國簽署了合同，從中國購買首艘 S-26T「元級」潛艇，價
值 135 億泰銖（約合 26.84 億元人民幣）。[26]

---

[23] 參閱〈美國宣佈中止 350 萬美元對泰國軍援繼續評估其他援助〉，中國新聞
網，2014 年 5 月 24 日，http://www.xinhuanet.com/world/2014-05/24/c_12654221
4.htm，參閱日期：2017 年 10 月 15 日。

[24] 潘遠洋，前引書，頁 147。

[25] 前引註，頁 142。

[26] 參閱〈美國一盟友不斷追加採購大量中國武器加速倒向中方〉，新浪網，2017

參、泰國軍隊權力的結構性因素

目前，泰國武裝力量包括海陸空三軍、准軍事力量部隊，總兵力計有43.07萬人，其中陸軍15萬人、海軍7.06萬人、空軍4.6萬人、特種部隊0.54萬人、和准軍事部隊15.87萬人。而准軍事部隊包括有：(1) 獵勇2萬人，是地方性武裝；(2) 保衛國土志願隊5萬人；(3) 海上警察0.22萬人；(4) 航空警察0.05萬人；(5) 邊境巡邏警察4.1萬人；(6) 地方警察4.5萬人。[27]

武裝部隊干預政治最直接形式便是發動政變，而陸軍向來是政變的主角。[28]至於政變模式不外如芬納 （Samuel E. Finer）的研究結論：(1)支持者招募與任務分配 （Trabajos）；(2)參與行動各方的交易與承諾（Compromisos）；(3)單一部隊或軍營的發起行動（Action）；(4)發布政變聲明（Pronunciamiento）；(5)佔領首都內的重要政府建築與通訊中心；(6)宣告政權轉移；(7)任命軍事執政團確保統治，聲明政權移轉是過渡性質，並承諾回歸文人統制。[29]

以泰國1991年、2006年、2014年政變模式觀察，通常在政變前陸軍、海軍、空軍、警察四軍種司令或總長已先取得默契，再由陸軍第一軍區第一師派出數十部坦克車及兵力包圍國務院大樓，控制公有電視頻道，軍人集團宣布由軍方接管政權，實施戒

年 5 月 11 日，https://mil.sina.cn/sd/2017-05-11/detail-ifyfeius7803444.d.html?oid=162&vt=4&cid=65898，參閱日期 2018 年 3 月 8 日。

[27] 潘遠洋，前引書，頁 49-66。

[28] 泰國從 1932 年軍官發起第一次政變至 2014 年的軍事接管共發生 25 次成功或失敗政變，其中有 18 次是由陸軍發起。陳佩修，〈軍事政變與政治變遷〉，《東吳政治學報》，第 27 卷第 3 期，2009，頁 87-88。

[29] 前引註，頁 71。

嚴，再覲見泰王，取得泰王的支持與任命後，完成政變程序。接著推出文人代理總理職務，2014年則是由泰王任命政變發起者陸軍司令為總理，承諾舉行大選，還政於文人政府。

麥斯韋伯（Max Weber）認為權力的合法性包括三類：第一類是傳統權威的合法性，如部落酋長的權威；第二類是個人魅力的合法性，如領導者個人的人格魅力和能力；第三類是法理性的合法性，支配者在法令規定下擁有發號施令的權力兼具理性及合法性。[30]也有學者認為政權的合法性基礎，除了權威來源的合法，還包括有政績的有效性。[31]泰國軍人對泰國政治的影響有著長久的歷史淵源，有著干政的傳統，干預政治的軍事強人也符合了領袖魅力條件。但是本文想從法理上的合法性方面，來檢視導致泰國皇家武裝部隊（Royal Thai Armed Forces, RTARF）能在文人政府決策當中獲得施力點的不同合法來源。

當今泰國的軍事影響力的合法基礎，主要來自一系列具體的國內安全和國防法案，其中也包括了泰國憲法，下面將一一檢視如下：

一、憲法 (1997/2007)

憲法明定國家設置武裝部隊目的在「維持和維護國家的獨立、國家安全、王權制度、國家利益和以國王為國家元首的民主

---

[30] 林鍾沂，〈科層官僚制的理論發展及其內在理路〉，收錄於《探所公共行政真義：吳定教授榮退紀念學術研討會論文集》，(台北：國立台北大學公共行政暨政策學系，2008年1月)，頁7。

[31] 熊光清，〈如何增強中國共產黨執政的合法性基礎：歷史的審視〉，2011年2月，https://www.sinoss.net/uploadfile/2011/0802/20110802105553804.pdf (2014年3月15日)。

政權和國家的發展」（Section 72 或是 Section 77），而國王是武裝部隊統帥 （Section 10），任何人不得將國王置於任何形式的指控或行動之下（Section 8）。

在過去的 80 多年裡，泰國先後頒布了十餘部憲法。雖然泰國的軍人政府在通過政變奪取政權後，多數會頒布新憲法，以標榜自身政權的合理與正當性，但這些近似於「欽定」的憲法大多徒具民主的外衣，而根本無法體現民主的本質。以 1958 年政變上臺，鼓吹「泰式民主」理念的沙立元帥為例，就是通過 1959 年憲法第 17 條，使總理獲得了凌駕於法律之上的絕對權力，類似提供行政特權的命令也出現在幾個軍事獨裁統治下的憲法中，包括 1976 年憲法第 21 條、1977 年和 1991 年憲法第 27 條。[32]

> …只要總理認為適用於壓制危害國家或王位安全，或壓制顛覆、威脅法律和秩序的內部或外部來源的行為，總理可以通過部長會議決議，有權發布命令採取相應措施。這些命令或步驟應被視為合法。
>
> （泰國 1959 年憲法，第 17 條）

泰國第 20 部憲法甫於 2017 年公布，以立法權為例，2017 年憲法規定，在至少 5 年的轉型期內，250 個參議院席位將全數由軍

---

[32] 1959 年憲法第 17 條，在沙立元帥專政期間(1958-1963)實施，而在他儂・吉滴卡宗元帥(Field Marshal Thanom Kittikachorn)時期(1963-1973)廣泛使用，直至在 1973 年 10 月 14 日的學生和人民運動之後，由前法政大學校長、總理訕耶・探瑪塞(Sanya Thammasak)廢除。在沙立時期，第 17 條被用了 11 次授權處決；而在他儂主政時期，第 17 條被用了 65 次授權處決和 113 次授權拘留。Tyrell Haberkorn, " Article 17, a Totalitarian Movement, and a Military Dictatorship ", September 23, 2014, https://culanth.org/fieldsights/566-article-17-a-totalitarian-movement-and-a-military-dictatorship。

政府指定,而相對於 2017 年憲法公布前之參議院共有 150 席,有 77 席由全國各府各選舉產生 1 席參議員,而其餘席次則為指定席次。其中,泰國陸、海、空三軍司令、武裝部隊最高指揮官、國家警察總長、國防部常務次長 6 人將自動獲得參議員身分。所以抨擊者指出,新憲法在未來幾年,甚至數十年,給予軍方過問政治的龐大權力。[33]

二、戒嚴法 (1914)[34]

現行戒嚴法於 1914 年頒布實施,規定於王國的全部或任何部分地區,在任何時候有必要保持良好的秩序,以免外部或內部危險時,可頒布皇家公告,強制執行戒嚴令的全部或或其任何部分內容;在任何時候或任何地區發布公告後,任何與戒嚴令規定不一致的行為或法律的規定應予以中止。(Section 2),並賦予軍方以下權力:

(一)宣布戒嚴的權力:將宣布地區戒嚴的權力,首度下放權力給現役軍官,「…營級以上指揮官,有權力和責任保護他或她的責任地區,在其責任範圍內發生戰爭或叛亂,有權宣布戒嚴令…」。(Section 4)

(二)明確的授予優先於民政當局的權力:在戒嚴令地區內,軍方當局在軍事行動,阻止或者鎮壓、維護社會秩序方面,具有較民政當局優先的權力,民政當局應當按照軍方的要求行事。

---

[33] 參閱〈泰王簽署新憲法為民主選舉鋪路〉,聯合新聞網,2017 年 4 月 6 日,https://kknews.cc/zh-mo/world/aemoln6.html,參閱日期:2017 年 12 月 8 日。

[34] Government of Thailand, "Martial Law, B.E. 2457 (1914)," http://library.siam-legal.com/thai-martial-law-be-2457-1914。

（Section 6）有趣的是，這個條文的措詞是 1972 年由獨裁的他儂將軍（Thanom Kittikachorn）和普拉帕將軍（Praphas Charusathien）的「革命委員會」所修改的。[35]

(三)在戒嚴令地區內，允許軍方拘留平民百姓七天之內而不需要搜索票，被拘留的平民百姓想對軍人提出指控，得到軍事法庭而非平民法庭，通常對平民百姓的申訴較無保障。(Section 7)

(四)在「鄉鎮」、「城市」、「府」宣布戒嚴令後，軍事當局即具有搜查、強制徵用、禁止、扣押、停留、毀壞或改變任何地方和撤出人員的全部權力。(Section 8-10)

(五)任何人或公司都不得因軍事當局行使軍事權力所可能導致的任何損害向軍事主管部門索賠或賠償損失。(Section16)

(六)在戰爭或叛亂時期，陸軍司令或副司令有權發布有關戒嚴法的補充規定。陸軍司令或副司令的補充規定即是戒嚴令的一部分。(Section17)

三、緊急法令（2005）[36]

(一)在 2005 年頒布的「緊急狀態下公共行政緊急法令」中明訂，緊急狀態意即影響或可能影響公共秩序，可能對安全狀態不利，可能使國家或其任何部分處於危機狀態，或者涉及刑法中

---

[35] Napisa Waitoolkiat & Chambers, Paul W., "Khaki Veto Power: The Organization of Thailand's Armed Forces," in Knights of the Realm: Thailand's Military and Police, Then and Now, (Bangkok: White Lotus Co. Ltd., 2013), p.34.

[36] Government of Thailand, "Emergency Decree on Public Administration in State of Emergency, BE 2548 (2005)," from https://en.wikisource.org/wiki/Emergency_Decree_on_Public_Administration_in_State_of_Emergency_BE_2548_(2005)。

的恐怖主義犯罪，戰鬥或戰爭，並且為了維護泰王國憲法「以國王為國家元首的民主制度」下的政府，及維護獨立和領土完整、國家利益、服從法律、人民安全與和平生活、受保護的權利和自由，或者維護共同的和平或利益，或者為了避免或者補救由於直接和嚴重的公眾災害造成的任何損失，需要採取某些緊急措施。而「主管當局」是指被總理任命執行這一緊急法令的人。(Section 4)

(二)根據第7條第1款，總理有權指定任何人為執行本緊急法令的主管當局，並履行總理的任何職能。應視為該主管當局也有相關法律的管轄權。相關的主管機關和主管官員應當依照主管人員的指示履行職責；但是軍事行動應當遵守軍隊行使的規定、條例和指導，以及軍事指揮官的指導。(Section 7)

(三)總理得指示軍隊協助行政當局或者警務人員緩解嚴重的形勢，或者及時恢復秩序；並規定軍官在履行職責時，享有本緊急法令下的主管機關同等的權力，軍隊的行使必須符合總理指示的情況和時間條款，不得超過戒嚴法的規定。(Section 11)

(四)緊急法令中規定的主管部門或與其具有相同權力的人員應當成為刑法的公職人員，並在總理明定的範圍內享有刑事訴訟法中行政或警務人員的權力。(Section 15) 以及在緊急法令下，主管部門或與其具有相同權力的人，履行職責壓制或防止非法行為，如果這種行為是真誠的，沒有造成歧視，也沒有超出情況的合理性或必要性，對受害者根據侵權責任法向公共部門索賠的權利沒有偏見，就不必承擔民事、刑事或紀律責任。(Section 17)

　　根據國際特赦組織「2013 年泰國人權報告」指出：對於泰國於 2005 年所頒布緊急情況行政緊急命令條例，依舊具有其效力，且政府每 3 個月即更新其規定。該條例允許犯下如虐待等人權侵害事件的政府官員，享有刑事豁免權。[37]

四、刑法

　　泰國刑法第 112 條規定了「蔑視王室罪（Lèse-majesté）」或稱之為「對王室大不敬罪」，法條規定「…誹謗或侮辱、威脅國王、王后、王儲或攝政者，構成對王室的大不敬罪，處 3 年至 15 年徒刑」。[38]然而，泰國「蔑視王室罪」的法律條文最早出現於 1900 年，當時觸犯此法條者，最高可處以 3 年的徒刑。1956 年，「蔑視王室罪」被寫入目前的泰國刑法第 112 條中；1976 年 10 月，在一次著名的鎮壓群眾運動之後，軍事政權把「蔑視王室罪」的最高刑責提高至 7-15 年。[39]軍方擁有龐大的武器裝備，因此強制執行刑法第 112 條，可能成為武裝部隊行使其認為必要權力的藉口。泰國軍方擅長以此條文對他們的敵人採取不確定的行動，因為泰國憲法和刑法並沒有清楚界定或明訂何謂「蔑視」王室，而且相關指控與審判通常都不被公開。[40]

---

[37] 參閱〈2013 年人權報告：泰國〉，國際特赦組織台灣分會，https://www.amnesty.tw/node/1233，參閱日期：2015 年 6 月 28 日。

[38] 參閱〈刑法 112 條：毀謗王室罪〉，泰國法律圖書館網，http://library.siam-legal.com/thai-law/criminal-code-royal-family-sections-107-112/，參閱日期：2015 年 6 月 20 日。

[39] 蔡志杰，〈「對王室不敬罪」箝制言論泰國社運要求廢除刑法第 112 條〉，苦勞網，http://www.coolloud.org.tw/node/62456，參閱日期：2011 年 6 月 30 日。

[40] 陳佩修，〈立憲君主政體的黃昏：泰國後蒲美蓬時代王權建構的困境〉，自

國際特赦組織「2013 年泰國人權報告」指出「蔑視王室罪」限制了人民的言論自由，並列舉實例：其一「...因傳送 4 則被認為侵害了君主政體簡訊的 Amphon Tangnoppakul，在 2010 年 8 月遭到逮捕，並在 2011 年被以冒犯國王罪判刑 20 年，儘管他身體狀況欠佳，法院仍駁回其 8 次保釋聲請，2013 年 5 月 Amphon Tangnoppakul 因癌症病逝於監所...」。[41] 據非政府組織統計，從 2014 年政變至 2016 年 5 月，軍政府至少以「大不敬（Lèse-majesté）之罪起訴了 50 多人、傳喚了 1,300 多名社運或人權運動者，移送至軍事法庭的案件更高達 1,600 多件。[42]很明顯地，刑法 112 條已成為軍方行動的藉口依據，包括奪權或發動政變。[43]

五、ISA and ISOC

除了上述法律規定，還有一項被學者稱之為「軍隊控制的面具」的法案，[44]也是在它的新版草案 2007 年底出爐時，便被非政府的國際組織「人權觀察 （Human Rights Watch）」批評為「是政

由時報評論網，http://talk.ltn.com.tw/article/breakingnews/1884787 ，參閱日期：2011 年 11 月 30 日。

[41] 參閱〈2013 年人權報告：泰國〉，國際特赦組織台灣分會，https://www.amnesty.tw/node/1233，參閱日期：2015 年 6 月 28 日。

[42] 參閱 徐子軒，〈泰國民主的雨季：威信的符號、政變與權力風暴〉，2016 年 5 月 31 日，https://global.udn.com/global_vision/story/8663/1731038，參閱日期：2017 年 8 月 31 日。

[43] Napisa Waitoolkiat and Paul Chambers, "Khaki Veto Power: The Organization of Thailand's Armed Forces," in Knights of the Realm: Thailand's Military and Police, Then and Now, (Bangkok: White Lotus Co. Ltd, 2013), 32.

[44] Napisa Waitoolkiat & Paul W. Chambers, "Khaki Veto Power: The Organization of Thailand's Armed Forces," in Knights of the Realm: Thailand's Military and Police, Then and Now, (Bangkok: White Lotus Co. Ltd., 2013), 39.

府提出制度化軍事控制的嚴厲措施，將威脅民主與人權」[45]的 2008
年的「內安法」（Internal Security Act, ISA），[46]這個法案是有關國家
內部安全法案中最新的版本。而執行內安法案的權責編組是簡稱
為 ISOC （Internal Security Operation Command）的「內部安全行
動指揮部」。

(一)、ISOC 是直接隸屬於總理辦公室，編有正常年度經費的中央
　　機構（Section 6），[47]由總理擔任指揮官，簡稱為"ISO-Com"，
　　陸軍司令擔任副指揮官，陸軍參謀長擔任 ISOC 秘書長，負責
　　其行政和技術上的業務。指揮官可任命政府文職官員做為助理
　　指揮官。副指揮官、助理指揮官和秘書長有權指揮下屬的政府
　　官員和僱員。

(二)、ISOC 編組執行單位是內部安全行動委員會（Internal Security
　　Operation Commission）由總理或總理指定的副總理擔任主席；
　　國防部長及內政部長擔任副主席；國防部常務秘書、國家安全
　　委員會秘書長、國家情報機構主任、武裝部隊最高指揮官、陸、
　　海、空軍司令、國家警察總長、陸軍參謀長等 21 人為委員；
　　陸軍參謀長兼任秘書。（Section 10）

---

[45] 參閱 "Internal Security Act Threatens Democracy and Human Rights Govern ment Proposes Draconian Steps to Institutionalize Military Control," Human Ri ghts Watch, https://www.hrw.org/news/2007/11/05/thailand-internal-security-act-thr eatens-democracy-and-human-rights。

[46] Government of Thailand, "Internal Security Act, BE 2551 (2008)," https://en. wikisource.org/wiki/Internal_Security_Act_BE_2551_(2008)。

[47] ISOC 編列有 82 億泰銖的年度經費。Napisa Waitoolkiat and Paul Chambers, "Khaki Veto Power: The Organization of Thailand's Armed Forces," in Knights of the Realm: Thailand's Military and Police, Then and Now, (Bangkok: White Lotus Co. Ltd, 2013), p. 39.

(三)、ISOC 之下設有 RSOC (地區安全行動指揮部)，由陸軍 4 個軍區司令擔任 RSOC 的指揮官，簡稱為"RSO-Com"，所需預算及支援人力由 ISOC 與陸軍軍區支援調派 (Section 11)；RSOC 下各府設有 PSOC (府級安全行動指揮部)，由府尹擔任 PSOC 的指揮官，簡稱為"PSO-Com" (如次頁圖 1 ISOC、RSOC 與 PSOC 的組織系統圖)。

(四)、跨部會編組的國家安全理事會（National Security Council, NSC）也是 ISOC 的業務協調單位（Section 16），而部長會議（Council of Ministers）則是 ISOC 的督導單位（Section 5）。從中央到地方，陸軍編制與 ISOC-RSOC-PSOC 緊密結合，執行 ISOC 的首要任務「…保護、控制、解決和恢復正常狀態，以防止任何人或團體的行為導致或可能使公民或國家的生命和財產受到傷害」。（Section 3）

　　事實上地區的 ISOC 完全在陸軍的控制之下，雖然省級的 ISOC 由內政部長指派的府尹為首，但是府級 ISOC 的層級是低於地區級的。此外，府尹部分的預算和地區級指揮者有關(視配置軍隊規模而定)以確保當府尹與軍隊發生爭端時，軍隊維持控制。明顯的，ISA 第 11 條不只使 RSOC 合法存在，也使它行使權力合法化。

(一)、首先，ISOC 指出對國家內部安全構成威脅的 5 個部分是：1.泰國遠南的衝突；2.麻醉藥品的販運；3.非法移民；4.恐怖主義；5.自然資源和環境的非法揭取。上述 5 種情況，就是 RSOC 合法執行權力的時機；

(二)、其次，泰國的行政區劃與陸軍作戰部隊是平行的，陸軍作戰部隊被配置在全國每一個地區，基於 ISA 第 11 條，只要有陸

軍的地區就在 RSOC 的管轄範圍；

(三)、再則，陸軍部隊在 RSOC 中居主導角色，督導政策的執行，包括指導非軍方的公務員，陸軍地區指揮官扮演 RSOC 的指導者。有人會質疑，ISA 第 11 條，給陸軍廣泛的權力和職責範圍，ISOC 已經成為軍隊的政治手臂。

其實，ISOC 並非新成立的機構，它的前身是 1974 年成立的「鎮壓共產黨行動指揮部」（Communist Suppression Operations Command, CSOC）。[48]在 1976 年為改善陸軍和農村人民關係，泰國發布第 298/2519 號命令，詳細說明陸軍軍在國家發展中的角色在於支持社區的發展，促進軍民關係，以及鎮壓共產主義。為此，CSOC 設立了三個民眾的組織：(1)泰國國防志願軍；(2)志工發展和自衛村；(3)國家安全的軍事預備役。學員們被教導有關對共產主義危險的認知，而大部分訓練內容是軍事實務。

為了在國家層級上努力於泰國的安全狀態對抗內部的威脅，軍方單獨尋求加強國家首都安全的維護。1976 年，陸軍在曼谷成立首都安全指揮部 （the Capital Security Command, CSC），CSC 的目標包括維護秩序、對抗恐怖主義和共產主義、根除可能幫助共產主義贏得鬥爭的各種情況。由於「根除可能幫助共產主義贏得鬥爭的各種情況」，CSC 指揮官有權對所有在首都的軍事力量（包括所有的軍種）行使權力，潛在的使他成為發動任何政變的關鍵和成為國內最有權力的軍人之一。

1980 年代泰國共產黨暴動強度的減低，在 1983 年之際，CSOC

---

[48] 當時是在他儂・吉滴卡宗將軍 (General Thanom Kittikachorn)和普拉帕將軍 (General Pra s Charusathien)的獨裁統治之下。

的結構被修改，任務轉而成為 ISOC，雖然實務上陸軍司令仍扮演 ISOC 的指揮官，並實際上控制它，但在正式上 ISOC 已不再是陸軍的一部分，而隸屬於總理。[49]但在總理 83/2526 號命令下，陸軍司令是 ISOC 的指揮官，被授予對國家安全的政府機構、文人一員警—軍事部隊和准軍事部隊擁有巨大權力。最後，ISOC 變成泰國陸軍的工具，透過 ISOC，以維持內部安全為名，可以對平民的官僚體制施加相當大的權力。

在 1987 年，ISOC 又被改組，總理變成 ISOC 的指揮官，陸軍司令變成 ISOC 的副指揮官，「是被充分授權，代表指揮官採取行動」（因為當時的總理是炳‧廷素拉暖將軍），ISOC 也漸漸成長變成軍方的大勢力，ISOC 是軍方展現影響力及脫離文人統制的領域之一。

1991 年冷戰的結束，以及 1992 年五月，CSC 的權力被素欽達‧甲巴允將軍（Suchinda Kraprayoon）　用來驅散示威群眾，合理化陸軍使用暴力鎮壓示威者的行為，此被稱為「黑色五月事件」。[50]「黑色五月事件」後，總理阿南‧班雅拉春（Anand Panyarachun）的第二任政府時期 (1992.06.10~1992.09.23) 解散了 CSC。[51]1997 年財政危機增加機構的負擔，當軍方預算削減時，ISOC 首當其衝，使得 ISOC 更精簡。

---

[49] Suchit Bunbongkarn The Military in Thai Politics (Singapore: Institute of Southeast Asian Studies, 1988), p.51.

[50] 黑色五月事件 (Black May)流血衝突造成四十人死亡、近千人受傷、三千餘人被捕、若干人失蹤。劉富本，《國際關係》(臺北：五南，2003 年)，頁 148。

[51] David Murray, Angels and Devils (Bangkok: White Orchid Press,1996), pp.190-191; Bamrungsuk, Surachart "Changing Patterns of Civil-Military Relations and Thailand's Regional Outlook," in Civil-Military Relations, ed. Mares, David (Boulder: Westview Press,1998), p.196.

2001 年，當塔信贏得總理寶座時，他委派軍方的一個他的支持者潘洛·屏馬尼將軍（General Pallop Pinmanee）以副指揮官身分監督 ISOC（此時總理塔信扮演正式的指揮官角色）。塔信企圖盡所能的對 ISOC 施加影響力，強化他對 ISOC 的控制。但不是軍隊的每個人都同意他的作法的，2006 年反對塔信的汽車炸彈事件，經追查是 ISOC 成員本身所為。[52]

2006 年軍事政變推翻塔信政府之後，被指定代理總理的素拉育·朱拉暖（Surayud Chulanon）和國家安全理事會(NSC)決定再恢復 ISOC 的積極角色，以面對恐怖主義和新的安全挑戰（例如，數碼網路的威脅）；協調對抗泰國深南邊的暴動；統一眾多安全官僚機構，以及對官僚機構起帶頭作用，以制衡政府的失控力量。[53]

---

[52] 2006 年 8 月 24 日，泰國警方宣佈挫敗一起針對總理塔信的炸彈陰謀，在塔信寓所附近的一輛小汽車裏發現了足以將附近建築物炸為平地、總計近 70 公斤的爆炸物，逮捕了車上疑似安全行動指揮部副指揮官潘洛·屏馬尼的司機，他自稱是陸軍中尉瓦猜·克林差那，但安全行動指揮部副指揮官潘洛否認自己與暗殺事件有關，當天，塔信立即將潘洛解職。張春燕，〈涉嫌暗殺總理塔信泰國 4 名軍人被警方通緝〉，人民網，http://world1.people.com.cn/GB/1029/42354/4782544.html，參閱日期：2006 年 9 月 5 日。

[53] Avudh Panananda, "Thailand's Dept. of Homeland Security," Nation (Bangkok), December 12, 2006, available at http://www.nationmultimedia.com.，參閱日期：2014 年 2 月 28 日。

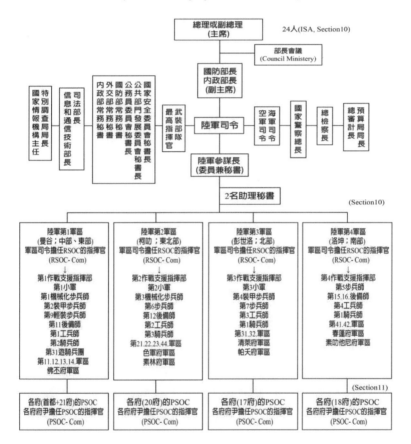

圖 1：ISOC、RSOC 與 PSOC 的組織系統圖。

資料來源：作者繪圖。Government of Thailand, translated by Wikisource, "Internal Security Act, BE 2551 (2008)," https://en.wikisource.org/wiki/Internal_Security_Act,_BE_2551_(2008) (2015 年 4 月 16 日); 潘遠洋，《泰國軍情探悉》，(北京：軍事誼文出版社，2009 年)，頁 51-53。

　　根據 2008 年公布的 ISA，總理是 ISOC 的指揮官，陸軍司令是 ISOC 的副指揮，陸軍參謀長是 ISOC 的秘書長。因此，ISOC 的行政、管理、架構、工作分派和單位內部權力都受內閣指揮。乍看之下，ISOC 控制在文人領導的總理和內閣手中，但實際上呢？在 ISOC 內部行政有許多關鍵區域—執行、政策規劃與實施、政策的操作—透過 ISA 通常擴大陸軍的權力。就對行政部門負責，ISOC 實際直接負責國內安全的政策規劃與實施。當然真正負責監督這些任務的是陸軍，陸軍在 ISOC 中是扮演管理者的角色，使 ISOC 成為陸軍權力進一步凌駕文人領導者的有效政治工具。

　　根據 ISA 第 5 條的規定，除了總理是指揮官外，有三個人負責指揮、執行、處理 ISOC 組織內部相關事務，那就是陸軍司令（ISOC 副指揮）、總理指定的助理（政府文官）、陸軍參謀長（ISOC 秘書長）。在實務運作上，ISOC 秘書長被賦予權力負責 ISOC 活動的指導，這意味著陸軍可以在人力資源方面全盤掌控 ISOC。

　　除此之外，ISA 第 5 條有個特別規定，ISOC 的指揮官可以把他的職權委託給副指揮官，再根據 ISA 第 8 條，ISOC 的指揮者可以把他的職權委託給地區的以及府級 ISOC 的指揮官。最終，這些條款給了陸軍在 ISOC 掩護下支配文人領導者的餘地。因此 2008 年重頒 ISA 法案，Wassana Nanuam 評論道「ISOC 的重組給軍方一個處理政治問題不必怕被批評是企圖政治介入的十足理由」。[54]

---

[54] Wassana Nanuam, "ISOC to Tackle Political Conflict as a Security Threat," *Bangkok Post*, November 13, 2008, available at http://www.bangkokpost.com。

肆、制約泰國軍隊權力因素

泰國軍隊掌握政治權力的消長,卻也受著許多因素所制約,譬如文人總理的領導模式(含文人政府的表現)、軍隊派系的鬥爭、軍人的意識型態、民眾的默許或是期待、全球民主化的趨勢等,分述如下:

一、軍人的意識型態

縱觀泰國民主發展的過程,「泰式民主」可以說是在泰國國王的政治權威指導下,各方進行政治協商的民主體制,至於政治協商的方式有議會的鬥爭,也有發展成為街頭暴動的,或由軍方發動政變或是發布戒嚴,而政變領導人在國王認可下,結束紛擾,周而復始。軍方干預政治與否的態度涉及文人政府在管理國家的表現的好壞,如果文人政府濫用權力導致政體破壞,軍方干預政治的動機就會日益增強。[55]

從 1991 年和 2006 年政變來看,揭示了這兩次政治軍方干預的主要原因是政府的疲弱表現和腐敗,導致了軍方干預,因為軍方對它自己角色的信念是移除「國家的敵人」。[56]但可看出,泰國軍方逐漸在轉型,不是在做一個政治打手,而是舉著「解決政治亂象」的大旗,在國王的默許、人民支持下成為「泰式民主」的裁判。在 2017 年公布的憲法中,更明顯看出,泰國軍方持續在「維

[55] Nordlinger, A. E., 1977, *Soldiers in Politics: Military coups and governments*, New Jersey: Prentice-Hall, p.45, p.53.

[56] Kuhonta, E. M., 2008, "The paradox of Thailand's 1997 'people's constitution': Be careful what you wish for," *Asian Survey*, 48 (3), p.374; Pongsudhirak, T., 2008, "Thailand since the coup," *Journal of Democracy*, 19 (4), p.141.

護國家安全、社會穩定發展」的大前提下，就是要做政府的監督者及政治的仲裁者。

二、文人總理的領導模式

文人統制（Civilian control）是指政府文官(文人官員)經由一套制定的原則，進行（實施）對軍隊的控制，主要是將軍事力量置於非軍事的文人首長領導之下。也就是說，文官（文人官員）運用制度框限軍隊的權力，使軍隊完全接受文人的控制。「文人統制」是學界討論軍人政治角色時的核心概念，文人統制在於落實「使軍人政治權力減至最小程度」，和減低軍人發動政變的能力和意向。在民主國家軍方也可以透過正當程序參與政治運作來獲取重大政治權力，但不包括發動政變來推翻文人政府或取而代之，而通常文人統制被視為民主政府；而軍人政府則被視為獨裁或是極權。[57]

在文人政府運用制度框限軍隊的權力中，總理的領導模式是軍方政治權力消長的重要關鍵因素。以 1992 年黑色 5 月事件後至 2006 年 9 月政變之間幾位總理的領導模式為例，說明對軍方政治權力消長的影響。

1992 年至 2006 年泰國歷經五位總理：分別是無黨籍的阿南‧班雅拉春（第二任期 1992/6/10~1992/9/22）、民主黨（Phak Prachathipat Party, PPP）的川‧立派（Chuan Leekphai, 第一任期 1992/9/23~ 1995/5/23；第二任期 1997/11/9~2001/2/8）、國家黨（PhakChart Thai, PCT）的班漢‧西巴阿差（Banharn Silpa-Archa, 任

---

[57] 李樹仁，《政黨輪替後我國軍人角色的調適》，(台北：中國文化大學政治學研究所碩士論文，2007 年)，頁 39。

期 1995/5/24~ 1996/11/30）、新希望黨（Phak Khwam Wang Mai, PKWM）的差瓦立·永猜裕（Chavalit Yongchaiyudh, 任期 1996/12/1~1997/11/8）和泰愛泰黨（Phak Rak Thai, PRT）的塔信·欽納瓦（Thaksin Chinnawat, 任期 2001/2/9~2006/9/19）。[58]

(一)、阿南·班雅拉春

　　1992 年黑色五月事件，泰國武裝部隊形象嚴重受損，給予文人政策制定者在接下來數年間發揮限制軍人政治權力的槓桿作用。阿南受命於 1992 年 6 月 10 日重返內閣領導看守政府，[59]在國王的支持下，阿南在 6 月下旬廢除「首都防衛指揮部（CSC）」，[60]他調動武裝部隊最高指揮官、陸軍司令、副司令、第一軍區指揮官、情報單位的助理參謀長到後備職位。在此同時，阿南開除了效忠於素欽達·甲巴允（Suchinda Khraprayun）將軍的主要軍官，然後是任命一批新的高級軍官，[61]以更適合文官的統制。除了軍隊

---

[58] 李淑貞，前引文，頁 68-69。

[59] 阿南·班雅拉春為資深外交官，歷任泰國駐聯合國、加拿大、美國和西德大使等職，曾由拉瑪九世國王任命擔任總理職務，任期在 1991 年 3 月 3 日至 1992 年 4 月 7 日。

[60] David Murray, *Angels and Devils* (Bangkok: White Orchid Press,1996), pp.190-191; Bamrungsuk, Surachart "Changing Patterns of Civil-Military Relations and Thailand's Regional Outlook," in *Civil-Military Relations*, ed. Mares, David (Boulder: Westview Press,1998), p.196..

[61] 譬如：前空軍參謀長瓦拉納·阿披乍里將軍(Voranart Apichari)取代甲瑟·洛乍納寧(Kaset Rojananin)成為武裝部隊最高指揮官；原副武裝部隊最高指揮官威蒙·翁瓦尼將軍(Wimol Wongwanich)晉升為陸軍司令，取代了伊沙拉蓬·嫩拍迪將軍(Issarapong Noonpakdee)。同時，原陸軍首席助理司令 San Siphen 將軍晉升為陸軍副司令，取代了 Viroj Saengsanit 將軍；切塔·塔納乍洛將軍(Chetta Thanarajo)取代陸軍第一師師長 Chainarong Noonpakdee 將軍。Surachart Bamrungsuk, *From Dominance to Power Shiring: The Military and Politics in*

中的降級，阿南也開除了各國營企業的軍方主席們的職務，包括甲瑟·洛乍納寧元帥(Kaset Rojananin)的泰國航空國際、國旗旗艦航空公司主席職務；伊沙拉蓬·嫩拍迪將軍（Issarapong Noonpakdee）的泰國電信（Telecommunications of Thailand, TOT）主席職務；空軍首席參謀長 Anan Kalinta 元帥的泰國通信管理局（Communications Authority of Thailand, CAT）主席職務；海軍上將 Vichet Karunyavanij 的泰國港務局（Ports Authority of Thailand, PAT）主席職務，[62]這些調整意味著素欽達的派系力量走到了盡頭。

(二)、川·立派政府 (第一任期)

　　1992 年 9 月乃川領導的民主黨勝選，[63]組成聯合政府，乃川立即任命 8 位退休軍官到他的內閣之中，包括威集·素瑪將軍（Vichit Sukmark）為國防部長，在此同時，甫接任陸軍司令的威蒙·翁瓦尼將軍（Wimol Wongwanich）也成為副國防部長。乃川全力支持威蒙將軍的軍事改革，威蒙將軍為贏回公眾對武裝部隊的信任，宣布軍隊不干預政治事務、接受媒體監督、同意國會削減 1993 至 1994 年國防預算案，並在各界壓力下，同意裁減 5 萬名軍人，加強短期教育訓練，和維持最小軍購。[64]他努力實現改革部隊的承諾，然而，他仍然沒有承諾關上軍方參與商業活動的那條通道。根據西方分析家認為，他似乎「在踩一條介於軍隊專業

Thailand,1973-1992, (Ph. D. , Columbia University,1999), P.150.

[62]Yoshifumi Tamada, *Myths And Realities: The Democratization Of Thai Politics*, (Trans Pacific Press, 2009), pp.90-91

[63]「乃」是泰語 นาย 的音譯，乃川即為「乃先生」之意，乃是名字，泰國人稱名不稱姓。

[64] 張靜尹，前引文，頁 186。

化與仍然介入其他活動的中間線」，因此，軍官們繼續把持國營事業董事會席次，收取津貼包括軍事合同的巨額回扣，武裝部隊中普遍的貪污情況依然存在。[65]

　　乃川的政府 (1992-1995 年)在聯合執政的政黨為了自己的利益而拉攏爭吵下困難重重，也有許多的改革與作法受到軍中的反對，譬如限制軍方的預算成長率每年為 7%。[66] 1994 年 12 月，新希望黨領導人差瓦立退出執政聯盟，內閣成為少數政權，在樞密院大臣炳說服察猜・春哈望（Chatchai Chunhawan）和他新組的黨－國家開發黨（Chart Pattana Party, CPP）加入乃川的聯合政府，替代了差瓦立的新希望黨後，勉強解決了危機，但後乃川來因政府的普吉島土地改革的貪污醜聞，被反對黨猛烈攻擊而下台。[67]

(三)、班漢・西巴阿差政府

　　1995 年 5 月，有「自動提款機」（Mr. ATM）稱號的富商班漢・西巴阿差領導的國家黨勝選，班漢成為總理。[68]他為了鞏固國家黨

---

[65] Ken Stier, "Thai Military's Grip on Business is Still Strong," Los Angeles Time, September 21,1992.

[66] Surachart Bamrungsuk, Ibid, , pp.157-158.

[67] Paul W.Chambers, "A Short History of Military Influence in Thailand," in *Knights of the Realm: Thailand's Military and Police, Then and Now*, (Bangkok:White Lotus Co. Ltd., 2013), 236.

[68] 班漢從政經驗豐富，1973 年以前，他一直是地方議員，1973 年被任命為國家立法議會議員。1974 年 10 月他參加泰國黨，長期擔任秘書長職務，1994 年擔任泰國黨主席。1976 年他以泰國黨身份參加大選，首次入閣擔任實業部助理部長，爾後擔任過炳・廷素拉暖政府的農業合作部長和交通部長。1995 年泰國黨在大選中獲勝出面組閣。班漢先生當初為了能選上總理，據聞除了自己不惜花大錢競選之外，更「贊助」其黨員甚至任何有意參選者，從而贏得了「自動提款機先生」(Mr. ATM)之稱號。馬燕冰，〈泰國新總理班漢及新政府的經

的地位，向軍方靠攏，他選擇差瓦立做他的國防部長。事實上，班漢政府的政策在許多面相是迎合於高階軍官的，例如，聯合政府支持與泰國鄰國 (緬甸、柬埔寨與寮國)和解的走向，大幅降低乃川早期的強調人權的政策。除此之外，班漢取消了乃川先前對國防採購 7%的限制，也因此獲得武裝部隊較大的支持。[69]但在班漢之下，軍方領導是弱的，因為陸軍司令巴蒙‧巴拉信將軍（Pramon Plasindhi）和武裝部隊最高指揮官威洛‧松沙尼將軍（Viroj Sangsanit）都是權宜的選擇，因為他們距離退伍只有 1 年任期，這種情況增強了國防部長差瓦立對軍方的支配。

但是班漢的國家黨黨內的一些派別組織為爭取獲選，紛紛臨陣易幟，使得國家黨瞬間從國會第一大黨淪落為第四大黨，議員席次從 92 席銳減剩下 39 席，[70]班漢也因政府諸多貪瀆醜聞辭職，總理任期只維持一年半。

(四)、差瓦立‧永猜裕政府

差瓦立曾是軍中「民主軍人」派系的領導人，也是新希望黨的組建者和領導人，藉此累積許多的政治實力。差瓦立於 1990 年 3 月底自武裝部隊最高指揮官兼陸軍司令職務退役，擔任察猜政府的副總理兼國防部長，[71]並藉擔任國防部長時機，重新起用軍人集

濟政策〉，《現代國際關係》，1995 年 8 期；周信利，〈泰國經濟危機探討〉，http://www.outcomer.com.tw/outcomer/html/html-3-206.html。

[69] Paul W.Chambers, "A Short History of Military Influence in Thailand," in *Knights of the Realm: Thailand's Military and Police, Then and Now*, (Bangkok:White Lotus Co. Ltd., 2013), 238.

[70] 喻常森，前引文。

[71]差瓦立 1990 年 3 月退役，先後於 1990 年 3 月 30 日至 6 月 10 日、1994 年 7

團，公開保護軍人的利益。此外，雖然已退伍，做為一個前陸軍司令及前武裝部隊最高指揮官，差瓦立持續拉拔他的故舊門生，仍維持一個與現職軍人聯繫的廣大網絡，在軍中有著很大的影響力。1996 年差瓦立領導的新希望黨在大選中獲勝，差瓦立組閣，仍兼任國防部長，但是執政後因內閣無法應付亞洲金融危機而下臺。

(五)、川・立派政府 (第二任期)

因為民主黨與炳關係密切，民主黨一向都被視為支持軍隊的政黨。1997 年差瓦立因金融危機下臺，川・立派能未經選舉再度就任總理，似乎就是炳經過王室的允許而一手安排的。川・立派的政治支持來源包括王室和軍隊，在其兩任總理任內積極落實「文人統制」的措施。

於第二任總理任期，川・立派決定不再透過軍人國防部長扮演仲介角色，自己兼任國防部長，與軍方建立直接溝通的管道。[72] 他堅持實施大部分軍事改革，在減低軍事自治上獲得些許成效；在減低軍隊對菁英招募和公共政策制定的影響力、軍隊在外交政策問題的特權，以及結束現役軍官在國會的參與上，也有相當的進展，例如，以前參議院被指定的軍官代表從 1992 年的 154/270 席，減至 1996 年的 48 席；在 2000 年參議院的選舉中，退休軍官只在 200 席中獲得 18 席。[73]

月 18 日至 1997 年 11 月 8 日、2001 年 2 月 17 日至 2002 年 10 月 3 日三次擔任國防部長，有「政壇不倒翁」的稱號。潘遠洋，前引書，頁 183~184。

[72] Bangkok Post, November 13, 1997, 3.

[73] Paul Chambers, "Superfluous, Irrelevant, or Emancipating: Thailand's Evolving Senate Today," *Journal of Current Southeast Asian Affairs*, vol. 28, no.3 (2009),

但在改善軍隊效率、重組指揮結構、削減許多有權無責將軍的數量等方面，總是在軍方否決下受阻。[74] 當 1997 年川・立派兼任文人國防部長時，他用素拉育為陸軍司令，素拉育加速自威蒙時期開始的軍事改革。1999 年 10 月，素拉育同意一項改革國防部及改造軍隊的計畫，也是一個從人員到採購和培訓的軍費支出的重新分配的計畫。[75]在軍隊縮小編制方面，由於武裝部隊在高階軍官方面人數過多，對於這些高階軍官鼓勵提前退役，縮編計畫總計預定刪減 7 萬 2 千個職缺。在指揮系統方面，使更統一於陸海空三個軍種司令部之下，國防部常任秘書及武裝部隊最高指揮官由總理辦公室指揮、協調與控制。但是這項計畫因為「國防部常任秘書和最高指揮官是否應有更多的職權」無法達成共識而受阻。[76]

1998 年，乃川政府努力改造武裝部隊之際，為軍方了增加一個新的角色：參與聯合國維和的任務。而在邊境政策方面，素拉育採取對緬甸軍政府更加強硬的政策，目標是阻止麻醉品由緬甸流入泰國，減少難民跨越邊境，但這政策使乃川與緬甸軍事集團關係惡化。2001 年乃川政府結束任期前，乃川政府向國際貨幣基金求援，接受嚴格的結構調整政策，以獲得援助，許多泰國人被長期的經濟衰退所厭倦。對軍人來說，刪減軍方預算，因此素拉

pp.9-10, pp. 26-28.

[74] Matthews, Warren E. 2005 "Civil-Military Relations in Thailand: Military Autonomy or Civilian Control?" from http://www. stormingmedia.us/03/0355/A035534.html.

[75] Bangkok Post, "Surayud Guns for Reforms," February 19,1999, available at http://www.bangkokpost.com.

[76] Paul W.Chambers, "Unruly Boots: Military Power and Security Sectors Reform Efforts in Thailand," Peace Research Institute Frankfurt, Hessische Stiftung Friedens- und Konfliktforschung Report, No.121 (2013), pp.1-45

育的改革並不受許多軍官的歡迎，且乃川政府在 2001 年 1 月的選舉中失敗。

(六)、塔信政府

塔信擔任總理受惠於 1997 年憲法，1997 年憲法集中權力於政黨，使政黨成員幾乎不可能向其他政黨叛逃，約束黨的紀律。1997 年憲法也規定參議員全數經由民選，泰愛泰黨很快的獲得對大多數參議員的影響力，至於軍方在參（上）議院的影響力就微乎其微，在 2000 年參議員選舉，退休軍官或警察在 200 席中只獲得 4 席，而在 2006 年參議員的選舉則掛零。[77]

塔信在 2001 年 2 月擔任總理時，為了拉攏軍隊支持，放手軍隊自我管理其內部事務，又助長了軍隊的氣燄。塔信畢業於皇家軍校預備班和警察學院，有許多同學在軍中和警界服務，他的大伯父沙克（Sak Shinawatra）和他的堂兄們：烏泰（Uthai Shinawatra）、猜亞色（Chaisit Shinawatra）、巴威（Prawit Shinawatra）也都是軍人出身，所以塔信在擔任總理之前，已經在軍中建立一些人脈。2001 年塔信上臺以後，為了收編軍隊成為其支持力量的來源，使軍方勢力重回政治界。

塔信通過軍方的需求分配作法，必須通過他來確保他個人對軍方的控制。[78]他採取四種方式：(1)他任命前總理差瓦立為國防部長（2001~2002）與副總理（2001~2005），以拉攏前總理差瓦立。

---

[77] Paul Chambers, "Superfluous, Irrelevant, or Emancipating: Thailand's Evolving Senate Today," *Journal of Current Southeast Asian Affairs*, vol.28, no.3 (2009), pp.9-10, pp. 26-28.

[78] Duncan McCargo, 2005, "Network Monarchy and Legitimacy Crises in Thailand," *The Pacific Review*, 18: 137

差瓦立的新希望黨，在 2002 年與泰愛泰黨合併；(2)差瓦立的得力助手育他薩・沙西巴帕將軍（Yuthasak Sasiprapha）也提升擔任副國防部長職務；(3)育他薩將軍的妹婿宋哈將軍（Somdhat Attanand）擔任陸軍司令（200210.1~2003.9.30），宋哈親近泰愛泰黨，對塔信效忠；(4)在任命現役或退役軍官上，塔信又使「軍校年班關係」成為重要的因素，使陸軍司令素拉育銳意改革的晉升考量「能力比軍校年班更為重要」的努力，又回到原點。

塔信安插堂兄烏泰（Uthai Shinawatra）擔任國防部政策與計畫辦公室主任，和猜亞色（Chaisit Shinawatra）為陸軍司令助理，掌管監督軍隊和武器採買，2003 年 10 月，儘管他的堂兄猜亞色在陸軍缺乏足夠的領導經歷，塔信卻任命猜亞色擔任陸軍司令，激怒了許多軍官，讓他們認為政治關係和裙帶關係在高級軍官定期晉升方面超過了專業的表現。塔信自 2002 年 9 月至 2004 年 8 月安排 35 位軍校預備班第 10 期同學「空降」擔任軍中重要職位。[79]2005 年 2 月初，塔信在新選舉中又獲壓倒性勝利，連任總理寶座。新政府持續想支配軍隊，在 2005 年 4 月軍隊的期中晉升及 10 月的定期晉升名單中，分別有 33 位及至少 58 位塔信預備班第 10 期同學獲得晉升重要職務。[80]但是用這種方式，塔信打亂了軍中派系的均勢狀態，反倒樹立了許多敵人。

如前所言，文人統制在於落實「使軍人政治權力減至最小程度」，和「減低軍人發動政變的能力和意向」。在阿南政府、乃川

---

[79] 張靜尹，前引文，頁 188~190。

[80] Paul W.Chambers, "A Short History of Military Influence in Thailand," in *Knights of the Realm: Thailand's Military and Police, Then and Now,* (Bangkok:White Lotus Co. Ltd., 2013), 261.

政府時期，可看出落實文人統制的軌跡，但在塔信政府時期的種種舉措似與文人統制目標背道而馳，塔信個人化對軍人集團的掌控，卻也造成軍隊內部均勢的失衡，非但未能減低軍人發動政變的能力和意向，反倒助長了軍人政治權力。

三、軍隊派系的鬥爭

「軍事政變」表面上是軍人與文人政府的權力鬥爭，卻也不能忽略軍中派系糾葛的因素。陳鴻瑜教授認為「軍中派系鬥爭的結果」是泰國軍事政變的原因之一，[81]而陳佩修教授也主張的泰國軍事政變第三密集階段（1971 至 1991 年的 20 年間發生 7 次政變）主因之一，就是「軍方內部派系化形成集團鬥爭」。[82]泰國武裝部隊派系林立，有些是軍事學校同期學員關係，有些聯繫於共同經歷，即待過同樣的工作單位，或有些是建立於姻親關係，有些則是通過保護與被保護關係建立的一種「恩庇侍從」模式。[83]

二十世紀 70 年代以前，以各個軍事強人為首的派系鬥爭引發的政變時而有之，例如 1957 年 8 月沙立將軍發動的政變，就是沙立與鑾披汶・頌勘（Plaek Phibunsongkhram）為首的派系爭奪權力的結果。進入二十世紀 70 年代，出現兩個非正式的軍官集團，一

---

[81] 陳鴻瑜教授分析泰國軍事政變的原因有七：1.軍人對削減國防經費的不滿；2.軍人與文人對憲政的觀點不同而發生衝突；3.軍中派系鬥爭的結果；4.軍方為保護自身利益的行動；5.軍人以國家安全為理由干涉政治；6.軍人以經濟惡化為藉口干涉政治；7.軍人的政治使命感以及對干政能力的自信。陳佩修，〈軍事政變與政治變遷〉，《東吳政治學報》，第 27 卷第 3 期，2009，頁 28。

[82] 前引註。

[83] 恩庇端透過政治壟斷與經濟管制換取侍從端，含層層下遞的侍從體系之委身以侍。

是以 1960 年皇家陸軍學院第 7 期畢業生為核心的「青年軍官小組」或是「少壯派」（The Young Turks）。[84]「少壯派」則包括占隆將軍（Chamlong Srimuang）、潘洛‧屏馬尼將軍等。在 1970 年代，少壯派是最具凝聚力的集團之一。[85]但是在 1981 年、1985 年的政變，是被許多少壯派軍官所支持，因政變失敗卻大大地斲傷這個團體。

　　另一個是「民主戰士派」，一般稱之為「民主軍人集團」，大多由在內部安全行動指揮部（Internal Security Operations Command, ISOC）執行弭平叛亂行動工作的軍官組成。這個團體推動民主化轉型，民主化能在贏得反共作戰勝利後幫助國家發展。其和少壯派一樣，「民主軍人集團」由中階軍官所組成，它的創始成員包括 Ravi Wanpen 和差瓦立將軍。

　　此外，還有一個派別形成於 20 世紀 80 年代，最主要以 1958 年畢業於朱拉宗誥皇家陸軍學院第 5 期學員為核心，稱之為「0143 俱樂部」派。「0143」是泰國武裝部隊中一跨軍種派系的代碼，「01」代表佛曆 2501 年畢業（佛曆 2501 年為西元 1958 年），「4」代表陸海空軍與警察四軍種，「3」代表陸海空軍三學院。[86] 0143 派與少壯派在爭取高階職務上的競爭矛盾較深，1992 年黑色五月事件的總理素欽達與反對派領袖詹隆，正分別是「0143」俱樂部派

84　少壯派非常反共，而且嚴厲批評腐敗的商人和政客們的剝削資本主義破壞國家，造成吸引更多農民的共產主義的出現。因此，他們相信只有在軍隊的監護之下才能誠實、徹底的執行社會改革，為國家帶來秩序和團結。J. Girling, *Thailand: Society and Politics* (1981), pp. 228-230.

85　C. Samudavanija, *The Thai Young Turks* (1982).

86　Yoshifumi Tamada, "Coups in Thailand,1980-1991: Classmates, Internal Conflicts and Relations with the Government of the Military," *Southeast Asian Studies*, Vol. 33, No.3, (Kyoto: Center for Southeast Asian Studies. Kyoto University,1995), p.332.

與少壯派的代表。[87]

　　而泰國軍隊中最強大的派系一直是以泰國君主為中心的「保皇派」,1978 年,炳將軍成為陸軍司令。然後在 1980~88 年間擔任總理。1988 年,他退役後隨即加入國王的樞密院,並於 1998 年成為樞密院主席。在整個這段時間裡,他掌控著軍隊,並在所有部門培養了一批效忠的軍官。2001 年警察中校退役的清邁電信富商塔信崛起成為民選總理,他也擁有廣泛的軍事關係,並在菁英的國王衛隊 Wongthewan 派系內部獲得了影響力。[88] 塔信打破過去軍中人事調動會先諮詢炳的慣例,成功地在軍事和警察部門任命了自己的忠誠者,挑戰了炳的權威。炳將軍和他的追隨者反擊。在 2004 年 1 月,炳推出了一個以女王衛隊為主的東方之虎派系成員第一軍區第二師師長巴威・翁素萬 (Prawit Wongsuwan) 將軍為陸軍司令。[89] 2006 年的政變由出身於東方之虎派系的頌提・汶雅叻格林 (Sonthi Boonyaratglin) 將軍率領,[90] 並由皇后衛隊師長阿努蓬・保津達將軍和巴育・詹歐差領導。

　　2006 年政變後,王后衛隊派系把持了陸軍最高階職務,武裝部隊分化成反對塔信和同情塔信的兩派,甚至有許多中下階層軍官及士兵外號叫「西瓜士兵」,即外表是綠的,裡面是紅的,指效

---

[87] 朱振明,前引書,頁 89-90。

[88] 國王衛隊 Wongthewan 派系,指的是戍守曼谷的第一軍區第一師軍官派系,是保皇派的分支。

[89] 女王衛隊為主的東方之虎派系,指的是戍守巴真府的第一軍區第二師軍官派系,也是保皇派的分支。

[90] 2006 年政變發起者頌提將軍,在巴威・翁素萬將軍擔任陸軍司令後,升任副陸軍司令,2005 年接任陸軍司令。

忠於與軍方敵對的紅衫軍之反獨裁聯盟的士兵。[91]使炳將軍領導的樞密院意識到，軍中派系均衡才能使軍中穩定，軍中穩定需要國王衛隊派系也要能得到一些頂級的職位。所以，自 2010 年以來，Wongthewan 派系成員像是 Daopong Ratanasuwan 將軍（前副陸軍司令，現教育部長）、Paiboon Khumchaya 將軍（前國家和平與秩序理事會秘書長，現司法部長）和 Kampanat Ruddit 將軍（前助理陸軍司令，現為樞密院大臣）等，均獲得了高級軍官職位。[92]

四、大眾的默許或是期待

公眾普遍渴望有強有力的領導，不管是文人政府或是軍方，在政治和經濟問題上能夠有效的管理國家政權。[93]在泰國，弱的政治體制所固有的泰國式民主的特點，包括不理想的官僚機構和無效率的民選國會議員，所有這些都影響了政府的公眾形象，包括缺乏對文人政府治理國家的信心。[94]如果的政府菁英缺乏足夠的能力，或顯然不能充分為國家服務，軍方菁英能有效率的改善國家的信念將被公眾期待，軍方干預政治也將被公眾接受。[95]

---

[91] 安德魯·麥格里高·馬歇爾，譚天譯，《國王的新衣：從神話到紅衫軍，泰國王室不讓你知道的秘密》(台北：麥田出版社，2015 年)，頁 220。

[92] Paul Chambers, "Thailand's Divided Military Gen. Prem Tinsulanonda's arch-royalist faction may control the top posts, but most soldiers support former Prime Minister Thaksin," 2014 年 6 月 30 日，https://www.wsj.com/articles/thailands-divided-military-1404148174.

[93] V.Isarabhakdi, *The Man in Khaki-Debaser or Developer? : The Thai military in politics, with particular reference to the 1976-1986 period*, PhD thesis (Michigan: Tufts University, 1990), p.473.

[94] S. Bunbongkan, 1987, *The Military in Thai Politics 1981-86*, Singapore: Institution of Southeast Asia Studies, 84.

[95] Girling, J., 1996, *Interpreting Development: Capitalism, Democracy, and the Middle*

五、全球民主化的趨勢

　　經濟全球化的發展和民主意識的增強，將使軍事政變受到國際社會的抵制與譴責，即使政變成功掌權者的合法地位也備受到質疑，讓軍方行動有所顧忌。以2006年政變為例，美國等國發表譴責與關切，其中的美國停止軍事援助長達一年半，這涉及到援助資金高達2,900多萬美元。(見下頁表1)。

表1：泰國2006年政變國際社會的評論

美國務院東亞助卿 希爾	泰國軍事政變缺乏任何正當性，對泰國援助專案必須重新審議。
聯合國秘書長 科菲‧安南	聯合國鼓勵政權依照民主程序，透過選票平和更迭。
加拿大外長 彼得‧馬凱	我們表示深切關注，敦促依從國家的憲法去和平解決這次危機。
日本外務大臣 麻生太郎	對泰國軍事政變表示惋惜，並敦促泰國儘快恢復民主。
韓國外交部 發言人	我們希望泰國會根據法律程序來恢復和平。
紐西蘭總理 海倫‧克拉克	紐西蘭譴責以不符合憲法及不民主的手段推翻政府。
澳大利亞財長 彼得‧科斯特洛	政變不利整個地區的經濟，...越快將權力交還民選政府越好。

資料來源：作者製表。大紀元時報新聞網，〈泰國軍事政變後美國審議對泰援助〉，2006 年 9 月 23 日，http://www.epochtimes.com/b5/6/9/22/n1462495.htm (2017 年 12 月 10 日)；大紀元時報新聞網，〈泰國軍事政變世界領袖同聲呼籲回歸民主法制〉，2006 年 9 月 20 日，http://www.epochtimes.com/b5/6/9/20/n1460556.htm

Class in Thailand, Southeast Asia Program, Cornell University ,27-28.

伍、結論

泰國擁有選舉的體制、充滿活力的市民社會，以及許多旨在保護個人權利的法律，這是進步多元化的表現，通過定期舉行的選舉，使這進步多元化不斷的獲得人民的授權。但是另外有一個潛藏的與這多元主義平行的面向，那就是泰國的武裝部隊，由於泰國軍隊在現代國家政治生活中已經成為一股中堅力量，在民主化轉型過程中，不可避免地重新介入國家的政治生活，這既是結構慣性作用，也是利益使然。而「軍隊在國家結構中捲入越深，在民主轉型後就越容易重新干預政治」[96]，軍隊常常企圖保護自己在民主政府中的自治地位，特別是在軍費和軍隊內部職位晉升上的獨立自主，以免受文人政府的干預。

進入 21 世紀，當泰國在塔信領導的泰愛泰黨強勢統治下，重挫軍人的勢力。泰愛泰黨甚至兼併了具有濃厚軍人背景的新希望黨，塔信並在軍隊中大肆安插自己的親信，這在一定程度上嚴重動搖了軍人集團力量。軍人集團不失時機地借助了民眾對塔信政權因經濟醜聞引發的抗議風潮，發動軍事政變，推翻了塔信政府，充當了一次民主政治發展的「清道夫」。

2014 年在紅、黃衫軍爭執不可開交當頭的宣布接管內閣權力，似乎也是以政治「仲裁者」角色出現。目前，軍隊是泰國政治格局的重要否決者。在未來它似乎也將在任何政治危機中扮演著關鍵的角色。儘管如此，當今軍方擁有的任何權力，都是依據

---

[96] 胡偉，《新威權主義政權的民主轉型》(上海：上海人民出版社，2006 年)，頁 232。

它所建立的組織法典、條文，有效地使其不受文人政府的控制，
卻是不爭的事實。

參考文獻

一、中文

安德魯・麥格里高・馬歇爾著，譚天譯 (2015)，《國王的新衣：從神話到紅衫軍，泰國王室不讓你知道的秘密》，台北：麥田出版社。

朱振明 (2011)，《泰國：獨特的君主立憲制國家》，香港：香港城市大學出版社。

宋鎮照 (1996)，《東協國家之經發展》，台北：五南圖書公司。

劉富本 (2003)，《國際關係》，台北：五南圖書公司。

潘遠洋 (2010)，《泰國軍情探悉》，臺北：軍事誼文出版社。

李樹仁 (2007)，《政黨輪替後我國軍人角色的調適》，台北：中國文化大學政治學研究所碩士論文。

林勉辰 (2008)，《泰國民主化發展與軍人角色的改變》，台中：東海大學政治研究所碩士論文。

陳佩修 (1999)，《泰國的軍人與文人關係》，台北：政治大學政治研究所博士論文。

李淑貞 (2012)，〈泰國民主轉型時期的軍文關係 (1991~2006)〉，《人文社會科學研究》，第 6 卷第 2 期，頁 41-79。

林鍾沂 (2008)，〈科層官僚制的理論發展及其內在理路〉，收錄於《探所公共行政真義：吳定教授榮退紀念學術研討會論文集》，頁 1-40。

馬燕冰 (1995)，〈泰國新總理班漢及新政府的經濟政策〉，《現代國際關係》，1995 年 8 期，頁 45-46。

陳佩修 (2009)，〈軍事政變與政治變遷〉，《東吳政治學報》，第 27 卷第 3 期，頁 65-116。

中國新聞網 (2016)，〈泰國憲法法院裁定看守政府總理英拉將下臺〉，參閱日期：2017 年 5 月 21 日，

http://news.sina.com.cn/w/2014-05-07/144030079058.shtml

中國新聞網 (2014)，〈美國宣佈中止 350 萬美元對泰國軍援繼續評估其他援助〉，參閱日期：2017 年 10 月 15 日，

http://www.xinhuanet.

com/world/2014-05/24/c_126542214.htm。

王國安 (2018)，〈泰國政府：明年 2 月大選不會推遲〉，中國新聞網，參閱日期：2018 年 11 月 13 日，

http://www.chinanews.com/gj/2018/11-13/8676168.shtml

周信利 (2011)，〈泰國經濟危機探討〉，參閱日期：2011 年 6 月 21 日，

http://www.outcomer.com.tw/outcomer/html/html-3-206.html。

徐子軒(2016)，〈泰國民主的雨季：威信的符號、政變與權力風暴〉，參閱日期：2017 年 8 月 31 日，

https://global.udn.com/global_vision/story/8663/1731038

梁東屏 (2016)，〈泰國憲法公投過關，走向隱性軍政府〉，2016 年 8 月 20 日，https://theinitium.com/article/20160809-international-thailand-referendum-analysis/。

陳佩修 (2016)，〈立憲君主政體的黃昏：泰國後蒲美蓬時代王權建構的困境〉，自由時報評論網，參閱日期：2016 年 11 月 12 日，http://talk.ltn.com.tw/article/breakingnews/1884787。

喻常森 (2007)，〈轉型時期泰國政治力量的結構分析〉，2009 年 4

月 23 日，http://www.aisixiang.com/data/23052-2.html

黃薇華 (2016)，〈泰國政經現況〉，參閱日期：2017 年 11 月 18 日，

　　http://www.eximclub.com.tw/countries/information-02c.asp?idno=2612&continen=1&country=%AE%F5%B0%EA。

張春燕 (2006)，〈涉嫌暗殺總理塔信泰國 4 名軍人被警方通緝〉，參閱日期：2018 年 3 月 8 日，

　　http://world1.people.com.cn/GB/1029/42354/4782544.html /

新浪網 (2017)，〈美國一盟友不斷追加採購大量中國武器加速倒向中方〉，https://mil.sina.cn/sd/2017-05-11/detail-ifyfeius7803444.d.html?oid=162&vt=4&cid=65898。

熊光清 (2011)，〈如何增強中國共產黨執政的合法性基礎：歷史的審視〉，參閱日期：2014 年 3 月 15 日，

　　https://www.sinoss.net/uploadfile/2011/0802/20110802105553804.pdf。

蔡志杰 (2011)，〈「對王室不敬罪」箝制言論泰國社運要求廢除刑法第 112 條〉，參閱日期：2016 年 11 月 12 日，

　　http://www.coolloud.org.tw/ node/62456。

BBC 中文網 (2016)，〈泰國軍政府主持起草的新憲法獲公投通過〉，參閱日期：2017 年 12 月 8 日，

　　http://www.bbc.com/zhongwen/trad/world/2016/08/160807_thailand_constitution_referendum

大紀元時報新聞網 (2006)，〈泰國軍事政變後美國審議對泰援助〉，參閱日期：2017 年 12 月 10 日，

　　http://www.epochtimes.com/b5/6/9/22/ n1462495.htm。

大紀元時報新聞網 (2006)，〈泰國軍事政變世界領袖同聲呼籲回
　　歸民主法制〉，參閱日期：2017 年 12 月 10 日，
　　http://www.epochtimes.com/b5/6/9/20/n1460556.htm

泰國法律圖書館網 (2011)，〈刑法 112 條：毀謗王室罪〉，參閱日
　　期：2011 年 6 月 20 日，
　　http://library.siam-legal.com/thai-law/criminal-code-
　　royal-family-sections-107-112/。

國際特赦組織台灣分會 (2013)，〈2013 年人權報告：泰國〉，參閱
　　日期：2015 年 6 月 28 日，https://www.amnesty.tw/node/1233。

聯合新聞網 (2017)，〈泰王簽署新憲法為民主選舉鋪路〉，參閱日
　　期：2017 年 12 月 8 日，
　　https://kknews.cc/zh-mo/world/aemoln6.html。

二、英文

Baker, Chris and Phongpaichit, Pasuk (2005), *A History of
　　Thailand* ,Cambridge: Cambridge University Press.

Bamrungsuk, Surachart (1988), *United States Foreign Policy and Thai
　　Military Rule, 1947- 1977*, Bangkok, DK Books.

Bamrungsuk, Surachart (1998) , "Changing Patterns of Civil-Military
　　Relations and Thailand's Regional Outlook," in Civil-Military
　　Relations, ed. Mares, David Boulder: Westview Press.

Bunbongkan, S. (1987), *The Military in Thai Politics 1981-86*,
　　Singapore: Institution of Southeast Asia Studies.

Bunbongkarn, Suchit (1988), *The Military in Thai Politics*, Singapore:

Institute of Southeast Asian Studies.

Chambers, Paul W. (2013), *Knights of the Realm: Thailand's Military and Police, Then and Now*, Bangkok:White Lotus Co. Ltd.

Chambers,Paul. W. & Croissant, Aurel (2010), "U-Turn to the Past? The Resurgence of the Military in Comtemporary Thai Politics," in *Democracy Under Stress: Civil-Military Relations in South andSoutheast Asia*, 2010, Institute of Security and International Studies.

Girling, J. (1981), *Thailand: Society and Politics*, New York: Cornell University.

Girling, J. (1996) , *Interpreting Development: Capitalism, Democracy, and the Middle Class in Thailand*, Southeast Asia Program, New York:Cornell University.

Murray, David (1996), *Angels and Devils*, Bangkok: White Orchid Press.

Nordlinger, A. E. (1977) , *Soldiers in Politics: Military coups and governments,* New Jersey: Prentice-Hall.

Phongpaichit, P. and Baker, Chris (1997) , *Thailand Economy and Politics,* New York: Oxford University Press.

Phongpaichit, Pasuk and Baker, Chris (2000) , *Thailand: Economy and Politics*, London: Oxford University Press.

Samudavanija, C. (1982) , *The Thai Young Turks*. Farnham: Ashgate Publishing Company.

Tamada, Yoshifumi (2009), *Myths And Realities: The Democratization Of Thai Politics*, Melbourne: Trans Pacific Press.

Bamrungsuk,Surachart (1999) , *From Dominance to Power Shiring: The Military and Politics in Thailand,1973-1992*, Ph. D. , Columbia University. New York. America.

Isarabhakdi, V. (1990) , *The Man in Khaki-Debaser or Developer? : The Thai military in politics, with particular reference to the 1976-1986 period*, PhD thesis Tufts University, Michigan: A Bell& Howell Company.America.

Hagelin, Bjorn (1988), "Military Dependency: Thailand and the Philippines," in: *Journal of Peace Research, Special Issue on Militarization and Demilitarization in Asia-Pacific*, Sage Publications, Ltd., 481.

Kuhonta, E. M. (2008), "The paradox of Thailand's 1997 people's constitution: Be careful what you wish for," *Asian Survey*, 48 (3):374.

Pongsudhirak, T. (2008), "Thailand since the coup," *Journal of Democracy*, 19 (4): 141.

McCargo,Duncan (2005), "Network Monarchy and Legitimacy Crises in Thailand," *The Pacific Review*, 18: 137

Crouch, Harold (1997), "Civil-Military Relations in Southeast Asia." ed. Larry J. Diamond and Marc F. Plattner, *Consolidating the Third Wave Democracies: Themes and Perspectives*. Baltimore and London.

Chambers, Paul W. (2013), "Unruly Boots: Military Power and Security Sectors Reform Efforts in Thailand," Peace Research Institute Frankfurt, Hessische Stiftung Friedens- und

Konfliktforschung Report, No.121

Tamada, Yoshifumi (1995), "Coups in Thailand,1980-1991: Classmates, Internal Conflicts and Relations with the Government of the Military," Southeast Asian Studies, Vol. 33, No.3.

Bangkok Post (2009), "Prawit Vows to Stay on in Defense," Available at: ，https://www.bangkokpost.com.

Bangkok Post (1999), "Surayud Guns for Reforms," Available at: http://www.bangkokpost.com.

Chambers, Paul W. (2014) , "Thailand's Divided Military Gen. Prem Tinsulanonda's arch-royalist faction may control the top posts, but most soldiers support former Prime Minister Thaksin," Available at :https://www.wsj.com/articles/thailands-divided-military-14041 48174

Government of Thailand, "Martial Law, B.E. 2457 (1914) , " Available at http://library.siam-legal.com/thai-martial-law-be-2457-1914

Government of Thailand (2005), "Emergency Decree on Public Administration in State of Emergency, BE 2548 (2005)," Available at: https://en.wikisource.org/wiki/Emergency_Decree_on_Public_Ad ministration_in_State_of_Emergency,_BE_2548_(2005).

Government of Thailand (2008), "Internal Security Act, BE 2551 (2008)," Available at: https://en.wikisource.org/wiki/Internal_ Security_Act,_BE_2551_(2008).

Haberkorn,Tyrell (2014) , "Article 17, a Totalitarian Movement, and a Military Dictatorship," Available at:

https://culanth.org/fieldsights/566-article-17-a-totalitarian-moveme
nt-and-a-military-dictatorship

Human Rights Watch (2007), "Internal Security Act Threatens
Democracy and Human Rights Government Proposes Draconian
Steps to Institutionalize Military Control," Available at:
https://www.hrw.org/news/2007/11/05/thailand-internal-security-a
ct-threatens-democracy-and-human-rights

Matthews, (2005) , "Civil-Military Relations in Thailand: Military
Autonomy or Civilian Control?" Available at:
http://www.stormingmedia.us/03/0355/A035534.html

Nation (Bangkok) (2007) , "NLA Passes Controversial Internal Security
Act," Aavailable at :http://www.nationmultimedia.com.

Nanuam,Wassana (2008), "ISOC to Tackle Political Conflict as a
Security Threat," Bangkok Post, Aavailable at:
http://www.bangkokpost.com.

Panananda,Avudh (2006), "Thailand's Dept. of Homeland Security,"
Nation (Bangkok), Available at:
http://www.nationmultimedia.com.

Srivalo, Piyanart (2007), "Bill Would Put ISOC Under Army, Not
PM." Nation (Bangkok), Available at:
http://www.nationmultimedia.com.

Stier, Ken (1992), "Thai Military's Grip on Business is Still Strong,"
Los Angeles Time, Available at:
http://articles.latimes.com/1992-09-21/business/fi-942_1_military-
analyst/2

人類安全在泰國：實踐、回顧與展望

吳珮綺

國立中正大學戰略暨國際事務研究所碩士

蔡育岱

國立中正大學戰略暨國際事務研究所教授

【摘要】

人類安全概念之提出，首次出現在 1994 年聯合國開發計劃署所出版之「人類發展報告書」之中，泰國則是於 1998 年東協部長級會議上初次提出人類安全之概念。對於泰國而言，原先所在乎的主權不容干涉原則與經濟發展，在 1997 年亞洲金融危機發生後產生轉變。泰國為了提升自身於國際社會之價值，試圖以人類安全作為外交上之工具，運用倡議人類安全為手段參與區域及國際組織，進而獲得其國家所需之利益。

本文以回顧人類安全發展視角下之發展與歷程，探究泰國選擇將人類安全之概念融入其國家發展政策之原因，並闡述人類安全在泰國建制具體化之歷程，探析當今泰國政府在面臨難民問題、人口販運與內部衝突的情況下，如何因應所面臨之問題與挑戰。

關鍵詞：人類安全、泰國、東協、人口販運、難民

壹、前言

從聯合國開發計劃署（the United Nations Development Programme，以下簡稱UNDP）所出版的「1999年泰國人類發展報告書」（Human Development Report of Thailand 1999）開始，可以看見泰國在人類安全議題上的成就與挑戰、國內政策改革等與人類永續發展密切相關之內容。1999年泰國人類發展報告書中紀錄了1966年到1996年，泰國在這30年期間於人類安全領域所取得之重大進展，尤其體現於經濟與社會發展的指標上，無論是教育之拓展與深化、女性工作平權之實踐與衛生設施發展等，皆大幅提升其整體國民的生活品質。[1]

泰國隨著經濟發展成長趨於穩定，為了平衡安全、經濟、社會與環境間之發展，泰國將生活、就業、人民所得、食物、重視平等、創造機會、能源與水資源的安全與等目標，納入其2017年至2036年的「20年國家戰略」（20-year National Strategy）之中，並期許未來能成為已開發國家中的一員。[2]

除此之外，從UNDP針對泰國所發表的人類安全報告書，可見泰國人類安全發展的進程與困境，其中2003年的泰國人類安全

---

[1] UNDP. 1999. "Human Development Report of Thailand 1999." UNDP. in http://hdr.undp.org/sites/default/files/thailand_nhdr_1999_en.pdf. Latest update November 22, 2018, p. 1.

[2] Online Reporters. 2018. "20-year National Strategy comes into effect." Bangkok Post, in https://www.bangkokpost.com/news/general/1557462/20-year-national-strategy-comes-into-effect. Latest update November 22, 2018；經濟部推動綠色貿易專案辦公室，2017，〈泰國綠色市場及政策研究〉，中華經濟研究院，file://E:/Download/2017.Thailand.pdf。參閱日期：2018年11月22日。

發展報告書,發現泰國過去在人類發展之成長,往往體現出權力格局之趨勢,將重點放在賦權(Empowerment),認為賦予人民權利是扭轉此種趨勢的方式,賦權既是人類安全發展的手段,也是人類發展的終點;[3] 2010 年的人類安全報告書對於泰國人類安全關注之焦點在於經濟、環境、健康、糧食、個人與政治安全;2014年泰國人類安全報告書中,可以發現泰國在人類發展指數(HDI)上逐年穩定成長,甚至接近中等人類安全發展類別中的頂端,而貧富差距、生活環境與氣候變遷所造成的影響,仍是其主要的發展困境。[4]

　　人類安全之概念肇端於 UNDP 於 1994 年所出版的「人類發展報告書」(Human Development Report),此後人類安全成為諸多國家爭相使用於其外交政策或國內政策中之概念,如日本、加拿大與歐盟等等,泰國相較於這些區域與國家,是相當特殊的亞洲國家,泰國甚至比民主與人權價值之成熟度較高的歐洲提前 6年,於 1998 年東協部長級會議(The ASEAN Post-Ministerial Conference, PMC)中運用此概念。[5]爰本文希冀藉由研究人類安全視角之歷程與發展,瞭解人類安全在泰國之歷史脈絡如何影響當代泰國人權政策的制定與發展,探析泰國政府如何在其國家政策中嵌入人類安全之概念。最後,本文將以四種案例,分別是泰國軍政府干政、言論自由受監控與限制、南部區域衝突與難民問題,以闡述人類安全在泰國所面臨之衝突與挑戰。

---

[3] UNDP. 2003. Human Development Report of Thailand 2003. Bangkok: UNDP.

[4] UNDP. 2014. Human Development Report of Thailand 2014. Bangkok: UNDP.

[5] 蔡育岱,2015,〈轉變中的區域秩序?人類安全概念在東亞發展與「應用」〉,楊昊(編),《東亞的理論與理論的東亞》,臺北:洪葉文化,頁 79-80。

貳、歷史背景、回顧與發展

　　泰國首次正式提出人類安全之倡議，並非用在其國內政策上，而是先於東南亞國家協會（The Association of Southeast Asian Nations，英文簡稱 ASEAN，以下簡稱東協）的部長級會議中提出。[6]意即泰國在人權建制的發展層面上，選擇先將人類安全之概念嵌至東協，之後才用於其國家政策中。泰國身為東協的會員國之一，除了經濟發展受東協影響之外，其他層面（如安全與人權）亦是如此。因此，以下會先從東協的人權建制發展過程開始，而後再論述泰國人類安全之發展歷程，由外而內將內容述之如下：

一、東協人權建制之發展

（一）東協人權發展的起源

　　在 1998 年 7 月，東協部長級會議 （The ASEAN Post-Ministerial Conference, PMC）舉行之時，當時為泰國外交部部長的東協前秘書長素林（Surin Pitsuwan）在該次會議上提出建立「東協－PMC 人類安全會議」（The ASEAN-PMC Caucus on Human Security）的想法，聲明人類安全上的區域合作，得以改善因金融危機所產生的問題，例如：失業、貧困、缺乏社會福利(Social Welfare)與社會安全網絡等等。但是在此次會議上，泰國首次致力於人類安全之倡議，並未獲得其他東協成員的響應，名稱被改為社會安全網（Social Safety Nets），主因乃是多數成員對於人類安全之涵義感到不安，認為可能會對國家主權造成影響。泰

---

[6] Ibid.

國所提出的想法說明在面臨經濟危機，過去以國家為中心的安全概念開始面臨挑戰，也可視為是以「東協模式」（ASEAN Way）所確立的以「國家」為中心之安全概念被削弱的起點。[7]

　　東協普遍採取以國家為中心的安全規範，來維繫安全與經濟發展間之關係。然而，1997 年的金融危機，迫使政府調降基本工資，導致國民購買力下降、失業率居高不下，在這個情況下，促使安全與國家發展之間的相互關係受到挑戰，也使得東協會員國長期以經濟成長來實現國家安全的理念遭受嚴重質疑，令國家作為國民唯一的安全保障者之身分遭受挑戰。[8]

　　對於大多數的西方國家而言，多是從言論自由與公民自由的角度來審視人權；從第三世界國家角度觀之，經濟福祉（Economic Well-Being）對其而言方為基本人權之核心。不同於西方國家，在為了實現經濟福祉的情況下，短暫地犧牲或限制其他非實質權利是可被允許的。[9] 換言之，第三世界國家會將經濟成長與發展優先列為人類發展的首要目標，為了達成經濟發展上之目的，往往會選擇略過部分社會問題與人權議題之建制，或是限縮基本人權的保障，但是過度追求經濟發展，往往會衍生出諸多社會問題。

---

[7] Cheeppensook, Kasira. 2007. "The ASEAN Way on Human Security." Paper presented at the International Development Studies Conference on Mainstreaming Human Security: The Asian Contribution, Bangkok, October 4-5.

[8] Cheeppensook, Kasira. The ASEAN Way on Human Security, 6-13.

[9] Garrett, Stephen A. 1980. "Human Rights in Thailand: The Case of the Thammasat 18." *Universal Human Rights* 2(4): 43-56.

（二）人權在東協：從亞太人權宣言到東協人權宣言

1980 年代，聯合國以及聯合國人權理事會（United Nations Human Rights Council）通過決議，呼籲亞洲應建立區域人權機制。1993 年 6 月 14 日至 25 日於維也納舉行的聯合國世界人權大會（World Conference on Human Rights），此次會議旨在重申國際社會對 1948 年「世界人權宣言」（The Universal Declaration of Human Rights, UDHR）、促進與保障人權的承諾，展現一同強化世界各地人權的共同計劃，此次會議共有 171 個國家派代表參與，於會議上一致同意通過「維也納宣言」（Vienna Declaration），亦象徵進一步落實 1948 年「世界人權宣言」以來所演變的各項原則，進一步深化在人權領域已取得進展的基礎，如藉由認同民主、發展和人權三者之間存在著相互依存的關係，為今後國際組織與國家在促進人權（含括發展權）方面之合作預先鋪平道路，維也納宣言更進一步強調盡快核准其他人權相關公約及條約之重要性。[10]

在 1993 年的世界人權大會開始之前，東協成員國的代表於泰國曼谷舉行針對人權規範與標準進行討論的起草會議，隨著 1990 年代中期東協區域經濟的成功，讓東協國家的領導人在人權詮釋層面更具信心，認為經濟實力提升乃是為自身提供了一個得以推動自身的政治、文化及經濟上觀點的屏障，亦認為人權應該交由區域而非全球。此次會議期間，東協通過了「亞太人權宣言」（the

---

[10] 聯合國人權高級專員辦事處新聞部，1995，〈1993 年 6 月 14 日至 25 日，奧地利維也納—世界人權大會〉，聯合國人權高級專員辦事處，in https://www.ohchr.org/CH/ABOUTUS/Pages/ViennaWC.aspx。參閱日期：2018 年 11 月 28 日。

Asia-Pacific Declaration on Human Rights, or The Bangkok
Governmental Human Rights Declaration, 1993），[11]與會成員國雖贊
同「聯合國憲章」與「世界人權宣言」所載之原則，但當中有許
多成員並不願在其國內批准其他的國際人權公約及條約。從此宣
言的內容中可以看出，東協國家認為西方國家太過於強調公民與
政治權利（Civil and Political Rights），而犧牲發展的權利
（Developmental Rights）與基本需求（Basic Needs）。[12]此外，從
所通過之宣言，顯示出主權與國家經濟的發展，對於東協而言仍
是不得與人權相互分離之核心原則，人權建制應與經濟發展同步
實施。

　　1993 年 7 月於新加坡舉行的第 26 屆東協部長級會議中宣布
對維也納宣言之聲明，說明東協會考慮建立區域人權機制之立
場，東協各國部長與代表們對此表示：「在保障與促進人權的同
時，必須要適當地考量文化、社會、經濟和社會環境，更應要建
立在尊重國家主權、領土完整和不干涉國家內政等原則上。」希
望藉由個人與社會權利之間的平衡，促進基本自由與國家之穩
定。[13]此次會議所表示的內容隨後納入「東協憲章」（ASEAN
Charter）的第 2 條規定，依據東協憲章第 2 條第 2 項規定，東協
與其會員國應該要遵守的原則包含：「尊重所有東協成員國的獨

---

[11] Mohamad, Maznah. 2002. "Towards a Human Rights Regime in Southeast Asia: Charting the Course of State Commitment." *Contemporary Southeast Asia*, 24 (2), p. 233.

[12] Narine, Shaun. 2012. "Human Rights Norms and the Evolution of ASEAN: Moving without Moving in a Changing Regional Environment." *Contemporary Southeast Asia*, 34 (3), 367-368.

[13] Loc. cit. 368-370.

立、主權、平等、領土完整及國家認同；不干涉東協成員國的內政；尊重每一個會員國領導該國免於遭受外部干涉、顛覆和脅迫的權利。」[14]這些原則亦是東協從 1960 年代成立以來的核心原則，從上述原則可以看出東協很難有機會成為與歐盟模式相同的超國家組織，[15]東協的核心——「主權」，始終是其處理區域問題與保障會員國主權獨立性之方式。因此，發展權之於東協，不僅僅是一項不可剝奪的權利，亦為建構基本人權的一部分，人權的準則必須與經濟發展同步確立。

鑑於東協希望藉由國際、區域和雙邊合作，進一步加強其在促進和平、基本自由和社會正義等方面之作用，贊成建立一個區域人權機構，東協各國議會組織（The ASEAN Inter-Parliamentary Organization, AIPO），[16]通過了「AIPO 人權宣言」（The AIPO Declaration on Human Rights, 1993），與東協重申遵守聯合國「世界人權憲章」和 1993 年 6 月 25 日的「維也納宣言」之聲明相互

---

[14] 財團法人中華經濟研究院，〈東協憲章中英對照本〉，財團法人中華經濟研究院臺灣東南亞國家協會研究中心，
http://www.aseancenter.org.tw/upload/files/ASEAN%20Charter.pdf。參閱日期：
2018 年 11 月 27 日，頁 16-17。

[15] Feigenblatt, Otto F. von. 2009. "ASEAN and Human Security: Challenges and Opportunities." RCAPS Working Paper, in http://www.apu.ac.jp/rcaps/uploads/fckeditor/publications/workingPapers/RCAPS_WP09-5.pdf. Latest update 28 November, 2018.

[16] 2006 年於宿霧舉辦的第 27 屆 AIPO 大會上，將組織轉變為一個更加有效且緊密的機構，並將其名稱從東協各國議會組織 (The ASEAN Inter-Parliamentary Organization , AIPO)改為東協各國議會大會 (the ASEAN Inter-Parliamentary Assembly, AIPA)；AIPA. "Background and History (From AIPO to AIPA)." ASEAN Inter-Parliamentary Assembly, in http://www.aipo.org/Bg_and_History.htm. Latest update 27 November, 2018.

呼應。[17]

在 2007 年 11 月於新加坡舉行的第 13 屆東協高峰會（ASEAN Summit）上通過的「東協憲章」是為達成東協共同體之目標奠下牢固的基石，[18]其中第 14 條第 1 項明文規定東協應設立東協人權機構。[19] 2009 年 7 月舉辦之東協部長級會議，於此次會議正式成立了「東協政府間人權委員會」（ASEAN Inter-Governmental Commission on Human Rights, AICHR），確立委員會的職權範圍規定，同時任命機構代表，該機構緊接著在同年 10 月的第 15 屆東協高峰會時正式啟動。AICHR 乃是東協在成立 40 多年以後首次建立的人權機構，象徵著東南亞區域人權合作向前邁出了重要的一步。[20]到了 2012 年，在柬埔寨金邊的第 21 屆東協高峰會上通過「東協人權宣言」（ASEAN Human Rights Declaration, AHRD），並於同年 11 月 18 日正式簽訂，此次宣言旨在重新審視東協與其會員國對「聯合國憲章」、「世界人權宣言」、「維也納宣言」、與會員國所加入的其他國際人權條款或條約的承諾，以及其他與東協相關之人權宣言和條約。[21]

---

[17] Lumpur, Kuala. "Human Rights Declaration by the ASEAN Inter-Parliamentary Organization (AIPO)," Asia-Pacific Human Rights Information Center, in https://www.hurights.or.jp/archives/other_documents/section1/1993/03/human-rights-declaration-by-the-asean-inter-parliamentary-organization-aipo.html. Latest update 22 November, 2018.

[18] 臺灣東南亞國家協會研究中心，2014，〈東協發展簡介〉，財團法人中華經濟研究院臺灣東南亞國家協會研究中心，http://www.aseancenter.org.tw/ASEANintro.aspx。參閱日期：2018 年 12 月 5 日。

[19] 財團法人中華經濟研究院，〈東協憲章中英對照本〉，頁 36-37。

[20] Hao Duy, Phan. 2009. "Institutions for the Protection of Human Rights in Southeast Asia: A Survey Report." *Contemporary Southeast Asia* 31(3): 468-501.

[21] Osaka, Hurights. 2012. "ASEAN Human Rights Declaration (AHRD)." Asia-Pacific

二、泰國人類安全的發展歷程

人類安全在泰國建制之具體化主要肇於 1997 年亞洲金融危機，自此之前泰國並未特別熱衷於推動人權相關之建制，而是將經濟發展視為其國家發展之政策主軸。危機發生後，讓泰國開始重視國內社會發展，使泰國政府重新思考應如何面對經濟轉型所衍生之社會問題。早先過度追求國內生產毛額，卻忘了落實經濟跟民生發展之間乃是並行不悖的，國家不應過度強調物質層面之追求，而是應當著重於人類安全中所重視的賦權（民主、基本自由、促進與保障人權）之價值，方能讓人權得以實現。

1980 年代中期之後，泰國的經濟產生了不同以往之變化，致使該國本身的概念發生轉變。其國內生產毛額（Gross Domestic Product, GDP）相較於過去增長許多，這一變化具有重大意義，代表人民的經濟能力不同以往，所以也讓人們能有機會對未來抱持著期盼與恐懼。到了 1980 年代，泰國在某種程度上已融入世界經濟，當時其經濟的主要來源為外貿、外資及旅遊觀光等。[22]1997 年所發生的亞洲金融危機結束了這個快速成長的年代，亦促使人們轉變思考的路徑，往新的方向省思，儘管危機所帶來的影響仍持續蔓延，但是經濟復甦的速度快於危機蔓延的進展。由於如今的泰國已是一個新興工業化國家，經濟對其影響甚大，有更多的人選擇住在都市而非鄉村地區，舊有的因環境所帶來之健康威脅已逐漸減少，新出現的疾病所帶來之危害，卻隨著經濟繁榮而興

Human Rights Information Center, in https://www.hurights.or.jp/archives/other_documents/section1/2012/11/phnom-penh-statement-on-the-adoption-of-the-asean-human-rights-declaration-ahrd-1.html. Latest update 29 November, 2018.

[22] UNDP. 2010. *Human Development Report 2010*. New York: UNDP. 4.

盛蔓延。社會的不斷演進與複雜化，使得政治鬥爭更為劇烈。[23]

　　1990 年代中後期的泰國，重新定義了安全的範圍，泰國國家安全委員會（the National Security Council）在其戰略計劃中，首次採用「以人為本」之概念，強調人人平等，聲明為創造一個有利於人民與社會發展的環境，應培養社會與人民在面臨時代變遷時的應對與問題解決之能力，強調「平權」與「文化多樣性」相互共存的重要性，並藉由改善各個面向之環境，為未來發展預先鋪路。然而，1997 年啟動的第八期「國家社會經濟發展計劃」（National Economic and Social Development Plan, NESD），未能在人類安全的框架下進展，而是將經濟成長與國家安全列為人類發展目標的優先事項。[24]同年底，當時的泰皇拉瑪九世蒲美蓬‧阿杜德（Phumiphon Adunyadet）於其生日演說時，提出「自足經濟」（Sufficiency Economy）的概念，認為泰國過度強調經濟成長將會引發許多社會問題，最重要的應該是要擁有自足經濟，修正過去資本主義的發展缺失，以保障泰國經濟之安全。[25]

　　泰國政府在人類安全上採取一種平衡且全面性的發展方式，並將金融危機所帶來的影響轉化為推動人類安全區域議程的新契機，於 1998 年 7 月東協部長級會議上，提出為了改善因金融危機而產生的社會問題，應要在人類安全上建立區域合作機制，並成立專責人類安全的會議。泰國於東協首次針對人類安全提出之倡

---

[23] Ibid.

[24] Ibid, 3.

[25] 陳尚懋，2015，〈泰國政治安全的發展與困境〉，《問題與研究》，第 54 卷第 4 期，頁 86-87；UNDP. 1999. *The Human Development Report of Thailand 1999*. Bangkok: UNDP.

議，未能獲得其他會員國之贊同，多數代表對於人類安全的概念感到不安，認為其國家內部主權可能會受干涉。[26]

　　泰國試圖在區域層級推廣人類安全的失敗，促使泰國政策制定者改變其倡議人類安全的策略。在 1999 年加入由奧地利、加拿大、智利、哥斯大黎加、希臘、愛爾蘭、約旦、馬利、荷蘭、挪威、瑞士及斯洛維尼亞等 12 個國家所組成的人類安全網絡組織(the Human Security Network, HSN)，該組織強調人類安全之政治層面。除此之外，泰國為支持加拿大政府推動「國家保護責任」(Responsibility to Protect, R2P)的議程，藉由任命前總理阿南(Anand Panyarachun)擔任聯合國「因應威脅、挑戰、和變遷的高階小組」(High-Level. Panel on Threats, Challenges and Change)的主席，間接參與 R2P，替泰國在支持 R2P 上提供助力。[27]

參、人類安全在泰國之實踐

一、泰國人類安全的概念與制度化

　　人類安全在 1997 年亞洲金融危機之後，在泰國國內越來越受到關注。泰國國王拉瑪九世從 1970 年代開始在各式場合提倡自給自足的理念，並於 1997 年 12 月的演說中提出「自足經濟」，將之

---

[26] Cheeppensook, Kasira. 2007. "The ASEAN Way on Human Security." Paper presented at the International Development Studies Conference on Mainstreaming Human Security: The Asian Contribution, Bangkok, October 4-5.

[27] Jumnianpol, Surangrut & Nuangjamnong, Nithi. 2015. "No.102 Human Security in Practice in Thailand." JICA Research Insitute, in https://www.jica.go.jp/jica-ri/publication/workingpaper/human_security_in_practice_in_thailand.html. Latest update 3 December, 2018.

作為金融危機後的指導方針並加以明確化，主要是由三個以佛教中道（Middle Path）思想為主軸的抽象理念所組成，分別是「適度」（Moderation）、「合理性」（Reasonableness）以及「自我免除」（Self-Immunity），此後，泰國大多數的發展政策都與自給自足建立連結。[28]

　　泰國於 2002 年成立社會發展與人類安全部（Ministry of Social Development and Human Security，以下簡稱 MSDHS），主要是為了落實保障兒童、青少年、婦女、弱勢團體、身心障礙人士以及老人等相關政府政策，並實踐 1997 年泰國憲法所規定之權利。[29] 新成立的 MSDHS 繼承了原先隸屬於內政部的公共福利部（Department of Public Welfare, DPW），該部之起源是源自於泰國佛教的價值觀—統治階層的富有者應幫助窮人，認為統治者與被統治者之間存有階級關係，此觀念亦反映在該部門的泰文名稱「*prachasongraha*」，其中「*pracha*」的意思是「人」，而「*songraha*」則有「幫助有需要之人」之意，由於過去的寺廟多是由皇室成員、貴族或商人等富人階層所贊助，「*songraha*」這個詞也和寺廟有關。[30]如同舊酒新裝般，新成立的 MSDHS 承繼原先公共福利部之組織文化與觀念，等同於將傳統泰式的社會福利模式套上新式人類安全的框架，可能會衍生出舊文化與人類安全的新規範間互不相容之情況。起初面臨的挑戰，首要為當時幾乎沒有任何人類安全的泰文研究文獻與相關資料，其次是該部有將近三分之二的

---

[28] Ibid. 10-18.

[29] Ministry for Social Development and Human Security. in http://www.m-society.go.th/main.php?filename=index. Latest update 22 November, 2018.

[30] Jumnianpol, Surangrut & Nuangjamnong, Nithi. Ibid. 11-13.

人員都不瞭解人類安全之概念。[31]

　　在人類安全的實踐方面，MSDHS 採取雙管齊下的方式進行，首先，尋求學術界與國際組織協助制訂人類安全指標的訂立與研究，其中朱拉隆功大學和泰國政法大學出版了許多有關人類安全的書籍，並和國家人權委員會（National Human Rights Commission, NHRC）共同舉辦國際人類安全研討會，國家人權委員會於 2009 年和 UNDP 共同撰寫了第一份泰國人類安全發展報告書；其次則是強調弱勢團體的社會福利（Social Welfare）功能，該部官員將十分廣泛的人類安全概念限縮成社會福利議題（Social Welfare Issues），原因在於對於該部而言，人類安全的概念過於含糊且難以轉化為具體政策，與社會保障、社會福利與工作在實質上並無不同，這部分也體現在其組織架構中（可見下頁圖 1）。[32]該部在 2008 年針對人類安全發展制定了三個面向的戰略：分別是自力更生（Self-Reliance）、社區賦權（Community Empowerment）與社會奉獻（Devotion to Society），旨在使家庭能自力更生，並運用當地資源與政府來強化社會資本（Social Capital）。[33]

---

[31] Ibid. 13-15.

[32] Ibid.; Selby, Don. 2018. *Human Rights in Thailand*. Philadelphia: University of Pennsylvania Press. 1-14.

[33] UNDP. *Human Development Report 2010*. 3.

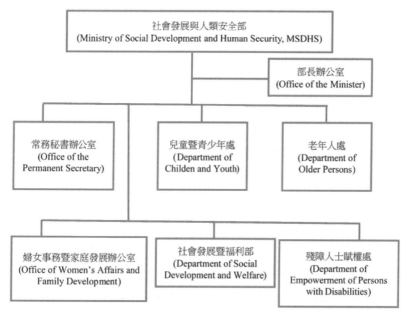

圖 1：泰國 MSDHS 之組織架構圖

資料來源：繪製自 *Ministry for Social Development and Human Security* website。

二、泰國人類安全的政策實踐

人類安全的面向分為很多種，UNDP 所出版的「1994 年人類發展報告書」將人類安全分為七個主要面向，分別是個人安全（Personal Security）、社會安全（Community Security）、經濟安全（Economic Security）、政治安全（Political Security）、環境安全（Environment Security）、健康安全 （Health Security）、糧食安全（Food Security）。[34]泰國人類安全之政策實踐，由於現今仍存有

---

[34] UNDP. 1994. *Human Development Report 1994*. Oxford: Oxford University Press. 24-25.

國王制度，再加上 2014 年政變導致政權更迭之緣故，近幾年人類安全相關政策並非側重於人身或政治層面，反而在人口販運方面之成效最為彰顯，以下將分別敘述從塔信 （Thaksin Chinnawat）政府到當前的巴育政府的人類安全政策，以及泰國如何實踐對於反人口販運的承諾。

（一）從塔克辛政府到帕拉育政府

所有泰國政府都傾向於將人類安全視同社會福利，但不同時期的政府政策方向仍有所不同。塔信政府對於保障弱勢團體政策方針確實反映在總理塔信・欽那瓦在設立 MSDHS 時的演說中說明：「2002 年 10 月，我們成立了新的部，即社會發展與人類安全部，負責照顧社會中相對無助的人和族群，如殘障人士、窮人、婦女和兒童……」，這段言論除了將人類安全與社會福利畫上等號之外，亦將「自給自足」（Self-Sufficiency）和「社群主義」（Communitarianism）相互結合。

在塔信執政期間，除了倡議社會福利與社群主義，並提倡反人口販運之外，還有實施民粹主義政策（Populist Policies），意即在五年之內提供 100 萬間房子以供貧困者居住的住宅計劃。軍政府時期的素拉育（Surayud Chulanont）臨時政府與艾希比（Aphisit Wetchachiwa）政府政權，MSDHS 的核心價值則是「良好社會」（Good Society）和「兼具道德與自給自足的社會」（Society with Morality and Self-Sufficiency）。

然而，回歸民選政治時期，由為泰黨（Pheu Thai Party）執政

時期，人類安全的價值核心又回歸至社會福利與社群主義。[35]2014
年政變後，巴育政府執政時期，則是強調「將推動與保障所有族
群之人權」(Attaches Utmost Importance to The Promotion and
Protection of Human Rights of All Groups of People.)。並 2016 年向
聯合國承諾會尊重人權、恢復民主，[36]該承諾直至 2018 年 9 月才
批准選舉相關法案，總理巴育於同年 8 月對外表示預定於 2019
年 2 月 24 日舉行大選，國家和平暨秩序委員會（National Council
for Peace and Order，以下簡稱 NCPO）亦將會盡快解除政黨禁令。
[37]

（二）反人口販運之實踐

　　除了上述關於人類安全核心價值外，又出現另一個與
MSDHS 相關的問題，即是人口販運。由於國際社會對於人口販
運的關注提升，促使這個議題越來越受到關注，加上美國國務院
與聯合國毒品和犯罪問題辦公室（the United Nations Office on
Drugs and Crime ,UNODC）所發布的反人口販運相關報告，讓泰
國政府不得不回應人口販運之問題，在處理這類問題上，泰國政
府往往首要考量的是國家安全與國家利益，傾向於優先考量國家
在邊界管理上的經濟與政治利益，為了確保廉價勞力的來源，選

---

[35] Jumnianpol, Surangrut & Nuangjamnong, Nithi, Ibid. 11-14.

[36] Human Rights Watch. 2016. "Thailand: UN Review Highlights Junta's Hypocrisy."
Human Rights Watch. in
https://www.hrw.org/news/2016/05/11/thailand-un-review-highlights-juntas-hypocris
y. Latest update December 3, 2018.

[37] 中央社，2018，〈泰國王室批准選舉法案 12 月生效 明年可望大選〉，聯合
新聞網。in https://udn.com/news/story/6809/3364257。參閱日期：2018 年 12 月 5
日。

擇犧牲人口販運受害者之人權。[38]

　　人口販運是對人權的嚴重侵犯，被販運的受害者在被招募、俘虜、運送，隨後遭受剝削的所有侵犯人權之行為，都是以違背其自願之方式進行。近年來，泰國政府為了因應人口販運問題，透過建立機制、規劃國家政策，並於 2008 年 6 月 5 日頒布「反人口販運法 B.E.2551 號法案」（the Anti-Trafficking in Persons Act B.E. 2551, ATIP）對於人口販運以法規加以定義，[39] 並制定罰則加以規範販運人口之行為。

　　首先，2016 年將對人口販運零容忍政策之承諾轉化為實際行動，該措施的重點首要乃是將人口販運從「低風險、高回報」的模式，轉變為「高風險、無回報」，提高犯罪代價以打擊人口販運。

　　其次，除了大幅提升反人口販運之預算外，更修訂現有之法規並起草新法案以強化規範之效力，亦特別設立專責提升人口反運效率之特設小組，作為中央機構以協調執法單位、提升訴訟上之效率。

　　第三，在受害者方面，採取以「受害者為中心」的方針，協助其學習重新融入社會所需之技能，並提供更多就業機會給人口販運之受害者。

　　第四，為了解決跨國性人口販運之問題，泰國政府持續擴大並深化與外國政府、國際組織與民間組織之關係，加深與鄰國之區域合作，並在執法方面與美國相關機構保持密切聯繫與合作關

---

[38] Ibid. 15-19.

[39] Sakdiyakorn, Malinvisa & Vichitrananda, Sutthana. 2010. "Corruption, Human Trafficking and Human Rights: The Case of Forced Labor and Sexual Exploitation in Thailand." NACC Journal, 3(2): 54-56.

係,如美國國土安全調查局、聯邦調查局等,以確保對於人口販運之訊息之準確性與提升對相關資訊之掌握度。[40]

最後,泰國政府亦藉由加強勞動稽查的方式來調查是否有違法販運人口之事證,拓展調查範圍,同時強化查驗之標準,為偵查與起訴提供更明確地方向。[41]

肆、泰國人類安全所面臨的困境與挑戰

泰國國內政權更替頻繁與內部衝突不斷,已對人類安全發展政策產生影響。在其人類安全建制的發展過程中,泰國相較過去已建立確切的機構與制度,但是在基本權利(如言論自由、集會結社自由、新聞自由)、難民議題、宗教差異所造成的內部衝突等方面,仍有諸多懸而未決之問題。以下將針對軍人干政、言論自由所受之限制、南部區域衝突與難民問題,分述如下:

---

[40] Ministry of Foreign Affairs of the Kingdom of Thailand. 2017. "Top Stories: Thailand's Trafficking in Persons Report 2016." Ministry of Foreign Affairs of the Kingdom of Thailand. in http://www.mfa.go.th/main/en/news3/6885/75066-Thailand%E2%80%99s-Trafficking-in-Persons-Report-2016.html. Latest update December 4, 2018.; United States Department of State. 2016. *Trafficking in Persons Report 2016*. Washington, D.C.: U.S. Department of State. 363-368.

[41] Ministry of Foreign Affairs of the Kingdom of Thailand. 2018. "Press Release: The European Parliament's Sub-committee on Human Rights Complimented Thailand's Progress in the Fisheries Labour Situation." Ministry of Foreign Affairs of the Kingdom of Thailand. in http://www.mfa.go.th/main/en/news3/6886/92032-The-European-Parliament%E2%80%99s-Sub-committee-on-Human-R.html. Latest update December 4, 2018.

一、軍政府干政

2016 年 12 月泰國國王拉瑪九世蒲美蓬逝世後，由拉瑪十世摩訶‧瓦集拉隆功國王（King Maha Vajiralongkorn Bodindradebayavarangkun）繼位。2014 年軍事政變以後，當時的陸軍參謀總長巴育‧詹歐查（Prayut Chan-o-cha）推翻了盈拉（Yinglak Chinnawat）政府，成為拉瑪十世繼位後的第一任總理，由原先為泰黨所領導的文人政府轉變為軍政府。另外，軍方所領導的 NCPO 持續對安全部隊和所有政府機構進行監控，人民的言論自由亦受到嚴格限制，[42] 2014 年 4 月所頒布的臨時憲法第 44 條規定 NCPO 的主席可以頒布具有行政和立法效力之命令，等同於賦予帕拉育總理超越法律規範的權力。[43]巴育總理更於 2016 年 12 月 15 日接受媒體採訪時，強調政府將會使用新法律來制約批評，亦需要能用來對付抨擊君主制度的網路評論之工具，[44]泰國國會於巴育發表此言論的隔日，也就是 12 月 16 日，通過「電腦犯罪法」（Computer Crimes Act, CCA），深化政府監控及審查的權限範圍。[45]

---

[42] United States Department of State. 2017. *Thailand 2017 Human Rights Report.* Washington, D.C.: U.S. Department of State.

[43] Nanuam, Wassana. 2018. "Section 44 orders to be legislated into law." Bangkok Post. in https://www.bangkokpost.com/news/politics/1393458/section-44-orders-to-be-egislated-into-law. Latest update December 3, 2018.

[44] Thailand: Cyber Crime Act Tightens Internet Control, Human Rights Watch, in https://www.hrw.org/news/2016/12/21/thailand-cyber-crime-act-tightens-internet-control. Latest update November 17, 2018.

[45] 廖禹揚，2018，〈新網路犯罪法爭議多 泰國會無異議通過〉，《中央社》，https://www.cna.com.tw/news/firstnews/201612160404.aspx。參閱日期：2018 年 12 月 5 日。

二、言論自由之監控與限制

泰國軍政府對於言論自由的監控已經擴展到社群媒體（如臉書Facebook），2017 年 8 月 8 日，記者普拉維特（Pravit Rojanaphruk）遭指控涉嫌違反煽動叛亂罪和電腦犯罪法（Computer Crimes Act, CCA）[46]，普拉維特在 Facebook 上發文批判軍人治國、國家和平與秩序委員會與軍政府遲遲不願處理對東北各省的洪水問題；2017 年 8 月初，警方指控前能源部部長 Pichai Naripthaphan 和前社會發展和人類安全部長 Watana Muangsook，他們在 Facebook 發文評論巴育總理所領導下的泰國政治和經濟問題，被認定是違反煽動叛亂罪和電腦罪的犯罪行為，Watana 還因使用他的 Facebook 頁面表示支持前總理盈拉而被指控是煽動叛亂。在進行逮捕之前，泰國當局更再三呼籲這三名人士應到軍營接受審訊，以「調整他們的政治態度」，以符合軍政府的要求。[47]

泰國政府還逮捕了 39 位於 2018 年 1 月 27 日在曼谷為了街頭而進行和平示威運動的民眾，示威人士的主要訴求為抗議軍方統治、呼籲軍政府應取消對基本權利的限制，以及要求巴育總理還政於民，並履行先前所言的舉行大選之承諾，其中有七人被指控

---

[46] 泰國的〈電腦犯罪法〉(Computer Crimes Act，簡稱 CCA)賦予政府當局限制網路言論、執行監督和審查的廣泛權力，在網路上散布符合該法第 14 條規定且與 NCPO 和政府相關之不實消息者，將面臨最高 5 年有期徒刑之處罰。

[47] Human Rights Watch. 2017. "Thailand: Drop Charges for Critical Facebook Posts-Outspoken Journalist, Ex-Ministers Face Baseless Sedition Allegations." Human Rights Watch. in https://www.hrw.org/news/2017/08/09/thailand-drop-charges-critical-facebook-posts. Latest update November 17, 2018.; Human Rights Watch. 2016. "Thailand: Cyber Crime Act Tightens Internet Control." Human Rights Watch. in https://www.hrw.org/news/2016/12/21/thailand-cyber-crime-act-tightens-internet-control. Latest update November 17, 2018.

其違反民眾集會法，以及刑法第 116 條煽動叛亂罪之規定，若判決確定，最高可能被判處七年有期徒刑。[48]

三、南部區域的衝突

　　泰國南部地區內部衝突所衍生的濫權問題，導致當地穆斯林與泰國佛教間的衝突關係持續呈現緊張狀態，靠近泰國邊境的也拉府（Yala）、北大年府（Pattani）、陶公府（Narathiwat）和宋卡府（Songkhla）均有派駐國內安全作戰部隊（Internal Security Operations Command）駐紮，但是泰國政府所派的安全部隊屢屢過度使用武力鎮壓、涉嫌或作出非法殺戮之行為，對此軍方宣稱事件的發生，多是因嫌疑人在逮捕期間拒絕接受逮捕所導致，甚至在拘留期間，對犯罪嫌疑人或囚犯施以虐待或酷刑。

　　自從 2014 年軍事政變以來，有約 2,000 人遭政府傳喚、逮捕且拘禁，其中有些人甚至是在未經過司法審判的情況下受拘留超過 7 天，在拘禁期間不得面見家屬與律師更是常態，亦未能提供相關措施保障被拘留者免於受虐。[49]凸顯出現今的泰國政府除了對人民自由加以之限制外，其他的人類安全問題還包含：軍隊過度使用武力；任意凌虐犯罪嫌疑人、被拘留者及囚犯；政府在未經審判的情況下任意逮捕、拘留或虐待人民。

　　根據 Deep South Watch 之統計，從 2004 年 6 月至 2018 年 10月為止，因犯罪、叛亂與安全部隊所生的暴力事件造成的傷亡人

---

[48] Human Rights Watch. 2018. "Thailand: 39 Democracy Activists Charged." Human Rights Watch. in https://www.hrw.org/news/2018/02/02/thailand-39-democracy-activists-charged. Latest update December 5, 2018.

[49] United States Department of State, Ibid.

數已超過兩萬多人，其中有 6,877 人死亡、13,478 人受傷。[50]

四、難民問題

對於難民問題，泰國的難民政策並未有完善的法規與審查機制，導致許多難民遭到剝削、遣返與不必要的羈押，由於泰國政府對於難民庇護機制的不足，讓其境內的許多難民因無力支付其遣返費用或擔心回國遭受迫害而面臨無限期拘留的困境，[51]泰國政府缺乏對於難民的審查與篩選機制，導致非法居留於郊區的難民生活陷入困境，泰國移民局在 2018 年 8 月突襲曼谷郊外，逮捕了一群來自柬埔寨與越南的嘉萊族（Jarais）難民，遭逮捕的 180名難民中有三分之一是未成年人，並在逮捕後兩天，將孩童與父母分別安置於 MSDHS 的庇護所中，此舉動不僅違反國際社會對於難民的審查制度，更違反了泰國所簽屬的聯合國「兒童權利公約」（Convention on the Rights of the Child, CRC）。[52]

---

[50] DSID. 2018. "Summary of Incidents in Southern Thailand, OCTOBER 2018." Deep South Watch. in https://deepsouthwatch.org/en/node/11881. Latest update December 5, 2018.

[51] 人權觀察，2012，〈泰國：臨時且不足的難民政策〉，人權觀察。in https://www.hrw.org/zh-hans/news/2012/09/12/247474。參閱日期：2018 年 12 月 4 日；Human Rights Watch. 2012. "Ad Hoc and Inadequate: Thailand's Treatment of Refugees and Asylum Seekers." Human Rights Watch. in https://www.hrw.org/report/2012/09/12/ad-hoc-and-inadequate/thailands-treatment-refugees-and-asylum-seekers. Latest update December 5, 2018.

[52] Kangkun, Puttanee. 2018. "Life in limbo for Thailand's urban refugees." The Nation. in http://www.nationmultimedia.com/detail/opinion/30355070. Latest update December 4, 2018.

伍、結論

　　1997 年亞洲金融危機之發生，不僅為泰國政策發展帶來思維上之轉變，更提升泰國對政治及社會改革之需求。然而，金融危機之發生，使得 1990 年代的泰國意識到國家治理與社會發展之間並不相悖，隨後先將人類安全之概念作為外交政策，在 1998 年東協的部長級會議中提出此一概念，意即泰國針對人類安全的首份正式聲明並非是在其國內，試圖藉此將人類安全嵌入東協。起初在東協倡議人類安全時，儘管受到其他成員國之質疑，但並未削減泰國在人類安全建制上之信心，反而成為泰國將人類安全概念具體化之開端。

　　泰國主要是以「以人為本」作為發展核心，並以 1997 年憲法作為發展基礎，以團結與和諧作為人類安全發展與改革過程的推動力。2002 年 10 月，泰國政府部門進行重大改組時所成立的專責部門—MSDHS，乃是泰國國內人類安全政策之主要施行機構。隨著 MSDHS 的成立，泰國經濟發展狀況開始復甦，人類安全建制的步調卻逐漸減緩，但建制暫緩並不代表人類安全在泰國就此宣告終結，而是對於以人類安全作為外交政策方法所產生的偏差進行修正，將人類安全轉化為社會福利，[53]轉而以社會福利之形式施行於其國內。

　　在人類安全方面，泰國所採取之方式，乃是一種兼容並蓄之模式，旨在確保經濟安全之同時，能兼顧社會發展議題，以免過度強調經濟福祉，進而導致許多社會問題之衍生。但是近年來，

---

53 UNDP. 1999. Human Development Report of Thailand 1999. Bangkok: UNDP.

泰國政府過度強化軍政府之權力，不僅濫權監控人民，甚至限制人民之基本權利，並任意逮捕、拘禁民眾，讓受拘禁者遭受非人道之待遇，種種作為都不符合人類安全中強調之「賦權」概念。

此外，近期所施行的政策措施，如掃除曼谷街上的街頭攤販以維持城市形象；[54]為強化泰國的形象，將計劃推動減少街道上的乞丐與無家可歸者之政策，[55]都得以證明人類安全在國家建設方面並非當前泰國政府所關注的首要因素，實施的政策與人類安全之概念，兩者之間的差距難以彌合，要達到全面落實人類安全的安全概念，也就是重視每一個人獲得與追求安全的權利，仍需要許多努力，並倚靠國家與民間社會組織共同努力以兌現承諾，[56]方能實踐「以人為本」的精神。

---

[54] Reed, Sarah & Roever, Sally & Nirathron, Narumol. 2018. "What Bangkok's crackdown tells us about the multiple roles of street vendors everywhere." Asian Correspondent. in https://asiancorrespondent.com/2018/01/bangkoks-crackdown-tells-us-multiple-roles-street-vendors-everywhere/. Latest update December 4, 2018.

[55] Bchcomber2018. 2018. "Thailand's Social Development Ministry launches Nation Wide Campaign to Remove Beggars from Streets." Chiang Rai Times. in https://www.chiangraitimes.com/thailands-social-development-ministry-launches-nation-wide-campaign-to-remove-beggars-from-streets.html. Latest update December 4, 2018; Cheevasittiyanon, Kitti. 2018. "Social Development Ministry launches nationwide campaign to remove beggars from streets." National News Bureau of Thailand. in http://thainews.prd.go.th/website_en/news/news_detail/WNSOC6109250010004. Latest update December 4, 2018.

[56] 蔡育岱、譚偉恩，2008，〈 從『國家』到個人：類安全概念之分析 從『國家』到個人：類安全概念之分析 〉，《問題與研究 》，47（1）： 151-188。頁 177-178。

參考文獻

一、中文

人權觀察，2012，〈泰國：臨時且不足的難民政策〉，人權觀察，https://www.hrw.org/zh-hans/news/2012/09/12/247474。參閱日期：2018 年 12 月 4 日。

中央社，2018，〈泰國王室批准選舉法案 12 月生效 明年可望大選〉，聯合新聞網，https://udn.com/news/story/6809/3364257。參閱日期：2018 年 12 月 5 日。

財團法人中華經濟研究院，〈東協憲章中英對照本〉，財團法人中華經濟研究院臺灣東南亞國家協會研究中心，http://www.aseancenter.org.tw/upload/files/ASEAN%20Charter.pdf。參閱日期：2018 年 11 月 27 日。

陳尚懋，2015，〈泰國政治安全的發展與困境〉，《問題與研究》，54（4）：79-121。

經濟部推動綠色貿易專案辦公室，2017，〈泰國綠色市場及政策研究〉，財團法人中華經濟研究院，file:///E:/Download/2017.Thailand.pdf。參閱日期：2018 年 11 月 22 日。

廖禹揚，2016，〈新網路犯罪法爭議多 泰國會無異議通過〉，中央社，https://www.cna.com.tw/news/firstnews/201612160404.aspx。參閱日期：2018 年 12 月 5 日。

臺灣東南亞國家協會研究中心，2014，〈東協發展簡介〉，財團法

人中華經濟研究院臺灣東南亞國家協會研究中心，
http://www.aseancenter.org.tw/ASEANintro.aspx。參閱日期：
2018 年 12 月 5 日。

蔡育岱，2015，〈轉變中的區域秩序？人類安全概念在東亞的發展
與「應用」〉，楊昊（編），《東亞的理論與理論的東亞》，臺北：
洪葉文化，頁 69-89。

蔡育岱、譚偉恩，2008，〈從『國家』到『個人』：人類安全概念
之分析〉，《問題與研究》，47（1）：151-188。

聯合國人權高級專員辦事處新聞部，1995，〈1993 年 6 月 14 日至
25 日，奧地利維也納—世界人權大會〉，聯合國人權高級專
員辦事處，https://www.ohchr.org/CH/ABOUTUS/Pages/
ViennaWC.aspx。參閱日期：2018 年 11 月 28 日。

二、英文

AIPA. "Background and History (From AIPO to AIPA)." *ASEAN Inter-Parliamentary Assembly*, in http://www.aipo.org/Bg_and_History.htm. Latest update 27 November, 2018.

Bchcomber 2018. 2018. "Thailand's Social Development Ministry launches Nation Wide Campaign to Remove Beggars from Streets." *Chiang Rai Times*, in https://www.chiangraitimes.com/thailands-social-development-ministry-launches-nation-wide-campaign-to-remove-beggars-from-streets.html. Latest update 4 December, 2018.

Cheeppensook, Kasira. 2007. "The ASEAN Way on Human Security." Paper presented at the International Development Studies Conference on Mainstreaming Human Security: The Asian Contribution, Bangkok, October 4-5.

Cheevasittiyanon, Kitti. 2018. "Social Development Ministry launches nationwide campaign to remove beggars from streets." *National News Bureau of Thailand*, in http://thainews.prd.go.th/website_en/news/news_detail/WNSOC6 109250010004. Latest update December 4, 2018.

DSID. 2018. "Summary of Incidents in Southern Thailand, OCTOBER 2018." *Deep South Watch*, in https://deepsouthwatch.org/en/node/11881. Latest update 5 December, 2018.

Feigenblatt, Otto F. von. 2009. "ASEAN and Human Security: Challenges and Opportunities." RCAPS Working Paper, in http://www.apu.ac.jp/rcaps/uploads/fckeditor/publications/workin gPapers/RCAPS_WP09-5.pdf. Latest update 28 November, 2018.

Garrett, Stephen A. 1980. "Human Rights in Thailand: The Case of the Thammasat 18." *Universal Human Rights* 2(4): 43-56.

Hao Duy, Phan. 2009. "Institutions for the Protection of Human Rights in Southeast Asia: A Survey Report." *Contemporary Southeast Asia* 31(3): 468-501.

Human Rights Watch. 2012. "Ad Hoc and Inadequate: Thailand's Treatment of Refugees and Asylum Seekers." Human Rights

Watch, in

https://www.hrw.org/report/2012/09/12/ad-hoc-and-inadequate/th
ailands-treatment-refugees-and-asylum-seekers. Latest update 5
December, 2018.

Human Rights Watch. 2016. "Thailand: Cyber Crime Act Tightens
Internet Control." Human Rights Watch, in
https://www.hrw.org/news/2016/12/21/thailand-cyber-crime-act-t
ightens-internet-control. Latest update 17 November, 2018.

Human Rights Watch. 2016. "Thailand: UN Review Highlights Junta's
Hypocrisy." Human Rights Watch, in
https://www.hrw.org/news/2016/05/11/thailand-un-review-highli
ghts-juntas-hypocrisy. Latest update 3 December, 2018.

Human Rights Watch. 2017. "Thailand: Drop Charges for Critical
Facebook Posts-Outspoken Journalist, Ex-Ministers Face
Baseless Sedition Allegations" *Human Rights Watch*. in
https://www.hrw.org/news/2017/08/09/thailand-drop-charges-criti
cal-facebook-posts. Latest update 17 November, 2018.

Human Rights Watch. 2018. "Thailand: 39 Democracy Activists
Charged." *Human Rights Watch*, in
https://www.hrw.org/news/2018/02/02/thailand-39-democracy-ac
tivists-charged. Latest update 5 December, 2018.

Jumnianpol, Surangrut & Nuangjamnong, Nithi. 2015. "No.102
Human Security in Practice in Thailand." JICA Research Insitute,
in
https://www.jica.go.jp/jica-ri/publication/workingpaper/human_se

curity_in_practice_in_thailand.html. Latest update 3 December, 2018.

Kangkun, Puttanee. 2018. "Life in limbo for Thailand's urban refugees." *The Nation*, in http://www.nationmultimedia.com/detail/opinion/30355070. Latest update 4 December, 2018.

Lumpur, Kuala. "Human Rights Declaration by the ASEAN Inter-Parliamentary Organization (AIPO)." *Asia-Pacific Human Rights Information Center*, in https://www.hurights.or.jp/archives/other_documents/section1/1993/03/human-rights-declaration-by-the-asean-inter-parliamentary-organization-aipo.html. Latest update 22 November, 2018.

Ministry for Social Development and Human Security. in http://www.m-society.go.th/main.php?filename=index. Latest update 22 November, 2018.

Ministry of Foreign Affairs of the Kingdom of Thailand. 2017. "Top Stories: Thailand's Trafficking in Persons Report 2016." Ministry of Foreign Affairs of the Kingdom of Thailand, in http://www.mfa.go.th/main/en/news3/6885/75066-Thailand%E2%80%99s-Trafficking-in-Persons-Report-2016.html. Latest update 4 December, 2018.

Ministry of Foreign Affairs of the Kingdom of Thailand. 2018. "Press Release: The European Parliament's Sub-committee on Human Rights Complimented Thailand's Progress in the Fisheries Labour Situation." Ministry of Foreign Affairs of the Kingdom of

Thailand, in http://www.mfa.go.th/main/en/news3/6886/ 92032-The-European-Parliament%E2%80%99s-Sub-committee-on-Human-R.html. Latest update 4 December, 2018.

Mohamad, Maznah. 2002. "Towards a Human Rights Regime in Southeast Asia: Charting the Course of State Commitment." *Contemporary Southeast Asia*, 24(2): 230-251.

Nanuam, Wassana. 2018. "Section 44 orders to be legislated into law." Bangkok Post, in https://www.bangkokpost.com/news/politics/1393458/section-44-orders-to-be-legislated-into-law. Latest update, 5 December, 2018.

Narine, Shaun. 2012. "Human Rights Norms and the Evolution of ASEAN: Moving without Moving in a Changing Regional Environment." *Contemporary Southeast Asia*,34(3): 365-388.

Online Reporters. 2018. "20-year National Strategy comes into effect." Bangkok Post, in https://www.bangkokpost.com/news/general/ 1557462/20-year-national-strategy-comes-into-effect. Latest update, 22 November, 2018.

Osaka, Hurights. 2012. "ASEAN Human Rights Declaration (AHRD)." *Asia-Pacific Human Rights Information Center*, in https://www.hurights.or.jp/archives/other_documents/section1/20 12/11/phnom-penh-statement-on-the-adoption-of-the-asean-huma n-rights-declaration-ahrd-1.html. Latest update 29 November, 2018.

Reed, Sarah & Roever, Sally & Nirathron, Narumol. 2018. "What Bangkok's crackdown tells us about the multiple roles of street vendors everywhere" *Asian Correspondent*, in https://asiancorrespondent.com/2018/01/bangkoks-crackdown-tells-us-multiple-roles-street-vendors-everywhere/. Latest update 4 December, 2018.

Sakdiyakorn, Malinvisa & Vichitrananda, Sutthana. 2010. "Corruption, Human Trafficking and Human Rights: The Case of Forced Labor and Sexual Exploitation in Thailand." *NACC Journal*, 3(2): 54-66.

Selby, Don. 2018. *Human Rights in Thailand*. Philadelphia: University of Pennsylvania Press.

UNDP. 1994. *Human Development Report 1994*. Oxford: Oxford University Press.

UNDP. 1999. *Human Development Report of Thailand 1999*. Bangkok: UNDP.

UNDP. 2003. *Human Development Report of Thailand 2003*. Bangkok: UNDP.

UNDP. 2010. *Human Development Report 2010*. New York: UNDP.

UNDP. 2014. *Human Development Report of Thailand 2014*. Bangkok: UNDP.

United States Department of State. 2016. *Trafficking in Persons Report 2016*. Washington, D.C.: U.S. Department of State.

United States Department of State. 2017. Thailand 2017 Human Rights Report. Washington, D.C.: U.S. Department of State.

第三部分

泰國社媒與教育文創發展：
「求順」則昌

織布文創產業與體驗經濟──

台泰兩國一鄉鎮一特產（OTOP）推動之比較[1]

王雅萍

國立政治大學民族學系副教授兼系主任

【摘要】

　　台泰兩國都在推動一鄉鎮一特產（OTOP），構想引自日本一村一品（OVOP）運動，此概念是 1979 年由日本大分縣前知事平松守彥博士提出，也就是每個鄉鎮結合當地特色，發展具有區隔性手工藝或食品特產的產業。

　　本文聚焦在以織布為主題做文創產業與體驗經濟的田野調查，做台泰兩國的 OTOP 的推動模式與發展經驗的比較。

關鍵詞：**OTOP、OVOP、泰國、織布村、體驗經濟**

[1] 本文草稿曾在 2019 年 1 月 5 日「2019 年臺灣的泰國研究國際研討會：翻轉中的泰國─御風而起俯視東南亞」宣讀，會場在台南國立成功大學社會科學院政治學系。感謝評論人和與會者的意見，本文已經做修改。本文是科技部「泛太平洋的區域政治經濟與文化流動-以民為本的跨國連動政治：臺灣與東南亞關係的再檢視」整合計畫子計畫二的部分研究成果，計畫編號：MOST106 - 2420 - H - 004 - 001 - MY2。

壹、前言

　　本文的寫作緣起來自 2007 年在日本北海道跟來自台灣的布農族牧師家中聚會，無意間發現牧師家客廳有手工織品，織布圖紋看起來很像台灣原住民泰雅族的紋樣，卻是在日本買的泰國製產品，當時很驚訝台泰兩國織布紋飾如此相似，因而對泰國織布產業發展留下探索的好奇心。直到 2017 年因為科技部研究計畫，有較多機會到泰國北部清邁等地做民族文化村田野調查，遂有此文。在台灣的田野接觸經驗中，發現原住民族手工藝者對「作品」與「產品」的認知有差異，將手工織布當成「作品」，強調藝術創造性與獨特性，而不是從符合市場經濟需要的製作「產品」，那在推動 OTOP 時，台灣原住民族的手工織布或傳統服飾，如何進行品牌行銷呢？

　　台泰兩國都在積極推動 OTOP，台灣 OTOP 意指「One Town One Product」，即一鄉鎮一特產。此構想引自日本 OVOP（One Village One Product）「一村一品」運動，此概念是 1979 年由日本大分縣前知事松守彥博士提出，也就是每個鄉鎮結合當地特色，發展具有區隔性手工藝或食品特產的產業[2]。台灣主要是在地方特色產業的「地方」範疇，是以鄉、鎮、市為主，所發展出的特色產品需具有歷史性、文化性、獨特性等特質。

　　台灣的經濟部中小企業處自 1989 年以來有輔導計畫，協助中小企業利用特色產業為基礎，配合知識經濟概念為前導，創造高

---

[2]　整理自經濟部中小企業處 OTOP 城鄉特色的官網。參閱日期：2018 年 12 月 06 日。

附加價值的新型態群聚式經濟體。台灣OTOP內容相當廣泛,包含加工食品、文化工藝、創意生活、在地美食、休憩服務及節慶民俗六大類,例如:鶯歌陶瓷、新竹玻璃、大溪豆乾、魚池紅茶、泰雅織布等特色產業[3]。

泰國則是在1997年亞洲金融風暴後,經濟受創嚴重,提升鄉村地方經濟成為泰國政府重要的政策[4]。在1976年在詩麗吉皇后主導,由皇家保護署成立「邦賽手工藝中心」,是泰國OTOP發展的原型。泰國政府於2001年開始推動『OTOP』專案,鼓勵每個鄉村開發各自優勢的產品,政府幫助開拓市場,除增加就業機會和收入外,推廣泰國的傳統手工業及農產業,將泰國多樣化的商品,以文創型式推廣行銷至泰國各地及國際市場,目前正蓬勃發展。

本文聚焦在以織布為主題做文創產業與體驗經濟的田野調查,泰國的織布產業如何做體驗經濟呢?台泰兩國OTOP的推動模式與發展經驗為何呢?

貳、日台泰三國的OTOP發展比較

從時間來看,台灣跟泰國的OTOP概念都是來自日本,是由日本大分縣前知事平松守彥博士提出,也就是每個鄉鎮結合當地特色,發展具有區隔性手工藝或食品特產的產業。台灣的OTOP

---

[3] 整理自經濟部中小企業處OTOP城鄉特色的官網。參閱日期:2018年12月06日。

[4] 陳尚懋(2011)。〈泰國文化創意產業的政治經濟分析〉。亞太研究論壇,54期,頁1-28。

主要是經濟部中小企業處自 1989 年以來有輔導計畫，協助中小企業利用特色產業為基礎，配合知識經濟概念為前導，創造高附加價值的新型態群聚式經濟體，推廣加工食品、文化工藝、創意生活、在地美食、休憩服務及節慶民俗等特色產業。嚴格來說台灣的 OTOP 最後的發展走向比較強調產品的部分，比較忽略跟鄉鎮連結的部分。

表 1：日台泰 OTOP 發展

國別	日本	台灣	泰國
簡稱	OVOP	OTOP	OTOP
內容	One Village One Product 一村一品運動	One Town One Product 一鄉鎮一特產	One Tambon One Product 一村一品
年代	1979 年~2003 年	1989 年	2001 年

資料來源：研究者製表。

泰國在 1997 年亞洲金融風暴後，經濟受創嚴重，提升鄉村地方經濟成為泰國政府重要政策。泰國政府於 2001 年開始推動「OTOP」專案，鼓勵每個鄉村開發各自優勢的產品，政府幫助開拓市場，除增加就業機會和收入外，推廣泰國的傳統手工業及農產業，將泰國多樣化的商品以文創推廣行銷至泰國各地及國際市場。日本國內 OTOP 一品運動 (1979~2003) 共計 24 年隨著平松守彥博士退休正式告一段落[5]，但是 OVOP 的運動先從泰國推

---

[5] Hiroshi MURAYAMA and Kyungmi SON (2016). "Understanding the OVOP Movement in Japan An Evaluation of Regional One-Product Activities for Future

動，在 2011 年後卻在柬埔寨、寮國、印尼、菲律賓等各地推展開
來，在 2014 年的雅加達東協會議中，變成是日本協助東協各國改
進偏鄉生計的合作項目，值得關注。

(一)、台灣的 OTOP 發展

台灣的 OTOP，意指「One Town One Product」，指一鄉鎮一
特產的含意，OTOP 主要是經濟部中小企業處為協助中小企業，
利用特色產業為基礎，配合知識經濟概念為前導，創造高附加價
值的新型態群聚式經濟體，特訂定此計畫。

經濟部中小企業處自 1989 年起，即延攬輔導執行單位，一同
推動「地方特色暨社區小企業輔導計畫」，以扶持地方特色產業；
而文建會自 1994 年推動社區總體營造，及 2002 年的文化創意產
業政策，亦鼓勵民眾發掘地方特色，加入時代創意與新興經營理
念，成為增加居民收益、帶動地方發展的文化產業[6]。經濟部中小
企業處已累積近 30 年豐富經驗，其輔導的進程，以推動地方特色
產品之行銷，並透過策略聯盟及系統整合行銷通路，讓地方特色
產品行銷至全台與國際，並吸引消費者至各特色產業體驗其特
色。[7]

在官方網站的服務團隊是，財團法人中衛發展中心和財團法
人工業技術研究院，經致電詢問台灣的經濟部中小企業處承辦人

World Expansion of the OVOP/OTOP Policy." Understanding the OVOP movement
in Japan. Chapter 14, 191-208.

[6] 林美珠、羅慧明（2006）。 95 年度社區文化產業振興考察計畫~日本大分縣
OVOP 國際研討會暨地方特色產業觀摩。行政院文化建設委員會。

[7] 整理自經濟部中小企業處 OTOP 城鄉特色的官網。參閱日期：2018 年 12 月
06 日。

員，得知 OTOP 是交由財團法人中衛發展中心去執行的計畫之一。工作項目包括「城鄉特色產業園區」、「城鄉特色產業」、「地方特色暨社區小企業輔導計畫（OTOP）」[8]、OTOP 購物網等，其中：推廣做體驗經濟是 2016 年以後的新發展[9]。

　　本文所關心的 OTOP 是指 「地方特色暨社區小企業輔導計畫（OTOP）和 OTOP 購物網兩個計畫項目，其中計畫「地方特色暨社區小企業輔導計畫（OTOP）係藉由輔導團隊（中衛發展中心），「運用各項在地資源，並結合面向的人力資源，激發創意並研發新產品與服務，提高在地產業附加價值。其主要輔導工作項目如下：輔導具地方特色在地社區或組織之廠商、輔導特色產業示範廠商空間佈置、設計產品特色、經營管理等項目、辦理國外特色產業觀摩與產品促銷活動、協助地方特色產品網路整合行銷與系統建置、協助產品包裝設計與產品研發設計或生產技術改良、培育地方產業經營管理人才、辦理地方產業標竿案例觀摩活動、結合社區資源與在地節慶，舉辦產業媒合促銷及媒體廣宣、及其他足以提升地區小企業經營能力之輔導工作」[10]。

　　然而，平常大家比較常在網頁上看到的 OTOP 購物網[11]，由經濟部中小企業處主辦，執行單位為台灣地方特色產業股份有限公司。由其經營「OTOP 地方特色購物網」：https://www.OTOPmall.tw，該計畫是藉由「串聯第三方服務，協助地方特色產業業者進

8　整理自經濟部中小企業處 OTOP 城鄉特色的官網。參閱日期：2018 年 12 月 06 日。

9　同註 8。

10　同註 8。

11　同註 8。

行網實整合行銷,透過消費數據分析、介接金流與物流服務,藉以改善地方產業通路服務品質,創造符合消費者期待的購物環境,帶動營業額成長,打響地方特色產業之品牌價值」。

在 OTOP 地方特色購物網開店條件如下:申請單位需為符合中小企業認定標準之企業或完成合法立案登記之團體,並為臺灣自有品牌。申請單位上架之產品應為具有臺灣地方特色之優質產品。優質產品的認定有「在地特色」、「原創設計」、「品質口碑」、「符合法令規範」等四個標準。「在地特色」指充分運用在地材料,運用當地研發之智慧,以傳統製程及歷史傳統之特色產品。「原創設計」指具原創的設計理念或特色,能展現產品獨特的手感,或能反映不可取代的在地精神及情感。「品質口碑」指優良的產品品質能維持傳統或風味的堅持,獲得大多數消費者的認可,具有市場口碑。「符合法令規範」指符合生產、包裝或銷售服務等相關法令規範。

通常能在 OTOP 購物網上架之產品以 OTOP 地方特色網登錄之產品或具消費人氣、曾受中央或地方政府輔導、曾獲獎之地方特色產業業者所生產製作之產品為主。申請單位與上架之產品需配合 OTOP 地方特色購物網規定之格式,提供店家照片、店家 Banner、產品實物照及文案撰寫等作。OTOP 地方特色購物網產品主要分為「食品禮盒」、「工藝產品」、「舒活系列」等 3 類。2019 年 5 月 26 日各地 OTOP 店家聚集台北華山文創園區,分散在台灣四處的各路店家聚集於 4B 中倉庫,舉辦盛大的手作市集,以做聯合行銷。

(二)、泰國的 OTOP 政策發展

泰國的 OTOP 業務隸屬內政部（Ministry of Interior）的社區發展署（Community Development Department），促進在地智慧與社區產業發展[12]。泰國的 OTOP 要達到的目的是什麼？[13]泰國的 OTOP 在官方網站上，主張「讓社區有工作機會、有收入」、「讓社區有能力以自己的想法、方式管理自己」、「促進與推廣在地智慧文化的發展」、「促進人力資源的管理」。泰國的 OTOP 的理念，非常強調「社區自足經濟」[14]。因此，「一鄉一產品」的核心為「根據每個村落現有的原料，產出最有潛力、最具當地文化特色的產品，銷入國內外市場，以提昇鄉村居民的經濟與生活水準」。

而以下三點是泰國 OTOP 產業化重要的要素，也是重要的發展目的：「從鄉村走向全球化」（Local Yet Global）、「具有創意、能自給自足」（Self-Reliance-Creativity）、「培養人才」（Human Resource Development）。因此，OTOP Thailand 的產品不只是實體的產品，還包括有服務、文化推廣等等。

根據泰國 OTOP 的發展現況，目前應該是進入第三期推廣階段，例如在曼谷的機場、以及百貨公司裡，都可以看到有 OTOP 的店家標示。在曼谷天橋下也有 OTOP 展售中心（ศูนย์แสดง

---

[12] 資料來源：http://www.cep.cdd.go.th。參閱日期 2018 年 01 月 28 日。

[13] 資料來源：https://www.youtube.com/watch?v=tMTjRsC77EM&t=30s&index=14&list=FLuOEtInR7mWMIyHhutecDcA。參閱日期：2018.11.28。助理陳彩雲協助翻譯摘要。

[14] 資料來源：https://www.thaiembassy.sg/friends-of-thailand/p/what-is-otop、https://www.youtube.com/watch?v=tMTjRsC77EM&t=30s&index=14&list=FLuOEtInR7mWMIyHhutecDcA。參閱日期：2018 年 11 月 28 日。取自泰國外交部網站，助理陳彩雲協助翻譯摘要。

จำหน่ายและกระจายสินค้า, OTOP)。[15]

表 2:泰國 OTOP 發展願景

分期	發展願景
第一期	自給自足。讓社區以自己的文化、特色或一技之長自己自足。把社區裡的農產品加工以提高經濟價值。
第二期	推廣、推銷。把村裡的產品、特色帶出去讓大家知道。例如:OTOP 市集、OTOP 博覽會等。
第三期	讓顧客上門。讓社區外面的民眾、國內外遊客、廠商進到村裡來消費。例如:VOC(OTOP Village Champion)。

資料來源:作者歸納。

　　事實上,泰國的 OTOP 推動成功之三大因素:[16]第一是國際化。店面的經理,或是銷售人員需會基本英語會話能力,方便與外籍顧客溝通。[17]店面的出貨人員要能用英文與海外顧客聯繫,或信件往來,以提供商品資訊。第二是店面的地理位置。設置鄉級、區級、市級、府級展售中心。展售中心設於交通要道,交通

---

[15] 引用 2018 年 08 月 07 日 訪談資料。

[16] http://cep.cdd.go.th/wp-content/uploads/sites/108/2017/04/%E0%B8%A1%E0%B8%97-0408.2-%E0%B8%A7-0802-21%E0%B9%80%E0%B8%A1%E0%B8%A2.60-OTOP-Academy-5-%E0%B8%88%E0%B8%B1%E0%B8%87%E0%B8%AB%E0%B8%A7%E0%B8%B1%E0%B8%94.pdf。參閱日期:2018 年 11 月 30 日。取自泰國內政部社區發展署網站,助理陳彩雲協助翻譯摘要。

[17] http://cep.cdd.go.th/wp-content/uploads/sites/108/2017/04/%E0%B8%A1%E0%B8%97-0408.2-%E0%B8%A7-0732-10%E0%B9%80%E0%B8%A1%E0%B8%A2.60-OTOP-Academy-15%E0%B8%88..pdf。參閱日期:2018 年 11 月 30 日。取自泰國內政部社區發展署網站,助理陳彩雲協助翻譯摘要。

方便。根據不同地區調整營業時間。於長途交通要塞、景點、公部門等設展售中心。第三是推動電子化 e-Commerce[18]，也可以推動電子商務和網購的服務。

　　泰國 OTOP 也甄選商品跟飛機的購物平台合作。根據泰國的 OTOP 發展目標第三期則已經進入體驗經濟的 VOC（OTOP Village Champion）階段。社區發展署長 Kwan Chai Wongnidikorn (นายขวัญชัย วงศ์นิติกร)說：在佛曆 2549 年 (西元 2005 年) 社區發展署舉辦 OTOP Village Champion（OVC），為了促進社區居民團結並保育該區的在地文化，促進社區就業，提升社區經濟水準。吸引社區外的人來到社區探索學習和旅遊[19]。全泰國 76 府中透過競賽共 120 個社區勝出區域級競賽，120 個勝出者中，有 80 個社區勝出國家級競賽。在第三階段可以發現泰國在思考如何讓消費者進入村落並產生消費行為。[20]

　　根據泰國官方網站的統計資料,目前 OTOP 的成員 4 萬 6,000 餘家，約 8 萬件產品，政府投入 7 億泰銖的經費。2015 年國內 OTOP 總收入金額為 1,090 億泰銖。2016 年成長了 20%。泰國政府不斷提昇 OTOP 產品的品質。2017 年，約有 1 萬件商品加入 OTOP 產品的篩選，但仍然有 7 萬件商品沒有通過篩選規範。目前已經有 80,000 個航班，375 個 OTOP 產品在飛機上有販售。政

---

[18] 資料來源：http://www.thaitambon.com/。參閱日期：2018 年 11 月 28 日。

[19] 資料來源：http://district.cdd.go.th/nongnakham/services/%E0%B8%AB%E0%B8%A1%E0%B8%B9%E0%B9%88%E0%B8%9A%E0%B9%89%E0%B8%B2%E0%B8%99-ovc。參閱日期：2018 年 11 月 30 日。助理陳彩雲協助泰語翻譯摘要。

[20] 資料來源：http://cep.cdd.go.th/2018/06/10/otop-midyear-2018 參閱日期：2018 年 11 月 28 日。助理陳彩雲協助泰語翻譯摘要。

府舉辦的博覽會不用任何攤位出租費用，所有的收入可用於開發新產品與社區的發展。

「OTOP 產品飛向天空」是泰國總理巴育·詹歐查（Prayuth Chan-ocha）的構想。目前共 375 項產品，主要是食品和伴手禮，來自全泰國的 74 個優良企業。至 2017 年 4 月的累積總收入是 3,540 萬泰銖。有四大類的銷售方式：方便食用的餐點、透過 King Power 在 Thai air ways 在航班販售的產品、透過產品項目書、透過 www.Thailandmall.com 販售能在航班上販售的產品，必須是 3~5 星級的 OTOP 產品，還有 Premium 級的產品。目前加入的航空公司有 Thai Airway、Bangkok Airway、Air Asia，其餘正在協商中。[21]

目前 OTOP 合作企業有泰國的 CP、TESCO LOTUS、,King Power、PTT。同時，泰國也有為 OTOP 成立的社會企業 Pracharak Samakkee 公司。Pracharak Samakkee 公司（บริษัทประชารัฐรักสามัคคี）全國 76 府中已經有 42 府設立分店，預計在 2016 年 12 月全國 76 府都會設點。該公司是商業有限公司的形式成立，目的是提升社區的經濟水準。內容包括：農業、食品加工和社區觀光旅遊。以社會企業的方式管理，購買 Pracharak Samakkee 的股份可以減稅，目前泰國法規已經通過。因為 CP 公司需要長期、固定供貨的貨源，可以和全國各府的 Pracharak Samakkee 公司合作。他們的工作就是不斷的給市場提供貨源。至於 OTOP 往市場的通路，以前都是參加一些博覽會活動，現在 Pracharak Sukjai Shop 全國

---

21 資料來源：http://cep.cdd.go.th/2018/06/10/otop-midyear-2018 參閱日期：2018 年11月28日。助理陳彩雲協助泰語翻譯摘要。取自泰國內政部社區發展署網站，助理陳彩雲協助翻譯摘要。

有 148 家分店，設在各地的 PTT 加油站。

(三)、小結

　　台灣目前的 OTOP 的發展方向是依據行政院頒布之前瞻基礎建設計畫，經濟部發展城鄉特色產業，導入循環經濟、體驗經濟與數位經濟三大概念，規劃設置城鄉特色產業園區，輔導中小企業城鄉創生轉型，建立區域產業生態鏈，帶動產業升級轉型。總統蔡英文也在 2017 年 2 月 6 日執政決策協調會議中提出前瞻基礎建設計畫，行政院自 3 月 20 日起分別公布各項計畫，並由時任行政院院長林全宣布「前瞻基礎建設特別條例草案」並於 4 月 5 日核定通過計畫。最近台灣的 OTOP 有加入體驗經濟的宣傳。

　　泰國將 OTOP 視為是國家基礎經濟產業。國家基礎經濟產業越穩固國家經濟越穩定，世界大經濟體系再紊亂，基礎經濟產業還是可以生存的。這是泰國九世皇的自足經濟裡提到的社區防禦。現今世界經濟和社會變遷極快，而且人工智能（AI）發展迅速，未來會有很多人工被機器取代，而開放新的產業、新的工作機會，可以為這些人帶來一下機會。OTOP 對泰國而言，是一個很不錯的方式，讓社區的居民可以以自身的一技之長來養活自己和家人。

　　整體而言，台灣的社區營造曾經推廣過社區產業，轉到經濟部發展的 OTOP 是在循環經濟、體驗經濟與數位經濟下的城鄉創生轉型拔尖的戰略，而泰國因為有九世皇倡議的社區自主經濟哲學，讓 OTOP 成為穩健的社區基礎產業。

參、台灣的織布產業三個發展模式創新與困境

編織技術是台灣原住民族各民族重要的傳統生活技能，各民族都有不同的編織文化，各有繽紛。原住民族委員會為使傳統編織技術傳承，希望能促進進行科學傳承與現代技術創新，並能促進編織產業發展，預計培育有關服飾、設計、生產、管理、經營、貿易、諮詢、企劃與技術發展之原住民族人才。織布目前面臨的問題有原料材質、工藝技術、圖案紋飾和傳承斷層等情況。[22]

本文整理三個原住民族織布工坊以理解台灣織布產業的發展歷程與創新經驗。

(一)、YULI（連美惠）的秀林鄉織布村夢想

Yuli（連美惠）是花蓮太魯閣族人，她在都會區是活躍的織染講師，長期擔任原住民族傳統及改良服飾製作原住民族手工彩繪系列產品貿易公司負責人、文化講師、技藝採購師及創作藝術者等。她曾榮獲 2006 年「原藝之美—臺北 2006」原住民文化創意產品競賽台北市陶藝類佳作，2004 年獲全國原住民藝品創作者評選優勝獎。

Yuli 以族名 Yulitaki 為品牌創作的原住民品牌織布皮包，手工製作原住民族軟陶公仔 (可作項鍊、吊飾、框畫)，原住民族飾品及手工藝原住民族公仔系列產品 (馬克杯、胸章、胸針、撲克牌等)。她是原住民族手工藝界，第一個打響織布品牌的人。在各大機場、藝品店、博物館的原民族手工藝店等等，都可以看到 Yuli

---

22 伊萬・納威(2018)。 原住民族的織布與產業發展。原教界，80 期，頁 6-7。

設計具有現代時尚感的織布包包，號稱是 LV 級的原住民包。

　　除了這個長銷款的織布品牌以外，她在台北成名多年後回到花蓮，回到部落擔任秀林發展協會理事長 8 年，她任內推動將秀林村發展為織布村。2014 年秀林發展協會連美惠理事長表示：「一直期望可將秀林村發展為織布村，織娘也從前的 2 位增加到 27 位，但由於織布機相當有限，以往接到訂單也無法製作。透過文化局牽線，增添五台織布機，得以提升部落文創產能」，未來希望實現「家家有織娘，戶戶有機臺」的理想。該計畫於 2015 年結束後未再實施運作，經查明是連美惠理事長在秀林發展協會任期八年結束，新任理事長有新的發展計畫並未延續織布村計畫，Yuli 連美惠則改做「織娘之家」，延續連結織娘的平台發揚太魯閣族的織藝之美[23]。

(二)、尤瑪‧達陸的織布文化復振

　　台灣最有名的原住民族織女是尤瑪達陸老師，她擅長博物館原住民族服飾的重製路線，2016 年 7 月 3 日獲得最擅長泰雅編織的人間國寶殊榮[24]，從文化部長鄭麗君手中接下「105 年度指定重要傳統藝術保存者」的證書，尤瑪‧達陸成為目前最擅長泰雅傳統編織的人間國寶。

　　在泰雅族傳統文化中，女生從小就要跟著母親或族裡的女性長輩學習織布，到了十五、六歲技藝成熟，父母會為她們準備禮

---

[23] 2019 年 7 月 20 日電話訪談。確認 2015 年後秀林發展協會沒有再推動織布村的計畫。

[24] 參閱 https://www.youtube.com/watch?v=oeOqnE0CEIY。參閱日期：2018 年 11 月 30 日。

物，聘請紋面師傅或帶他們到紋面師家裡「紋面」，紋過面，代表她們已經是成人，可嫁為人婦擔負起製作未來家族成員服飾的責任。眼看老人日漸凋零、新生代後繼無人，泰雅織布文化就要失傳。尤瑪‧達陸從外祖母和姨婆的口中、手中接觸到泰雅編織的優美文化後，放棄公務員資格投入泰雅傳統編織。為了尋找即將失傳的編織文化，尤瑪遍訪泰雅族裡善於編織的老人，學習傳統織布的手法，了解織布用的苧麻種類、種植條件。為補足本身對紡織知識的不足，她再到輔仁大學織品研究所進修，將不同泰雅族群的傳統編織圖案，以現代的設計思維和技術，加以記錄整理，並成立「野桐工坊」專門從事傳統文化保育的工作。「我當時稍微整理、盤點自己的能力與周圍的環境，走出兩個極端不同的策略，一是非常傳統的織布工作，二是非常前衛的裝置性藝術工作。[25]

尤瑪‧達陸為了讓傳統編織往下紮根，尤瑪先找來部落中的泰雅婦女，再將她從泰雅老人手中學習到的傳統編織技藝，以及自己後來所學的現代織品設計與技術，毫不藏私的教授給她們，不僅讓她們習得一技之長，同時為象鼻部落家庭帶來一份穩定的收入。

經過多年努力，野桐工坊至今已略有成果，但是經費來源一直是其最大的隱憂。因為傳統泰雅服裝都是純手工，織成一套男性傳統服飾基本要三個月時間，女性的服飾耗時長達半年，所以每套服飾價格昂貴，不是一般家庭消費得起，僅有博物館或收藏家才有能力訂購，在不能藉著機器大量生產，經濟效益有限的情

---

[25] 引自高秀玉〈野桐工坊—泰雅族人傳統紡織重鎮〉，收在原教界 2014 年 8 月號 58 期：69。

況下，目前工坊維持費用多仰賴政府補助，工坊尚無法只靠工坊收益維持運作。

（三）、南庄林淑莉石壁染織工坊的體驗經濟

原住民族織布中有跟經濟部中小企業處OTOP合作經驗的是林淑莉的「石壁染織工坊」。林淑莉在1996年成立「石壁部落文化工作站」，在2000年時，因為對舊部落的思念而回到苗栗南庄石壁居住，並且正式成立「石壁染織工坊」。林淑莉展開泰雅族傳統編織的傳承，希望藉由文化產業的推動與觀光發展，讓更多族人願意回到部落一起生活。

林淑莉並非原住民，她是泰雅族的媳婦。她就讀復興商工美工科，為畢業製作而參加南庄的賽夏族矮靈祭，結識泰雅青年羅幸·瓦旦，因而嫁到「石壁部落」。婚後便隨著族中長輩學習泰雅族傳統染織技藝。她將苧麻取絲、植物取色及機杼織布等傳統技法練習至爛熟，還經常進修新設計觀念，為泰雅織物注入不少創意，建立自己的風格。林淑莉引進「剪裁」觀念，將傳統泰雅織物，以設計感為前提，在不失原味下，將傳統風格與都會時尚要素成功結合，其中的名片夾和圍巾是石壁工坊最受歡迎的品牌。

林淑莉認為原住民織藝的重要環節為「植物染」，她投入時間致力於染色技藝的開發，研製出的色票上百種並做記錄，並獲得原民會補助闢建一處戶外染色植物園區，栽植幾十種可供取色的植物，提供學員學習染色之用。

泰雅族的傳統織紋多以幾何形式表現，最常見的菱形織紋稱為祖靈之眼，代表著祖靈庇祐著族人和大地，護佑著你我之意。林淑莉將原住民菱形、幾何及花草等特色圖樣織布與文具、配飾

結合,開發出皮包、皮夾、文具用品及飾物等新產品,為原住民手工織藝開發了新市場。

泰雅媳婦林淑莉經營石壁染織工坊,致力傳承泰雅、賽夏族傳統編織技藝,培育原住民染布植物,並設立了 DIY 工藝教室、彩虹民宿等,列定為工藝之家,更創新研發新織布圖樣線條,要帶領現代織女織出臺灣人的布。[26]

林淑莉表示,石壁染織工坊獲選為 OTOP 的商家後,曾經有接受輔導特色產品的研發,後來因為獲選為苗栗縣國際觀光文化局的伴手禮,開始經營太陽有腳的品牌,也協助賽夏族的織布工藝復振。林淑莉也在工坊旁經營民宿及咖啡木屋。「彩虹民宿」每個房間均以工坊的染織品佈置出與泰雅生活相關的顏色主題:以薯榔染出的咖啡色與「狩獵」所獲毛皮顏色相同而命名的薯榔房;小米採收時的橙黃色系搭配「射日」傳說圖案進房門簾的小米房等。咖啡木屋可用餐交誼與教學講習場地。位於部落上方的自然農場也種植杉木林、甜柿、高冷蔬菜,提供住客賞景、散步、採果。「石壁染織工坊」,讓遊客充分體驗瞭解了泰雅族的文化及工藝融入生活之美。[27]林淑莉的石壁染織工坊是原民織布走向「體驗經濟」的代表。

---

[26] 資料來源:https://www.youtube.com/watch?v=6QvHXYaH-Ak。瀏覽日期:2017 年 12 月 21 日。「臺灣工藝之家」設置評選自 2004 年~2012 年,歷經五屆評選,目前全國計 143 位「臺灣工藝之家」,並授證且正式掛牌。

[27] 資料來源:http://theme.otop.tw/nanchuang/c06.htm。瀏覽日期:2017 年 12 月 21 日。

（四）、小結

從連美惠 Yuli、尤瑪‧達陸和林淑莉三家的織布工坊的發展歷程，可知 OTOP 對跟原住民族織布工坊的連結並不強，其中林淑莉參與 OTOP 織布品牌的發展歷程最久，她善用政府各部會的資源，穩健地做出泰雅族服飾的創新品牌。[28]

原住民族委員會自 2014 年起推動「原住民族產業發展四年計畫」，為鼓勵原住民族運用傳統經驗與智慧作為原住民族產業發展基礎，以「特色農業」、「文化創意產業」、「生態 旅遊產業」及「部落溫泉產 業」等四大主軸形塑產業示 範區，最後希望打造出 12 個台灣原鄉特色區域產業，織布工藝便在其中。[29]

肆、泰國三個織布村個案的田野調查

（一）、泰國 OTOP 中的織布村

經過整理泰國 OTOP 中的織布旅遊村一共有七個，整理如右表 3 所示：

---

[28] 2019 年 7 月 20 日電話訪談，確認其早期參與 OTOP 的經驗，林淑莉她認為苗栗縣政府的伴手禮品牌培育經驗最有幫助，她覺得奮鬥 20 多年最感欣慰的是女兒也學習織布，現就讀藝術相關科系，織布工坊傳承有望。

[29] 伊萬‧納威（2018）。〈原住民族的織布與產業發展〉。《原教界》，80 期，頁 6-7。

表 3：泰國 OTOP 中的織布村

序	村名
1	บ้านเริงกะพง จังหวัดกำแพงเพชร (2551) 甘烹碧府 冷嘎彭村　Roeng Kaphong , Khampangphet
2	บ้านนาตาโพ จังหวัดอุทัยธานี (2551) 烏泰他尼府 納達珀村 Uthai Thani
3	บ้านดอนหลวง จังหวัดลำพูน (2553) 南奔府 東隆村 Don Luang Village, Lum Phun
4	บ้านท่าสว่าง จังหวัดสุรินทร์ (2553) 素林府 塔斯罔村 Ban Tha Sawang Silk Weaving Village.
5	บ้านหนองอาบช้าง จังหวัดเชียงใหม่(2554) 清邁府 農塔昌村 Nong Arb Chang Weaving Group，Chiang Mai
6	บ้านนาต้นจั่น จังหวัดสุโขทัย 素可泰府 納東昌村織布組織 Na Ton Chan Weaving Group, Sukhothai
7	จังหวัดกาฬสินธุ์ 加拉信府帕村 Ban Phan Community, Kalasin

資料來源：根據泰國 OTOP 官網整理製表。根據科技部計畫和第五次和第六次東南亞飛行教室計畫，2017 年到 2019 年在泰國北部的織布村田野訪談，整理二個 OTOP 織布村中的經驗。

（二）、2018 年二個點的田野訪查經驗織布體驗經濟

根據 2019 年再次訪問該村時知道，Mae Raeng 鎮共有 11 個村，村子的編號是按照村的成立時間。東隆 (Don Luang)是第 7 村，在泰國佛曆 2549 年 (西元 2008 年) 得到 OTOP 獎項，該鎮各村的特色為手工藝品，以 5、7 村是織布，1、3、8 村是染布，其他的則是農產品。村莊編號源自於建村先後，其中第 5 村就是

農蒼村，第7村為東隆村。農蒼村是最早參加OTOP的織布村，東隆村堪稱北部最大的手工藝織布村。

第一、清邁府蘭奔市農塔昌織布組織 （Nong Arb Chang Webing Group）。在2018年寒假的第五次東南亞飛行教室計畫，來到農塔昌的織布組織，根據田野訪談，該組織是2000年時因為參與OTOP計畫而推動。農塔昌織布組織的織布特色是純天然的染織，而且是當地代代相傳的技藝與智慧。除了古法染織外，當地也陸續發展並衍生了不少的織布技藝，讓織布更精美、更多元、更生活化。農塔昌織布組織開放織布教學與體驗活動，分為1.5小時、3小時和6小時等三種課程，體驗費以鐘點計算。該組織從最基本的防線、染布、織布到最後的產品，讓體驗者一一參與體驗。到這裡可以學習與體驗外，進一步認識蘭納文化、當地織布者的技藝與歷代織布者的智慧，認識泰國政府如何發展社區產業並永續經營。

在此處的OTOP輔導團隊有特別安排大學教授協助建立染織的標準程序，防止染劑污染的排水設施，建立清楚的12道工法，並獲得國際綠色產業認證程序，協會負責人的孫女大學學習法語，將織線行銷法國和荷蘭等歐美國家。70歲老奶奶說經常有外國人直接到此下訂單。該次參訪學生體驗從挑棉花籽、染布到織布後感受織布的辛苦，展現購買力。[30] 經過2018年寒假實際操作體驗染布及國際化，2019年寒假再去拜訪該組織時，發現因為老奶奶生病，該組織已經暫時停止運作。根據2019年2月再次拜訪附近村子另一家已經百年歷史的織布工坊負責的老師時，她提

---

[30] 引自2018年02月04日田野調查資料。

到自己的工坊之前也參加過泰國 OTOP 計畫，後來發現 OTOP 會有聯合行銷計畫，在最後要結束展售活動時，曾經要求織布工坊降價促銷，她覺得這樣不合理，而且有的工坊沒有發展特色會走向模仿別人的路線，會讓產品沒有特色，就漸漸淡出 OTOP 的活動，只參與一些織布人才培育課程擔任講師。

　　第二、東隆村織布組織的體驗經濟。東隆村（บ้านดอนหลวง，Don Luang）是泰國北部著名的大型織布村，位於南奔（ลำพูน）府 Pasang（ป่าซาง）縣 Mae-Raeng（แม่แรง）鎮。東隆村的主要民族是傣族（Tai Yong），族人因為戰爭而從緬甸孟甬（Mong Yong）搬到蘭奔東隆村，為緬懷家鄉而自稱 Tai Young。東隆村約 800 人，50 歲以上人口佔一半，高齡人口也偏多，村內現在織布的婦女多是四十歲以上的家庭主婦。男性是協助的角色，以農務為主。男生參與是村委員會（統籌）的行政幹部。根據訪談擔任村長和村長助理有薪水，月薪分別是 8,000 泰銖和 5,000 泰銖，根據規定村長有意願可以做到 60 歲再退休，但是行政或觀光等事業仍是副業。

　　東隆村是泰國產業部文化創意產業計畫 CIV（Creative Industry Village）的一員。以織布學習資源中心為主軸對外開放，主要開放團體織布體驗與學習。從最基本的棉絮處理開始，直到最後打織布都可以在此體驗。全村村民幾乎從事織布、染布行業。婦女日所得約 300 元泰銖。由於與觀光旅遊結合，故東隆村內亦有社區經營的民宿、餐廳、咖啡館、伴手禮等等。[31]

---

[31] 2018 年 02 月 06 日田野調查。2019 年 2 月 11-13 日的田野訪談。感謝 2018 和 2019 年第五次和第六次東南亞飛行教室的同學田野調查與紀錄。

根據訪談東隆村以織布聞名，但當地的織品每家店的商品價錢不一，工坊間也無法合作。商品的尺寸也無法規格化，體驗經濟剛開始，有價錢競爭，尺寸的競爭，無法統一，各自找銷路，唯一共識是價格不低於成本。

在 2019 年寒假的田野訪談中，發現東隆村村長是該村走向 OTOP 織布旅遊村的青年返鄉關鍵人物，東隆村村長大學畢業後在工廠當技師，後到鎮公所當職員，過去村的發展中斷無法傳承，村長以自己的創意去幫助村落復甦經濟。村長上任後最大的改變是，村長在他任職的六年內，把織布村的商店從 10 家變成 90 家，在村長的努力下，40 歲以上的人有明顯回流。村長提到為了保持中立，村長將自己的棉布產業收掉，得到村民的信任。村長平日務農外，主要幫織布村申請計畫、村子管理、接待外賓。他不斷向村民店家說明布商店能帶來工作機會及經濟收入，例如讓村民知道現在有在營業的店家收入豐厚，顯示家庭產業可以增加額外收入，栽培小孩子讀書，當地村民也很認同這個概念，開始鼓勵孩子回村保留傳統文化，復興織布的語言文化，並策畫讓家家戶戶能在家後院織布，在前店內展示。

村里的人力凝聚力夠後，開始結合政府資源、基金會、大學合作，建立平台，讓村民受訓，把織布花紋多元化，並將織布從原本的家用，隨著圖騰逐漸變多，在用途多元化後，轉換成商業目的，在織布的圖樣上發展創新及多樣的用途。村長也跟村民討論希望能脫離各自在屋前展售的模式，變成設立一個大型的展示中心。除了織布街，也要建立商店街，提供餐飲等相關商店。目前織布村內飲食店不足，若能有多元開業，如此能增加工作機會，讓更多年輕人回流。

東隆村目前開店的店家本村人跟非本村人各佔一半，產品的製作與銷售主要為當地人製作與客製化。這 90 家店已經形成管理委員會，商店協會的主任委員不是這裡的人，是租店營運。店家70%的產品都相似，主要以賣織布布料為主，有些是創新品牌及產品，跟鎮內其他織布村有競爭亦有合作調貨及培訓人員等。目前村里的店家是各自經營管理，委員會並沒有進入協助，營利收入會贊助村的基金，以供村子推廣、宣傳織布村的活動。東隆織布村的客源目前 99.99%是國內觀光客，其中 80% 是公家機關人員。東隆村每年四月第一個星期五會辦年度的活動。結合各種產業，手工藝品、傳統文化、傳統舞蹈，在每一戶家前面有展覽，會有外地遊客慕名而來。每年遊客量有增加，顯示復古潮流興盛。

東隆村在泰國佛曆 2549 年（西元 2005 年）得到泰國 OTOP獎項，成為重要推廣村落，從傳統轉為現代 OTOP 雖是由政府推動但主要還是由地方自治為主，鎮公所扮演著地方與中央的橋樑。以村民為主來推動織布村發展，不干涉織品定價由村民自己訂，扮演協助的角色。

經過二次的田野訪談，發現東隆村的體驗經濟發展成熟，且有堅強的婦女會組織，東隆村的婦女會受政府指導加入 OTOP。為了落實 OTOP 政策國家內政部針對全國村鎮府不同層級成立婦女會，帶動地方經濟。同時婦女會也有成立婦女就業基金會，限定只有婦女能申請這些補助。當地婦女們可以團體提計畫申請，也可個人申請。申請上後收入的 10%要放入基金會，維持基金會的營運。

經由村長和鎮公所的承辦人員的訪談得知，織布經濟的主力為婦女會，婦女會是將東隆村分成 5 個小區塊，每區塊選一位代

表婦女當委員，委員在該區成立婦女小組，婦女會有會長、副會長、財政。每當有觀光團體前來，村長就會安排每一區派一些人輪流來做展演，帶領我們參加體驗的各種織布程序。

東隆村的 OTOP 織布村體驗經濟發展很成熟，針對旅遊方面的合作制度，鎮公所以下分村管理委員會，有產品銷路部門、家庭主婦部門、美食部門、工坊部門。負責外賓接待等工作。在東隆村中，2019 年開放民宿（home stay）的有 7 家，第一次入住的客人會由婦女會按順序分配至 7 家民宿的其中之一家，第二次遊客便可以自己指定。

比較特別的是 2019 年寒假的田野訪談發現，因為師生有在織布村 home stay，並做體驗經濟的安排，認識當地鎮公所非常認真的 Sumit 先生，他特別協助陪同二天的行程安排，他是南奔府鎮公所社會福利部的組長級人員，現年 41 歲，他是住南奔府最外圍的縣，家鄉種田。他是清邁師範學校畢業，過去曾在北部克倫族的地區當過三年三個月的老師，後來因合約到期成為鎮公所的社會福利部門人員，他負責相關醫療、職業、就業、社會救濟、社區發展等事務，全部是他負責管理，此鎮 11 個村，其中 1、3、8 村是染布，5、7 村是織布，其他則是棉布或農產品等等。因為織布村體驗經濟才剛開始，Sumit 先生希望能讓村民自主決定，因此他盡量不干涉村民對於產品的定價，根據他的觀察此鎮第 5 村為農葱村，有比較多資深的公務員，因此他們比較自立自強，鎮公所官員較不會介入。相反的，因東隆村人口組成多為農民，學術方面較弱，故需要幫助，鎮公所有自己的經費可以去規劃活動，再上頭的府跟縣只負責輔導與制訂大方向。鎮公所就是擔任地方跟中央 OTOP 政策的橋樑，不干涉村內事物，主要負責訂單接洽，

和將村民提供的體驗活動變為流程化等，東隆村的村民對體驗活動較保守且生澀，所以需要鎮公所公務員從中協助幫忙。Sumit先生說因為東隆村民宿（home stay）才剛起步，2019 年寒假的師生一行到東隆村田野調查，民宿還特別設計問卷讓我們填寫滿意度，以供後續改進的參考。這個村莊果然是用心經營的 OTOP 織布村。

第三、以織布展售為主的五族文化村。位於清萊府美發弄縣，約距離曼谷830 公里處，該村沒有正式的名稱，由於有五個民族居於此，故稱為五族文化村。五族文化村是清萊府因應政府推廣的生態旅遊，而成立的農業生態經濟村，村莊的民族聚居的規格很完整，可說是大型民族文化展示園區，每個民族都將自己最有特色的文化展示出來，讓遊客如同穿越民族文化聚落一般，到不同的時空，感受各民族的文化。

目前村子裡大多是老人和婦女小孩居住其間，其中從北部緬甸邊境移居到此的長頸族小女孩中輟未就學，以織布維生，呈現在文化村現場手工織布的展售模式[32]。每塊手工織布的售價大約是 150 元泰株，通常都是觀光客的最佳伴手禮。

以上是泰國北部三個織布村的不同樣貌，其中兩個參與泰國OTOP 計畫的織布村，農塔昌村的織染體驗程序工法最為完整，而東隆村的織布組織，讓婦女會分工來做賓客的接待與解說織布程序，是全村動員參與的體驗經濟模式，而地處偏遠的五族文化村是以農業生態經濟園區模式展演的文化村。

---

[32] 引自 2018 年 02 月 05 日田野訪談資料。

伍、台泰 OTOP 的發展現況比較

本論文研究發現，台灣 OTOP 目前是由經濟部中小企業局委外經營，缺乏上位的跨部門整合推動。例如原住民族編織產業的資源分散在經濟部、文化部、原民會等不同的部會。泰國 OTOP 對織布產業比較重視，因為 1997 年亞洲金融風暴原因，泰國政府部門投入的配套整合度比台灣多，OTOP 由社區發展署推動，有參照皇家農場計畫的推動，結合 TCDC 等的創意推動。其中曼谷泰國創意中心 TCDC 是泰國最大的創意中心，不只讓國內外設計師作品有更多機會曝光，更讓設計不再僅是出現在書中，而是真實可感，締造材料商、設計師、品牌生產三方的合作鏈結，打開在地設計品牌的發展契機。其中泰國 TCDC 清邁館主要是為了輔導泰國北部的設計師、藝術家、大學生、或是對文創感興趣的人民，根據自身的優勢，使用在地的材料，結合現代的科技，凸顯自身的獨特優點，提昇產品的經濟價值[33][34]。 詩麗吉皇后手工藝中心（SACICT，the SUPPORT Arts and Crafts International Centre of Thailand）可說是泰國 OTOP 的前身，因為皇家計畫有免費手工藝培訓。園區內泰國各項手工藝的教學區，體驗區、展售區，內部亦設有博物館。體驗課程請關注官方咨詢，要事先報名。SACICT (the SUPPORT Arts and Crafts International Centre of

---

[33] 王雅萍、林秀鈴、林冠瑾 等 (2018)。《2018 東南亞飛行教室(5)認識蘭納文化：泰國北部博物館和民族文化村田野調查》。台北市：國立政治大學國際合作處。

[34] 王雅萍、林冠瑾 (2019)。《2019 東南亞飛行教室(6)泰北博物館和織布村體驗與田野調查》。台北市：國立政治大學國際合作處。

Thailand）手工藝展售中心，位於詩麗吉皇后手工藝中心旁，很重視國際化的推廣 。

　　整體而言，台灣和泰國的 OTOP 有以下的差別：

(1)泰國的 OTOP 的概念在地方級層級政府的落實行銷比台灣重視，泰國已經有整合的 OTOP 販售點，台灣的 OTOP 採個別商家的輔導模式，缺乏地方層級的行銷動員。

(2)台泰兩國的體驗經濟都在 2017 年後剛剛起步，織布村的工坊都面臨需跟國際連結。2019 年 2 月在北部清邁附近的東隆村，該村已經是全國最有名的織布村，訪談時發現該縣市的承辦人員和村長都致力於行銷織布。在帶學生第一次到當地民宿時，的確還在規劃國際連結。該鄉的體驗行程是由鄉公所設計好遊程，當國際聯絡窗口，以鎮公所協助村民展現國際連結的決心，朝向泰國的 OTOP 願景第三期邁進。

　　經過實地的田野訪談與比較，台泰兩國未來在 OTOP 織布產業文化藝術經營、行銷管理、人才培訓、展示詮釋、體驗經濟等可以在傳統工藝商業化模式，跨文化、跨族群、跨領域、跨地域的比較研究與合作推動。

參考文獻

一、中文

中央研究院民族學研究所編譯（2011）。高砂族調查書：蕃社概況（臺灣總督府警務局理蕃課）。臺北：中央研究院民族學研究所。

尤瑪・達陸、方鈞瑋主編（2016）。大安溪流域泰雅族織布技法書：初階版。臺東：國立臺灣史前文化博物館。

方鈞瑋（2008）。重視祖先的盛裝─記史前館泰雅族傳統服飾及相關器物重製蒐藏計畫。刊於重現泰雅─泛泰雅傳統服飾重製圖錄。臺東：國立臺灣史前文化博物館。

王雅萍、林秀鈴、林冠瑾等 (2018)。2018 東南亞飛行教室(5)認識蘭納文化：泰國北部博物館和民族文化村田野調查。台北市:國立政治大學國際合作處。

王雅萍、林冠瑾 (2019)。2019 東南亞飛行教室(6)泰北博物館和織布村體驗與田野調查。台北市:國立政治大學國際合作處。

伊萬・納威（2018）。原住民族的織布與產業發展。原教界，80期，頁 6-7。

佐山融吉（1917）。蕃族調查報告書第四卷紗績族。臺北：臨時臺灣舊慣調查會。

李季順（2003）。走過彩虹。花蓮：太魯閣文化工作坊。

林美珠、羅慧明（2006）。95 年度社區文化產業振興考察計畫～日本大分縣 OVOP 國際研討會暨地方特色產業觀摩。行政院文化建設委員會。

邱思怡（2013）。泰雅族大嵙崁群織布工藝美學研究。花蓮：國立東華大學藝術創業產業學系。

胡家瑜（2012）。離散的收藏與拼接的記憶－從臺灣原住民藏品資料跨國連結的二個例子談起。博物館與文化，3 期，頁 3-28。

孫大川（2006）。秀林鄉志。花蓮：秀林鄉公所。

高秀玉（2014）。泰雅織布一片天－野桐工坊：尤瑪・達陸。原教界，58 期，頁 68-71。

張淵鈞（2014）。日本 OVOP 運動與台灣客家地方特色產業的比較分析:協力角色觀點。桃園市中壢：中央大學客家政治經濟研究所學位論文。

陳怡方（2016）。無形文化遺產與地方社會：以傳統手工藝為核心的探討。文化資產保存學刊，36，頁 7-34。

陳尚懋（2011）。〈泰國文化創意產業的政治經濟分析〉。亞太研究論壇，54 期，頁 1-28。

曾秀英總編輯（2017）。穿梭經緯的靈魂符碼：太魯閣族五大圖織技法工具書。花蓮縣秀林鄉：花蓮縣秀林鄉公所。

森丑之助（1917）。臺灣蕃族誌。臺北：臨時臺灣舊慣調查會。

葉美珍總編輯（2001）。原住民織品及釋品圖錄。臺東：國立臺灣史前文化博物館。

二、英文

Chinghsiu, Lin (2010). *Women and land privatization, gender relations, and social change in Truku society, Taiwan.* Ph.D. Thesis. Department of Social Anthropology, University of Edinburgh.

Chinghsiu, Lin (2011). "The Circulation of Labour and Money: Symbolic Meanings of Monetary Kinship Practices in Contemporary Truku Society, Taiwan." New Proposals：*Journal of Marxism and Interdisciplinary Inquiry*, 5(1), 27 - 44.

Hiroshi MURAYAMA and Kyungmi SON (2016). "Understanding the OVOP Movement in Japan An Evaluation of Regional One-Product Activities for Future World Expansion of the OVOP/OTOP Policy." Understanding the OVOP movement in Japan. Chapter 14, 191-208.

Kwang-ok, Kim (1980). *The Taruko and Their Belief System.* Ph.D. Dissertation, Oxford University.

Sharon MacDonald (1997). *Reimagining Culture: Histories, Identities and the Gaelic Renaissance.* Oxford: Berg Publishers.

Toren, C. & Pauwels, S. (ed.s). (2015). Pigs for money: Kinship and the monetisation of exchange among the Truku. In Living Kinship in the Pacific, pp.36-59 .

แนวทางของแผนพัฒนาหมู่บ้าน OTOP เพื่อการท่องเที่ยว（OTOP Village) บนเส้นทางท่องเที่ยววิถีชีวิตลุ่มแม่น ้ำโขงhttp://www.nfc.or.th/wp-content/uploads/download-manager-files/seminar-60-016.pdf

โครงการส่งเสริมการผลิตที่เป็นมิตรกับสิ่งแวดล้อม กลมส่งเสริมคุณภาพสิ่งแวดล้อม กระทรวงทรัพยากรธรรมชาติและสิ่งแวดล้อม（環境與自然資源部，環境質量促進司，友善環境生產促進計劃）.(2560)(2018).ศูนย์เรียนรู้ผ้าทอที่เป็นมิตรกับสิ่งแวดล้อม กลุ่มวิสาหกิจชุมชนทอผ้าบ้านหนองอาบช้าง（農塔昌織布村社區產業，友善環境織布學習中心）.

บ้านดอนหลวง（東隆村）.[ม.ป.ป.]（無顯示日期).นำชมบ้านดอนหลวง（東隆村導覽）.[ม.ป.ท.]（無顯示出版地）.

蒲美蓬時代泰國高等教育國際化的發展

林君燁

國立暨南國際大學東南亞學系博士班博士生

【摘要】

在高等教育全球化的時代,當選擇至國外留學,歐美國家往往讓人趨之若鶩,除了歐美國家教育品質、學校國際排名等因素之外,當地的生活環境、條件、未來就業福利以及先進的體系、制度等都是考量要件,因此歐美學校在發展國際化上往往還是比較優於其他亞洲國家,國際化也被視為一種全球競爭力的象徵。

在面臨這樣的競爭之下,許多區域經貿區紛紛建立起合作架構,東南亞國協自 1967 年於曼谷成立後,愈來愈多東南亞國家加入,而形成目前的東協十國,該區域人口眾多,發展具有潛力,近幾年來經濟慢慢崛起,在市場開放及大量外國投資之下,這些外力因素都使得其教育品質提升,許多東南亞國家的高等教育也開始發展國際化,歐美名校紛紛於此設立分校,因此東南亞國家一些大都市其國際化發展已經具有一定的規模程度,早期將歐美留學視為第一考量國家的觀念也開始轉變,為了開拓東協商機,

許多人轉而選擇至東南亞留學，藉此開拓人脈，學成後留在當地發展。

　　泰國高等教育因為其地理位置因素，以及許多國際組織設立，使其國際化程度快速發展，泰王蒲美蓬在位期間，於 1999 年頒布了「國家教育法案」開始了全面性的教育改革，除了積極與全球進行國際交流外，也成立迎合市場導向科系、提供英語授課課程、學費低廉等優點，來吸引許多學生留泰；然而反之卻也面臨了一連串的困境，師生素質及英文能力參差不齊、學校出現財務狀況、註冊率降低、面臨國外名校競爭及線上課程的普及性等，都是泰國高等教育未來國際化發展要思考如何因應的難題。

關鍵詞：東南亞、泰國、蒲美蓬、高等教育、國際化

壹、前言

　　高等教育國際化其中一目的便是，於該國就讀的留學生所繳納之費用能夠刺激當地經濟發展，此種「留學經濟」不僅為國家帶來龐大的經濟效益，為面臨倒閉的學校帶來一線生機，也可能因而發展出更多的就業機會，學校與國際間的交流更能培育當地學子具有國際競爭力，以面對這瞬息萬變的全球市場。

　　根據統計，泰國於 2002 年國內的國際學生僅有 4,000 名，然而自 2003 年至 2011 年間的泰國國內國際學生人數成長，從 4,170 人增加到 20,309 人，漲幅了百分之 400。[1]阮韶強[2]在針對泰國高等教育的國際化進程中分析指出，泰國高等教育發展呈現出「管理理念國際化」、「課程國際化」、「教學手段國際化」和「人才培養國際化」此四項特色，因而使得泰國教育發展成績斐然。而近幾年來，台灣高等教育為因應政府推動之新南向政策，積極發展國際化，高等教育輸出東南亞，以招攬更多東協國家學生來台就學，彌補國內少子化及社會高齡化的衝擊。因此，藉由探討泰國高等教育國際化發展進程，可為本國的大專校院發展策略提供借鏡。

　　泰國在發展高等教育國際化有其兩大優勢：泰國是旅遊以及貿易大國，首都曼谷為國際化程度高之都市，於東南亞地位突出；另一方面，許多國際組織和地區性組織都將其組織中心設立於曼

---

[1]　Jaroensubphayanont, Narin. 2014. "The International Student Policy in Thailand and Its Implications on the 2015 ASEAN Economic Community." Paper presented at Southeast Asian Studies in Asia from Multidisciplinary Perspective International Conference, 2014 March, Kunming, China.

[2]　阮韶強，2009，〈泰國高等教育的國際化進程〉，《東南亞縱橫》，12：14-18。

谷[3]，然即使經過了長時間的改革後，泰國教育已發展出自己的特色，但在這過程及國際化下，也帶來一些後續性的問題，例如社會文化及政治問題、學校的行政服務、財政狀況、預算規劃及管理、教育資源的檢視及分配、教師管理和上課方式等[4]。因此，在談論泰國教育發展之外，也將探討其缺陷與不足，也可藉由此問題的發現，引以為鑑，對於改善台灣高等教育國際化發展上，避免重蹈覆轍。

貳、國際化定義

在探討泰國高等教育國際化發展此議題之前，首先須了解，何謂「國際化」？許多人將國際化與全球化混為一談，Philip G. Altbach和Jane Knight[5]將這兩個名詞做了一個區別性的定義，他們認為國際化與全球化雖然相關，但不盡相同，全球化是21世紀下的經濟脈絡與學術趨勢，然而國際化是在學術系統下無論是學術組織或單位所制定出的政策與實踐方式，以因應全球發展的學術環境；Zha Qiang[6]認為，高等教育國際化是一個國家對應全球化影響下的發展趨勢，但其含意複雜且豐富，而國際化的關鍵在於

---

[3] 董紅，2009，〈全球化背景下的泰國高等教育改革特點初探〉，《成都大學學報》，23 (1)：22-24。

[4] Ludpa, Yuvares. 2016. "Corrupt problems in the Thai education system." *APHEIT Journal* 5(1): 66-76.

[5] Altbach G, Philip & Knight, Jane. 2007. "The Internationalization of Higher Education: Motivations and Realities." Journal of Studies in International Education 11(3/4): 290-305.

[6] Qiang, Zha. 2003. "Internationalization of Higher Education: towards a conceptual framework." *Policy Futures in Education* 1: 248-270.

國與國之間的概念與文化認同，所以民族認同和文化對於高等教育國際化來說是很重要的。

但為何高等教育需要發展國際化呢？除了因應不斷變化的全球的趨勢之外，由於「全球互聯城市中心網路的擴大、經濟活動向新興經濟體轉移、世界中產階級的重新分配、職業兩極化和技術發展等這些關於全球發展的預測，加速構成了一個日新月異的環境」[78]，因此高等教育必須發展國際化，以培養具備跨文化能力、具有國際思維之人才，以便能在世界中立足。此外，若發展高等教育的國際化，那麼則牽涉了大學的三大核心功能：教學、研究及服務[9]，Milena Benitez[10]也同樣指出，在全球化之下，高等教育將國際實踐融入了教學和學習過程、研究、以及行政中，且這是全球高等教育環境發展的結果。

而發展國際化的過程仍然有些迷思，楊正誠在評論Jane Knight教授於2008年出版的《紛亂中的高等教育：改變中的世界的國際化》（Higher Education in Turmoil: The Changing World of Internationalization）一書中也指出，發展高等教育國際化常被連結成全英授課或是招收國際學生如此簡化的理念，當然也不僅只是和國際排名有關，「高等教育的國際化是一範圍遼闊、策略多元、

7　Coelen, Robert. 2015. "Why Internationalize Education?" *International Higher Education* 9(1): 4-5.

8　劉念才，2016，〈為何要教育國際化〉，《國際高等教育》，9 (1)：4-5。

9　Ergin, Hakan., Wit de, Hans., and Leask, Betty. 2019. "Forced Internationalization of Higher Education: An Emerging Phenomenon." *International Higher Education,* 97: 9-10.

10　Benitez, Milena. 2019. "How is Academic Culture Influenced by Internationalization?" *International Higher Education,* 97: 10-11.

活動繽紛、影響深遠、層級分明的概念」[11]；Gabriel Hawawini [12]也統整了高等教育國際化下會面臨的阻礙與代價，像是教職員缺乏對國際化的關注（可能覺得國際化事不關己）、國際化可能會使學校名譽下降（例如學校開設的境外專班課程其品質與國內課程標準不一）、國際化策略太冒險及花費過高（國際化不只在財務上的花費，還有時間成本的花費，例如為了尋找姊妹校而花費的時間，即使在締結姊妹校之後，還要花很長的時間去經營）、來自國外校友的資助較少。

參、國際化發展優勢

泰國首都國際化程度高，又許多國際組織中心設於曼谷，因此在探討泰國的高等教育國際化發展則可得知，「盡管泰國並不是一個具有學術傳統和科技實力的社會，但開展高等教育地區化、國際化也確有它的優勢所在」[13]。泰國因其社會經濟發展快速，其高等教育國際化水準提升，因此有愈來愈多研究學者關注其中，而歐陽常青和孟竹[14]在泰國高等教育三十年研究主題之分析》

---

[11] 楊正誠，2018，〈高等教育國際化的概念框架與策略發展：評《紛亂中的高等教育：改變中的世界的國際化》一書〉，《當代教育研究季刊》，26(1)：115-127。

[12] Hawawini, Gabriel. 2011. "The Internationalization of Higher Education Institutions: A Critical Review and a Radical Proposal." INSEAD Working Paper No. 2011/112/FIN. Available at SSRN: https://ssrn.com/abstract=1954697 or http://dx.doi.org/10.2139/ssrn.1954697

[13] 詹春燕，2008，〈走向國際化的泰國高等教育〉，《江蘇高教》，3：145-147。

[14] 歐陽常青、孟竹，2013，〈泰國高等教育三十年研究主題之分析〉，《牡丹江大學學報》，22 (3)：133-136。

一文中除了呈現泰國高等教育發展歷史外，還提出泰國高等教育的三個特性：早期泰國教育以外圍性觀察並伴隨宏觀性探索、泰國政府重視高等教育發展對國內利益的促進、泰國高等教育國際化服從與服務於本土化，其中針對泰國高等教育國際化特點認為：

> 泰國強調高等教育的國際化發展以培養國際化人才，以向外展示其國際地位和形象，同時更加重視借助於高等教育國際化，促進高等教育的內在發展，為泰國的政治經濟文化發展服務。[15]

　　董紅[16]則認為泰國高等教育國際化程度高是因為其國際合作交流頻繁，課程方面不僅重視英語教學，其教育導向還與市場結合，並提高國際競爭力，這些改革的特點都是泰國作為應對全球化的發展而初步採用的措施。曹甜甜與秦桂芬[17]也認為泰國是在全球化的發展之下走向高等教育的大眾化，而國際化則是符合大眾化的要求，除了與董紅一樣提出類似的國際化特點外，泰國政府所頒布的完善政策法規不只保障其對內與對外的質量，也提供教育國際化發展的有力支撐；王蘭[18]也呼應了董紅所述之泰國高等教育與市場結合這特點，她發現泰國在進行高等教育國際化過

---

[15] 歐陽常青、孟竹，2013，〈泰國高等教育三十年研究主題之分析〉，《牡丹江大學學報》，22 (3)：133-136。

[16] 董紅，2009，〈全球化背景下的泰國高等教育改革特點初探〉，《成都大學學報》，23 (1)：22-24。

[17] 曹甜甜、秦桂芬，2017，〈泰國高等教育國際化現狀研究〉，《雲南農業大學學報》，11 (1)：109-113。

[18] 王蘭，2013，〈東南亞高等教育國際化進程研究-以老撾、越南、泰國為例〉，《前沿》，18：15-17。

程中與國際市場緊密連結，不僅借鏡歐美高質量的教育資源，同時也加強亞洲地區的教育輸出，另泰國除了學費低廉外，其課程可續轉讀歐美學校也吸引了大批的亞洲學生，還有一些在泰國的國際學校甚至針對市場推出特色課程，吸引世界各地的留學生就讀。

肆、與台灣新南向政策之對接

　　泰國的高等教育國際化自蒲美蓬時代發展至今，而台灣高等教育則在馬前總統於 2011 年指示下，將臺灣高等教育輸出為我國重要產業[19]，而高教輸出首要目標在東南亞，誓言打造臺灣成為東亞高等教育中心；到了蔡英文政府推出新南向政策後，各大專院校積極向東南亞招募來台留學生，東南亞的僑外生人數在 107 年度總人數中佔了 30,825 人，其中泰國僑外學位生數達 955 人（非學位生人數亦有 2,281 位）[20]，為東南亞留學生總人數排名位居第四[21]。此外，由教育部指導，委託國內大學校院於東南亞設立之台灣教育中心因此紛紛成立，以提供有意前來台灣留學學生諮詢服務、在當地辦理台灣教育展及各項宣傳活動、開設語言課程並辦理語言檢定測驗……等，以協助國內大學於東南亞各國發展國

---

[19] 馬英九前總統於 2011 年元月在「中華民國 100 年全國大學校長會議」中揭示。（陳佩修，2011）。

[20] 根據教育部國際及兩岸教育司「107 學年度東南亞國家在臺大專校院正式修讀學位學生分布一覽表」。

[21] 根據教育部國際及兩岸教育司「各學年度東協南亞紐澳學生在臺大專校院留學研習人數統計表」，前五大生源來源國分別是：馬來西亞、越南、印尼、泰國、緬甸。

際合作關係與招生，而目前設置於泰國的台灣教育中心總部則位於曼谷，另有清邁（Chiang Mai）以及呵叻（Nakhon Ratchasima）兩處的分區辦公室，除台教中心外，於泰國另有兩個人才培育機構——台灣連結及區域經貿文化及產學資源中心。然而，雖然臺灣對新南向國家的人才培育之努力不遺餘力，但在相關人才培育機構的運作上可能落入多頭馬車的窘境。[22]

　　而台灣大專院校也多有與泰國高等教育機構有所交流，除了雙邊簽署合作備忘錄外，亦有多項的實質合作，例如：雙聯學制、產學專班、青年技術訓練班等，皆有不錯的成績；而在蒲美蓬時代結束後，因應而來的是「泰國4.0」政策，以培育泰國未來具有競爭力之人才，而台灣高等教育的發展品質及研發能量亦受到國際上的肯定，近年來在新南向政策的大力推動下，台灣政府或是大專校院提供多項獎學金優惠，讓更多泰國學子能夠赴台學習，而根據駐泰國台北經濟文化辦事處做的調查更是發現，台灣共有30所大學、702個系所可協助培養泰國4.0所需要的產業類別的人才。此外，泰國教育部技職教育署（Office of the Vocational Education Commission, OVEC）高階官員更於2018年曾組團來台，參加技職教育方面的培訓課程，這也是泰國首度有高階官員組團來台研習，可見台灣的高教資源對泰國的人才培育能有一定建設性的貢獻。在泰國4.0與台灣的新南向政策對接下，可以期盼泰國高等教育的國際化能有更多元的發展。

---

22 徐遵慈、李明勳，2018，〈我國新南向政策的執行成果與未來展望〉，《經濟前瞻》，176：9-18。

伍、國際化缺失與改革趨勢

　　泰國高等教育發展過程中，仍然有一些問題產生以及未來要面對的挑戰，Bella Llego[23]指出，泰國高等教育國際化的弱點在於其英語能力不足、學校財務狀況、資源分配不適當、教育設施不足、以及學生與老師素質參差不齊，這些因素都會影響泰國高等教育品牌及聲譽，而導致留泰學生人數下降；姜雪梅和徐艷平[24]也指出，泰國為發展國際化教育，一些傳統大學爭相模仿外國學校模式，從學科設置、課程安排到辦學方向等，造成與社會發展水平的脫節，且為擴大發展規模及強調高等教育的平等，反而失去其特色，而造成大學畢業生失業率愈來愈嚴重，畢業生過剩的問題也未獲得根本性的解決；另一項 Ulrich Werner[25]研究則顯示，泰國所面臨的一個重大挑戰便是快速老化的人口，接受高等教育的年輕人減少，學校因少子化而造成註冊率降低，另一方面還要繼續面臨國際競爭，愈來愈多外國學校在泰國政府准許下於泰國設立分校，國際知名學府不斷提供線上學位課程，種種因素導致泰國高等教育恐怕需要進行改革與創新。

　　泰國高等教育因社會的變遷也同樣面臨了許多挑戰與改革，泰國政府在 1997 年經濟危機後開始進行一連串的改革，黃建如、

[23] Llego, Bella. 2014. "ASEAN Citizenship in the Internationalization of Thai Higher Education." *International Journal of Economics and Management Engineering*, 8 (6): 1872-1877.

[24] 姜雪梅、徐艷萍，2010，〈淺論泰國高等教育發展的現狀、特色及問題〉，《菏澤學院學報》，36 (6)：95-97。

[25] Werner, Ulrich. 2017. "Experiences from international Thai Higher Education." Unpublished research proposal.

盧美麗[26]整理出泰國政府對於改革的對策，包含了教育法規的修訂、行政管理的改革、學歷與學位的管理、以及教育質量的管理。泰國經歷了國內的教育改革，到推動高等教育國際化，無不是要讓泰國高等教育在國際社會獲得更多的關注與認可，因此，1997年即是泰國國家教育新時期的開始，泰國國家教育也開始朝著以1997年憲法中有關教育的條款為基礎的方向發展。[27]

陸、總結

泰國高等教育因為其地理位置因素其國際化程度快速發展，且國內又有許多國際組織，成為發展高等教育國際化的優勢，而成立迎合市場導向科系、提供英語授課課程、積極進行國際交流及學費低廉等優點，吸引許多學生留學泰國，而政府重視高等教育品質，因而「制定頒發完善的高等教育政策法規，為高等教育國際化提供可循之章，同時建全內外質量監督保障體系，為高等教育國際化的發展提供強有力的支撐。」[28]；然而反之卻也面臨了一連串的困境，師生素質及英文能力參差不齊、學校出現財務狀況、註冊率降低、面臨國外名校競爭，以及線上課程的普及性等，都是泰國高等教育未來國際化發展要思考如何因應的難題。隨著蒲美蓬時代的結束，泰國教育未來的發展是否能因應「泰國

---

[26] 黃建如、盧美麗，2009，〈泰國高等教育管理中的政府行為〉，《東南亞縱橫》，第7期，頁43-46。

[27] 朱衛華，2002，〈泰國高等教育發展歷史研究〉，《雲南師範大學學報》，34：392-395。

[28] 曹甜甜、秦桂芬，2017，〈泰國高等教育國際化現狀研究〉，《雲南農業大學學報》，11(1)：109-113。

4.0」培育出真正符合國家需求的新世代人才，則尚有待觀察。

此外，藉由泰國高等教育發展的經驗，來反思我國的高等教育國際化發展，國內許多大專校院多紛紛成立英語授課學程，然與泰國相似之處，老師因需英語授課而使課堂品質打折，國內學生也因此無法理解授課內容。此外，為發展國際化而紛紛成立相關行政單位，例如國際處、國際及兩岸合作處，然其他行政單位卻不把國際化當成全體目標來努力，這也是在發展國際化的過程中所遭遇的阻礙。

根據教育部國際及兩岸教育司統計，來台正式修讀學位的國際學生人數在 98 年度（2008 年）的 20,676 人到 107 年度（2018 年）已經高達 52,964 人，雖然十年內成長了兩倍以上，但近來許多學校的國際化亂象事件頻傳，也使台灣高等教育蒙上一層陰影；而在國際交流方面，也常常在與國外友校締結姊妹校後卻沒有實際的互動。因此，姊妹校關係往往只是在於形式上，卻沒有實質的意義，實在可惜。因此藉由泰國經驗來探討臺灣高等教育發展之缺失並改善，可為重要的課題之一。

參考文獻

一、中文

王蘭（2013）。〈東南亞高等教育國際化進程研究-以老撾、越南、泰國為例〉，《前沿》，第 18 期，頁 15-17。

朱衛華（2002）。〈泰國高等教育發展歷史研究〉，《雲南師範大學學報》，第 34 卷，頁 392-395。

阮韶強（2009）。〈泰國高等教育的國際化進程〉，《東南亞縱橫》，第 12 期，頁 14-18。

姜雪梅、徐艷萍（2010）。〈淺論泰國高等教育發展的現狀、特色及問題〉，《菏澤學院學報》，第 36 卷第 6 期，頁 95-97。

曹甜甜、秦桂芬（2017）。〈泰國高等教育國際化現狀研究〉，《雲南農業大學學報》，第11卷，第1期，頁109-113。

黃建如、盧美麗（2009）。〈泰國高等教育管理中的政府行為〉，《東南亞縱橫》，第7期，頁43-46。

楊正誠（2018）。〈高等教育國際化的概念框架與策略發展：評《紛亂中的高等教育：改變中的世界的國際化》一書〉，《當代教育研究季刊》，第 26 卷，第 1 期，頁 115-127。

董紅（2009）。〈全球化背景下的泰國高等教育改革特點初探〉，《成都大學學報》，第 23 卷第 1 期，頁 22-24。

詹春燕（2008）。〈走向國際化的泰國高等教育〉，《江蘇高教》，第 3 期，頁 145-147。

劉念才（2016）。〈為何要教育國際化〉，《國際高等教育》，第 9 卷，第 1 期，頁 4-5。

歐陽常青、孟竹（2013）。〈泰國高等教育三十年研究主題之分析〉，《牡丹江大學學報》，第 22 卷，第 3 期，頁 133-136。

二、英文

Altbach G., Philip & Knight, Jane. 2007. "The Internationalization of Higher Education: Motivations and Realities." *Journal of Studies in International Education,* 11(3/4): 290-305.

Benitez, Milena. 2019. "How is Academic Culture Influenced by Internationalization?" *International Higher Education,* 97: 10-11.

Coelen, Robert. 2015. "Why Internationalize Education?" *International Higher Education,* 9 (1): 4-5.

Ergin, Hakan., Wit de, Hans., & Leask, Betty. 2019. "Forced Internationalization of Higher Education: An Emerging Phenomenon." *International Higher Education*, 97: 9-10.

Hawawini, Gabriel. 2011. "The Internationalization of Higher Education Institutions: A Critical Review and a Radical Proposal." INSEAD Working Paper No. 2011/112/FIN. Available at SSRN: https://ssrn.com/abstract=1954697 or http://dx.doi.org/10.2139/ssrn.1954697

Jaroensubphayanont, Narin. 2014. "The International Student Policy in Thailand and Its Implications on the 2015 ASEAN Economic Community." Paper presented at Southeast Asian Studies in Asia from Multidisciplinary Perspective International Conference,

2014 March, Kunming, China.

Llego, Bella. 2014. "ASEAN Citizenship in the Internationalization of Thai Higher Education." *International Journal of Economics and Management Engineering,* 8 (6): 1872-1877.

Ludpa, Yuvares. 2016. "Corrupt problems in the Thai education system." *APHEIT Journal,* 5 (1): 66-76.

Qiang, Zha. 2003. "Internationalization of Higher Education: towards a conceptual framework." *Policy Futures in Education* 1: 248-270.

Werner, Ulrich. 2017. "Experiences from international Thai Higher Education." Unpublished research proposal.

泰國媒介體制中的「王室崇拜」與其國家政治穩定之關係

張健挺

大陸河海大學講師
國立成功大學政治經濟研究所博士生

【摘要】

　　泰國媒介體制中王室具有至高無上的地位，任何媒介不得報導王室的負面新聞，必須盡力描繪王室的偉大尊崇，這形成了事實上高度一律的單向度宣傳。但是，泰國人民卻接受了這種宣傳，原因在哪裡，這跟泰國頻繁政變國家卻可以保持穩定，其間有何關係？本文將從行為主義與傳播學使用與滿足等理論出發，嘗試對此現象作出解釋。本文認為，泰國王室並不真正從事具體行政事務，從而避免了威權國家通過宣傳進行思想專制的「單向宣傳—未通過驗證—被否定」的迴圈，最終在諸多媒介的報導中形成了光輝偉大的形象，從而在泰國國家體系中形成了巨大的隱形道義力量。當國家社會出現問題時，泰國王室則通過支持政變或善後等各種方式，使國家恢復於穩定發展軌道，而這些作為又進

一步強化了泰國王室的神聖性，形成了「單向宣傳—反復驗證—信仰強化」迴圈。

關鍵詞：**泰國、王室崇拜、行為主義、可驗證性、宣傳**

壹、前言

泰國王室在國內具有至高無上的地位,即使貴為總理,在面對王室成員時都必須致以跪拜禮,公車、校服等等各種地方都可以看到王室的標誌。[1]在泰國的遊客也能感受到這一點,例如在泰國放映電影之前,大螢幕會播放一段有國王視頻的國歌,此時無論是泰國人還是外國人都起立致敬。[2]

這種地位由法律保障。泰國 2007 年憲法規定:「第八條,國王處於至高無上和備受尊敬的地位,任何人不得侵犯,任何人不得對國王做任何指控;第九條,國王是佛的信徒和最高維護者;第十條,國王是泰國最高統帥。」[3]而在《刑法》的第 112 條中也規定「誹謗或侮辱、威脅國王、王后、王儲或攝政王者,構成對王室的大不敬罪,處 3 年至 15 年徒刑」。[4]2014 年軍政府執政後,

---

[1] 怡人動漫(企鵝自媒體),〈為什麼泰國人見了公主要下跪?答案讓人萬萬沒想到〉,2019 年 5 月 4 日,
https://new.qq.com/omn/20190504/20190504A04XBY.html。瀏覽日期:2019 年 9 月 23 日。

[2] 旅遊這點事(百度百家號),〈在泰國看電影,開場前全體突然站起來,原因竟是……〉。參閱日期:2018 年 12 月 5 日,
https://baijiahao.baidu.com/s?id=1618834223526486101&wfr=spider&for=pc。瀏覽日期:2019 年 9 月 23 日。

[3] Constitution of the Kingdom of Thailand 2007.
http://www.asianlii.org/th/legis/const/2007/1.html#C01。瀏覽日期:2019 年 9 月 24 日。

[4] 崔向升,〈泰國社會激辯:欺君罪該存還是廢〉,《青年參考》,2012 年 3 月 28 日,
http://qnck.cyol.com/html/2012-03/28/nw.D110000qnck_20120328_2-21.htm。瀏覽日期:2019 年 9 月 23 日。

4 年多來，共 127 人因違反該法被捕，其中 57 人被判刑，最高達到 35 年。[5]

法律作為強制措施在保證王室權威方面提供了底線手段，但如同所有的人類政治實踐一樣，另一方面的手段是教育體系和媒體對公眾進行的長期思想強化，或者說政治宣傳（propaganda）。二者的結合才最終形成了泰王在泰國至高無上的權威。問題在於，任何強制性的單向的思想灌輸，一般都會遭到公眾的強力抵制。近現代威權政府的統治者們普遍試圖建立國民對自身的崇拜，但絕大多數這樣的行為都適得其反。但在泰國，人民整體上卻沒有表現出明顯的排斥感，大多數泰國人確實發自內心的崇敬和愛戴國王。[6]如果說這種尊敬缺乏統計資料的支撐，那麼如下歷史事實也多少能提供證明。

拉瑪九世在位期間，一共平定了 20 多次軍事政變，一次又一次化解了泰國的政治危機，被譽為國家穩定的磐石。例如，1973年，時任總理他儂元帥炮製了一部軍隊獨裁的憲法，引發數十萬人遊行示威。軍警在 10 月 14 日向人民開槍造成 75 人死亡。拉瑪九世要求他儂辭職，成功平息政變。[7] 總理他儂元帥擁有強大實權，君主立憲體制下不掌管實際事務的泰王卻能勒令總理下臺，背後相當一部分的支撐必然是隱形的威望和道義力量。

---

[5] 萬和平，〈這部美劇 驚動了泰國外交部！〉，《環球時報》，2018 年 10 月 20 日，https://world.huanqiu.com/article/9CaKrnKf1sc。瀏覽日期：2019 年 9 月 23 日。

[6] 同上註。

[7] 張學剛，〈泰國王室：關鍵時刻不沉默〉，《世界知識》，2006 年第 11 期，頁 40-42。

以泰王為核心的王室為什麼能獲得強烈崇拜？在歷史進程中被普遍證明無效的單向思想灌輸為什麼能在泰國發揮作用？這種崇拜形成的威望和道義力量與泰國長期政治格局間又有何關係？

貳、政治宣傳為何無效？

關於政治宣傳，有的時候能夠讓公眾信任，但大部分時候則被公眾唾棄，收效甚微。其背後的原因，可以用行為主義心理學進行解釋。

B. F. Skinner 是行為主義心理學派最負盛名的代表人物之一，他進行了著名的「Skinner 箱」試驗，並由此提出了操作性條件反射理論。他先在一個封閉的箱子內裝了一個特殊裝置，上面有個杠杆，杠杆如果被壓到，就會向箱底掉下食物。然後，他將一隻饑餓的白鼠放入箱內，白鼠饑餓難耐，就在裡面亂跑亂跳，自由探索。偶然地一次，白鼠壓到了杠杆，從而獲得了食物。此後，老鼠壓到杠杆的次數越來越多，時間間隔越來越短。最後，學會了通過壓杠杆來得到食物的方法。[8]

Skinner 將這個過程命名為「操作性條件反射」或「工具性條件作用」，把食物稱為「強化物」，把運用強化物來增加某種反應（即行為）頻率的過程叫做「強化」。他認為，強化訓練是解釋機體學習過程的主要機制。

由此，他提出了自己的主要觀點。他認為，人和動物並沒有兩樣，在人的各種行為中，那些行為會得以保持，那些行為最終

---

8 Skinner, B. F., A Matter of Consequences[M]. New York: Alfred A. Knopf, Inc., 1983:116, 164.

會消失，都取決於這些行為的後果，取決於人們做出這些行為之後，是否受到獎勵還是懲罰。因此，培養人們的行為習慣只需要不斷的應用獎勵和懲罰來進行控制就足夠了。如果人們在無意中做出某種行為之後得到了獎賞，人們以後就會多做出這類行為；如果人們無意中做出的某種行為導致了懲罰，則以後會回避這種行為，盡可能少做這種行為。這是行為的後果，而不是行為前的刺激，導致決定了行為的保持或消退。而人類的大部分學習行為，都屬於操作性條件反射行為。[9]

　　如果假定人們對資訊的選擇是一種操作性條件反射行為，可以得到一些有益的發現。

　　人們使用媒體時，各有其動機，但無論如何獲取資訊都是最基本的動機。如果把「獲取資訊」作為「強化物」，而把人們選擇媒體的行為稱為「強化」，那麼最簡單的推導就是：如果人們通過一個媒體提供的資訊而受益，也就是受到「獎勵」，那麼就會願意選擇這個媒體；反之，受害，也就是受到「懲罰」，就會離開這個媒體；如果甲媒體比乙媒體做得更出色，那麼人們就會更多地選擇甲媒體。

　　在絕大多數情況下，人們使用媒體的目的就是獲得真實的資訊。作為一種可以理解的常識，當人們感受到從媒體中獲得的內容是「真新聞」，他會認為這就是獎勵，感受到獲得的內容是「假新聞」就是受到懲罰。於是，他會選擇繼續相信媒體的內容、或者選擇拋棄媒體。

　　這恰恰就與傳播學領域的「使用與滿足」理論達成一致。美

9　Oudeyer, P. Y, Kaplan, F, Hafner, V. V., Intrinsic Motivation Systems for Autonomous Mental Development. IEEE Trans Evolut Comput, 2007,11: 265–286.

國社會學家 katz 在其著作《個人對大眾傳播的使用》中提出了「使用與滿足」過程模型：（1）人們接觸使用媒體的目的都是為了滿足自己的需要；（2）人們對媒體滿足需求的評價，是在過去媒體接觸使用的經驗基礎上形成的；（3）受眾選擇特定的媒體和內容開始使用；（4）接觸使用後的結果有兩種：一種是滿足需求，一種是未滿足；（5）無論滿足與否，都將影響到以後的媒體選擇使用行為，滿足則多用，不滿足則少用或不用。[10]

我們一般只關注教育體系和媒體對人們進行的單向灌輸，卻忽視了人們是具有自由意志的個體，是否選擇接收、是否進行記憶等等都無法避免個體意志的影響。在此基礎上，我們很自然的可以推論：所有政治宣傳行為的效果產生過程很難不遵循「使用與滿足」模型。那麼，真正的問題就在於，政治宣傳的內容是否與人們的需求相符，如果人們察覺到不相符，那麼，這些內容就會逐步被受眾拋棄；如果這些內容與人們的需求相符，那麼，人們就會選擇繼續使用媒體。而諸多需求中，最基本的需求就是這些資訊是否與事實相符。

任何統治者總是試圖盡可能控制教育體系、媒體，盡可能通過後兩者讓人們相信，統治者「永遠光榮、永遠偉大、永遠正確」。但這一切能否生效，關鍵在於其內容是否與人們的切身感受相符。如果其內容讓人們產生普遍懷疑，那麼由於它無法滿足公眾最基本的需求，這些教育和媒體就會被拋棄。這些是上文理論模

---

[10] Katz, E., J. G. Blumler, and M.Gurevitch, Utilization of Mass Communication by the Individual. eds. by J.G. Blumler and E.Katz, inThe Uses of Mass Communications: Current Perspective on Gratifications Research, Beverly Hills, CA: Sage, 1974, pp.19-32.

型推演的自然結果，但又是如此顯而易見，以至於看起來沒有討論的必要。然後，背後其實沒有這麼簡單。

參、公眾如何感知和驗證？

公眾如何確認接受到的資訊的真假，是解開單向政治宣傳能否有效問題的鑰匙。於是，在這裡，可能不得不提出可驗證性的概念。

所謂「可驗證性」(Verifiability)，就是指內容被賦予的意義是否可以被證明或證偽，以及證明或證偽的複雜程度，越容易被證明或證偽，則具有越強的可驗證性。這是一個暫時在本文使用的概念，還有待進一步被確認和接受。

當教育系統或媒體提供的內容具有某些判斷、尤其是價值判斷，往往就產生了可驗證性的問題。例如「張三是好人」這樣的表述，張三指的是一個人，好人是一種價值判斷，那麼根據特定語境下對於「好」、「壞」的標準，「張三是好人」這個句子是很容易被驗證的，具有很強的可驗證性。當然，這種可驗證性與人類所有領域一樣，都存在某種相對性。例如，同樣是「媽媽」這個詞，人們都能理解是賦予自己生命的那位女性的統稱，但如果有這樣兩位青年，一位從小遭到母親的虐待，另一位則從小在關愛中成長，那麼他們聽到這個詞時的感受可能會有巨大差異，一個人會認同「媽媽是美好的」，另一位則認同「媽媽是很壞的」，生活帶給他們的驗證結果截然不同。

所有被傳達給公眾的內容都存在著可驗證性的強弱程度差異，這也與人們對事物本質的認識能力有關。以一戰時的德國為

例，當一次大戰爆發，德國除了極少數黨派，社會上下表現出異乎尋常的愛國激情，帝國議會各政黨立即宣佈政治休戰、放棄政見的差異，統一在德皇和政府的領導之下，支持戰爭。[11]這些政黨領導人持有的觀點是「雖然政見不同，但德意志高於一切」。這其實是一個可驗證性強弱差異問題。「德皇好不好」、「德國政府是不是專制政府」這些內容所表達的意義是很容易被驗證的，儘管由於不同人的判斷標準不同，結果可以不一致，會出現各種政見的差異，但不管怎麼說，任何政治傾向的社會成員都可以依據自己的知識結構進行驗證，從而得出結論。然而「祖國是神聖的」、「德意志高於一切」這樣的抽象內容卻難以被驗證。反復的歷史教育、升國旗、唱國歌等等都實現了一次次的強化，使人們自然而然的認為這是天經地義的一切，很多人可能仇恨政府進行的教育、宣傳，但卻下意識接受了這些宏觀的、抽象的內容。原因在於，這超越了人們靠個人體驗能達到的認知水準，需要人們在宏觀到微觀之間，建立起複雜地難以想像的邏輯聯繫，而絕大多數人沒有這種能力。總之，離人們具體的、可觀察的生活越遠，那可驗證性就越差，反復的說教、宣傳就越可能起到效果；越宏觀、越複雜的內容，可驗證性越弱，越能通過反復的、機械式的教育深入人心，讓人們認為天經地義；反之，越具體客觀的內容則可驗證性越強。

在世界各國普遍的情況是，通過長期的教育和媒體浸染，相對抽象的宏觀概念「熱愛國家」、「國家的統一高於一切」等等深

---

11 徐健，〈一戰前德國社會心態的若干思考〉，《歷史教學》，2017 年第 10 期，頁 10-16。

入人心，對於廣大人民來說，這些是天然正確的概念，理所當然，且毋庸置疑。這些概念屬於弱可驗證性內容或不可驗證內容，通過長期的灌輸早已內化在公眾意識深處。

在個人崇拜上，可驗證性也依然可以找到普遍的應用。

我們可以比較二戰中兩個主要法西斯大國的領袖—希特勒和日本天皇。在德國和日本兩個國家，同樣存在著令人瞠目結舌的個人崇拜。士兵們戰死時，則往往高呼「希特勒萬歲」或「天皇萬歲」。但是這兩位同樣被崇拜的法西斯元首具有巨大的差異。

希特勒並非從一開始就具有巨大的號召力或影響力，德國普通民眾對他的迷信是在希特勒和納粹一步步掌握德國政權並取得一個又一個勝利的過程中形成的。在納粹黨的發展、壯大過程中，希特勒和納粹通過順應人心的各種口號、通過對失業工人的救濟迅速獲得了廣大普通德國人的擁護；在納粹掌握政權後，法西斯德國成為全世界第一個解決工人大規模失業問題的西方國家，法西斯德國建立了當時在整個西方最完善的公民福利制度，納粹党政府清廉高效；[12]納粹德國突破了《凡爾賽條約》的限制，重整軍備；在 1936 年收回了被法國佔領的萊茵蘭地區；1938 年兼併了近 700 萬德意志人的奧地利；1939 年 3 月將有 300 萬德意志人居住的捷克斯洛伐克的蘇台德區併入德國……。[13]不難看到，從政府效率和清廉程度、國民經濟、國民生活和福利、國家威望各個角度，納粹德國不斷取得一個又一個成功，而在戰爭爆發後，短短幾個月征服了波蘭、又用幾個月征服了一戰中的頑強對手法

---

[12]　叢金龍，2011，《論納粹德國的經濟發展（1933~1938 年）》，內蒙古大學碩士學位論文。

[13]　參閱 吳友法，《德國現當代史》，武漢：武漢大學出版社，2007 年 5 月。

國……。[14]希特勒也就在這樣的過程中建立了崇高的威望。但是，當戰爭進行到二戰末期，當德國每個月死在戰場上的年輕人都超過十萬，失敗的前景已經清晰，針對希特勒的刺殺活動發生了……。[15]雖然是一小部分人，但至少可以說，隨著戰爭的失敗，越來越多的德國人背叛了希特勒。相反的是，整個日本在二戰期間，無論戰況如何，對天皇的個人崇拜一如往昔。事實上，要不是天皇自己決定投降，大批日本軍官很可能真的會實施他們預計中的「一億國民玉碎」，而天皇做出投降決定後，大量日本軍官和士兵深感由於自己無能，而讓天皇承受宣佈戰敗的恥辱，剖腹自殺。[16]

在這裡，我們可以引出一個問題，為什麼希特勒和天皇會有這樣的差異？

原因很簡單，希特勒和天皇各自具有的「可驗證性」不同。希特勒出身奧地利平民、一戰中的普通德國士兵，他通過不斷的成功獲得威望，他的成功來自于大量可驗證的事實。由於不斷取得成功，對他的個人崇拜得以成立，但是，持續不斷的相反事實的出現，也足以徹底摧毀這種崇拜。而日本天皇作為日本的精神領袖，他的權威主要來自于幾千年的皇室傳承，以及日本全國的

---

[14] 同上

[15] 7.20 事件，《百度百科》，
https://baike.baidu.com/item/7%C2%B720%E4%BA%8B%E4%BB%B6/6291939?fr=aladdin。

[16] 由於戰敗時的混亂局面和日軍有將自殺計入「戰死」的習慣，對於戰敗後日本的軍民自殺人數始終沒有權威統計資料。但王仲濤、湯重南編寫的《日本史》(上海:人民出版社，2008 年 1 月，第一版)載僅自殺的高級軍官就有 568人，包括杉山元元帥、田中靜一大將等。

瘋狂宣傳。在二戰中，日本的大臣們無法決斷於是「恭請聖裁」的次數極其有限，正是由於天皇超然于具體事務之上的角色，一切的是非成敗都與他無關或關係不大，反復的「效忠天皇」的宣傳才具有了持久的生命力。[17]如果反之，天皇親自做出所有的重大決策，親自指揮主要軍事行動，那麼不斷地失敗則會向日本人充分證明，所謂的「現人神」（天皇）不過是徒有虛名，實在沒有什麼神性。

肆、泰王權威與泰國政局

泰王非常類似於日本天皇，二者都是君主立憲制下的君主，都通過歷史獲得合法性：日本天皇一脈相繼上千年，天皇在明治維新等重要歷史關口又為日本作出了巨大貢獻，天皇家族具有自律、謙恭的品德。同樣，曼谷王朝從 18 世紀開始了對泰國的長期統治，泰王兼具世俗和宗教領袖的雙重身份，在泰國保持獨立、走向現代化、民主化進程中的諸多豐功偉績，讓拉瑪九世個人充滿才華和美德的政治形象。

所有這些內容，被媒體和教育體系塑造為顛撲不破的事實，並在公眾心智中得到不斷強化。於是，對泰國王室的崇拜、或者說主要是對泰王的崇拜，成為泰國公眾的社會共識。但是，這一切崇拜的主要部分，跟基督徒對上帝的崇拜、佛教徒對佛祖的崇

---

[17] 美國國務院在二戰中即制定了二戰後的對日政策檔案，對天皇的結論為，戰爭的主要責任在於軍部，天皇是被利用的，天皇的權力受到諸多限制。見於曲夢晨，〈二戰期間美國對於天皇政策的制定〉，《史學集刊》，2017 年第 5 期，頁 118-128。

拜，並無多少差異。共同的特徵是，通過不斷的重複、強化，進入心智，不需要生活中的證據，也無從進行價值判斷。泰國民眾對泰王的崇拜，主要依據是歷代泰王的豐功偉績，但這些都是「被告知」的，而非民眾能夠從生活得到的切身體驗；少數民眾能夠跟泰王發生親身接觸，能夠體會到拉瑪九世的才華和美德，但絕大多數泰國民眾卻無緣去體會這一點，也依然是「被告知」的。

如果泰王負責具體政務，那麼施政的結果自然會被民眾感知，於是民眾可以根據泰國國力是否蒸蒸日上、人民生活水準是否日益提高、官員是否日益高效清廉等等指標加以判斷，做出自己的評價，從而在內心深處慢慢估算媒體、教育體系中宣傳的泰王的豐功偉績究竟有多少真實度。但現實是——泰王是不負責具體政務的神靈，負責政務的是民選政府或者政變上臺的軍政府。

根據上文提出的可驗證性概念，我們可以發現——「泰王偉大、王室神聖」是無法被顛覆和推翻的概念，因為這些的可驗證性非常微弱。

公眾能怎樣指責泰王呢？現實生活中的所有不幸都是政府的錯或者命運的錯，跟泰王沒有關係。公眾能感知到的是：今天泰國依然是一個獨立國家，社會穩定繁榮，那麼這多少跟歷代泰國王室的貢獻有關係吧。這是一種很微弱的驗證，但卻又是唯一的驗證。

泰國王室的神聖地位，顯然來自於持續不斷的政治宣傳，那些內容是單向的、不容置疑的、排除理性的，但卻被泰國民眾廣泛接受。這是一個奇跡，但在可驗證性的角度，又非常容易理解。那就是：泰國王室避免了「單向宣傳——未通過驗證——被否定」迴圈。在君主立憲政體下，泰王不處理具體政務，那麼施政的成敗

得失就與國王間不存在直接關係，於是所有對於王室的政治宣傳就無法被證偽。既然無法被證偽，那麼在教育體系和媒體日復一日的反復灌輸、洗腦中，這就會成為固定的認知。

泰國王室的崇高威望、神聖地位，並非沒有價值。這是巨大的隱形道義力量，既保證了君主立憲政體中君主這一環節的長期持續，又在泰國特殊的政治格局中起到了特殊作用。

由於泰國採取的是漸進式的現代化、民主化方式，所以很多社會矛盾長期存在，尤其是佔有選票的人口與佔有財富的人口間的矛盾上。大多數人口屬於農民和城市草根階層，那個黨派擁有這些選票就能贏得選舉，組成政府；少數人口屬於中產階級、知識份子，擁有了大多數財富和社會影響力。在這種格局下，民選政府的政策往往高度偏向于農民和城市草根階層，從而侵犯了社會精英層的利益。這形成了泰國政治動盪的根源。所謂紅杉軍和黃衫軍的衝突，實際上體現的是泰國國內高度集中的社會財富和巨大的貧富差距，以及兩派在經濟利益上的難以調劑。[18]

每當社會矛盾激化，民選政府的施政讓中產階級、知識份子等群體無法忍受，屬於後者群體的軍方也就產生了強烈的政變衝動，然後軍事政變爆發，民主政體被顛覆，軍政府建立。軍政府建立後，一方面促進政策變化維護社會精英群體的利益，另一方面難以避免的產生權力擴張、延續和加強軍事獨裁的自身欲望。

此時，泰王的權威開始發揮作用。當社會矛盾得到緩解，社會產生強烈的恢復民主政體的呼聲。泰王則順應民意，要求軍方

---

[18] 參閱 許一力，〈揭秘泰國頻繁政變的權力癥結〉，2014 年 5 月 26 日，https://www.qianzhan.com/analyst/detail/329/140526-abdcb833.html。瀏覽日期：2019 年 9 月 23 日。

還政於民。軍方則在社會壓力和泰王訓示之下,還政於民。泰國重新進入民選政府時代。

每一次政變本質上是泰國政治的重新啟動,國王則是協調各方、保證國家不陷入混亂狀態的核心。至少在拉瑪九世的時代,泰王扮演的是泰國社會的等化器和膠水角色,保證政治格局不至於失衡、各方利益得到協調。

泰王在其中能夠發揮核心作用,最重要的資源就是其權威。雖然從表面上看,泰王從法律角度是軍隊的最高統帥,[19]但是通過政治學的常識,知曉法律本身並不具有真正的強制力,法律本身依託某種強制力而生。泰王能夠真正依靠的,也就是其至高無上的威望、或者說泰國全民對王室的崇拜。

但我們仍然不應過度擴大此單一因素的價值。泰國兩派政治力量的整體均衡格局也是泰王的威望能夠對政局起到撥亂反正作用的重要原因。如果泰國兩派政治力量發生了持久的、根本性的力量失衡,泰王的威望恐怕也無濟於事。

伍、結論和討論

總的說來,泰國的王室崇拜雖然並不符合民主理論下西方學者的胃口,但卻是泰國民主政治的保障。在拉瑪九世的時代,教育體系和媒體對泰國民眾進行了長期灌輸,塑造了泰國民眾對泰王的崇拜;又由於王室並未介入國家的具體行政事務,從而使這種政治宣傳的內容免於受到驗證,保證了這種崇拜能夠長期維持

---

[19] 同上註。

和延續。而王室則借助這種威望，在政治博弈中成為泰國政治穩定的壓艙石。這是一個自我迴圈的體系。

同時，在此不難得出一些推論，而這些也可以導向進一步的研究與思考。

應該說，絕大多數執政黨或者政治人物都渴望擁有絕對威望，能夠得到人民的無條件崇拜。在某些情況下，一些政黨或政治領袖能夠掌握教育體系和媒體，從而塑造自己光輝偉大的形象。然而這些是否真的能夠如願？

答案是否。真正的難點在於，只要真正執政就會產生施政的效果，從而使民眾能夠對政黨和政治領袖進行驗證。施政效果越差，那麼政治宣傳的調子越高，就會形成越強烈的負面效果。

要想永遠享受子民們的崇拜，統治者可能只有兩條路：一是放棄對實際權力的掌控，回避具體執政結果帶來的可驗證性；二是在掌握實際權力之後竭力保持永遠正確，以「事實證明，XXX偉大」。當然，試圖「永遠正確」的努力往往變成報喜不報憂的全面新聞封鎖，而封鎖不住的時候則是統治者權威不斷動搖乃至瓦解的時候。

事實上，在觀察各個威權政體，不少威權體制下的統治者一開始都具有巨大威望，表面上看這是單方面掌控媒體和教育體系進行全民思想灌輸的結果，但其實真正的原因還是在於他們往往起初確實有巨大功績。

但是隨著時間流逝，如果執政者不能不斷提供出色的執政業績，單向的誇大的神聖化宣傳與公眾感知到的實際情況之間差距越來越大，那最終所有的宣傳機器、手法都將失去效用。

參考文獻

一、中文

崔向升，〈泰國社會激辯：欺君罪該存還是廢〉，《青年參考》，2012
　　年 3 月 28 日，
　　http://qnck.cyol.com/html/2012-03/28/nw.D110000qnck_201203
　　28_2-21.htm（2019 年 9 月 23 日）。

旅遊這點事（百度百家號），〈在泰國看電影，開場前全體突然站
　　起來，原因竟是……〉，2018 年 12 月 5 日，
　　https://baijiahao.baidu.com/s?id=1618834223526486101&wfr=s
　　pider&for=pc（2019 年 9 月 23 日）。

曲夢晨，〈二戰期間美國對於天皇政策的制定〉，《史學集刊》，2017
　　年第 5 期，頁 118-128。

萬和平，〈這部美劇 驚動了泰國外交部！〉，《環球時報》，2018
　　年 10 月 20 日，https://world.huanqiu.com/article/9CaKrnKf1sc
　　（2019 年 9 月 23 日）。

吳友法，《德國現當代史》，武漢：武漢大學出版社，2007 年。

王仲濤、湯重南編寫的《日本史》（上海：人民出版社，2008 年 1
　　月，第一版）。

徐健，〈一戰前德國社會心態的若干思考〉，《歷史教學》，2017 年
　　第 10 期，頁 10-16。

許一力，〈揭秘泰國頻繁政變的權力癥結〉，2014 年 5 月 26 日，
　　https://www.qianzhan.com/analyst/detail/329/140526-abdcb833.h
　　tml（2019 年 9 月 23 日）。

怡人動漫（企鵝自媒體），〈為什麼泰國人見了公主要下跪？答案
　　讓人萬萬沒想到〉，2019 年 5 月 4 日，（瀏覽日期：2019 年 9
　　月 23 日）。

張學剛，〈泰國王室：關鍵時刻不沉默〉，《世界知識》，2006 年第
　　11 期，頁 40-42。

7.20 事件，《百度百科》，
　　https://baike.baidu.com/item/7%C2%B720%E4%BA%8B%E4
　　%BB%B6/6291939?fr=aladdin（瀏覽日期：2019 年 9 月 24 日）

二、英文

Constitution of the Kingdom of Thailand 2007.
　　http://www.asianlii.org/th/legis/const/2007/1.html#C01(accessed
　　on 24 September, 2019).

Katz, E., J. G. Blumler, and M.Gurevitch, Utilization of Mass
　　Communication by the Individual. eds. by J. G. Blumler and E.
　　Katz, in The Uses of Mass Communications: Current Perspective
　　on Gratifications Research, Beverly Hills, CA: Sage, 2017,
　　pp.19-32.

Oudeyer, P. Y., Kaplan, F., Hafner, V. V., Intrinsic Motivation Systems
　　for Autonomous Mental Development. IEEE Trans Evolut
　　Comput, 2007,11: 265–286

Skinner, B. F., A Matter of Consequence. New York: Alfred A. Knopf,
　　Inc., 1983.

國家圖書館出版品預行編目資料

翻開泰國新篇章：穩中求新、變中求創、
順中求昇／宋鎮照，陳珉瀚著. -- 初版.
-- 臺北市：五南，2019.11
　　面；　公分
ISBN 978-986-763-698-0（平裝）

1.政治經濟　2.國家發展　3.文集
4.泰國

552.382　　　　　　　　　　108016302

4P80

翻開泰國新篇章：穩中求新、變中求創、順中求昇

作　　者 ― 宋鎮照　陳珉瀚

出 版 者 ― 國立成功大學政治系暨政經所

封面設計 ― 王麗娟

出 版 者 ― 五南圖書出版股份有限公司

地　　址：106台北市大安區和平東路二段339號4樓

電　　話：(02)2705-5066　　傳　　真：(02)2706-6100

網　　址：http://www.wunan.com.tw

電子郵件：wunan@wunan.com.tw

劃撥帳號：01068953

戶　　名：五南圖書出版股份有限公司

法律顧問　林勝安律師事務所　林勝安律師

出版日期　2019年11月初版一刷

定　　價　新臺幣480元